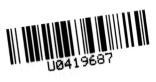

PROJECT MANAGEMENT:
A PRACTICAL GUIDE TO PLANNING AND MANAGING PROJECTS

项目管理：
规划和管理项目的实用指南

[澳]斯蒂芬·哈特利（Stephen Hartley） 著

朱连宏 赵林榜 张洋铭 张 巍
罗承昆 杨相礼 张 龙 译

Routledge
Taylor & Francis Group

北京理工大学出版社
BEIJING INSTITUTE OF TECHNOLOGY PRESS

图书在版编目(CIP)数据

项目管理：规划和管理项目的实用指南 / (澳) 斯蒂芬·哈特利著；朱连宏等译. -- 北京：北京理工大学出版社，2024.5

书名原文：Project Management：A practical guide to planning and managing projects

ISBN 978-7-5763-3953-6

Ⅰ. ①项… Ⅱ. ①斯… ②朱… Ⅲ. ①项目管理-指南 Ⅳ. ①F27-62

中国国家版本馆CIP数据核字(2024)第091843号

北京市版权局著作权合同登记号 图字：01-2023-4528

Project Management：A practical guide to planning and managing projects，4th Edition
By Stephen Hartley/ISBN：9781760631789

责任编辑：王晓莉　　**文案编辑**：王晓莉
责任校对：周瑞红　　**责任印制**：李志强

出版发行 / 北京理工大学出版社有限责任公司
社　　址 / 北京市丰台区四合庄路6号
邮　　编 / 100070
电　　话 / (010) 68944439 (学术售后服务热线)
网　　址 / http://www.bitpress.com.cn

版 印 次 / 2024年5月第1版第1次印刷
印　　刷 / 三河市华骏印务包装有限公司
开　　本 / 710 mm×1000 mm　1/16
印　　张 / 22.5
字　　数 / 390千字
定　　价 / 182.00元

图书出现印装质量问题，请拨打售后服务热线，负责调换

译者序

FOREWORD

项目管理是一种现代管理理论方法和实践，是指以项目为对象的系统管理方法。一般而言，现代项目管理产生于第二次世界大战后的美国，起初只应用于国防和航天等少数领域，因在“曼哈顿计划”“阿波罗计划”等重大工程项目上的成功应用而备受关注。随着高新技术的飞速发展，项目管理模式逐渐延伸运用到经济、科技、国防和社会等诸多领域，逐步带动了相关理论方法、专业化人员、国际性组织等的发展壮大，推动了项目管理从经验型走向科学化——项目管理能力成为衡量一个组织管理现代化水平高低的重要标志。

我军一直十分重视项目管理工作，从20世纪五十年代以来就陆续引入了项目管理的思想和方法，做出了一些开拓性的工作，取得了显著成效。当前项目管理已成为推动国防和军队高质量发展的一个重要抓手，备受各方关注。为了更好地推进国防和军队现代化建设，提高军队建设项目管理质量，普及现代项目管理理论基础知识，我们翻译了《项目管理：规划和管理项目的实用指南》一书，旨在帮助读者了解项目管理的基本理论方法，提高项目管理水平。

《项目管理：规划和管理项目的实用指南》由澳大利亚学者斯蒂芬·哈特利著，迄今为止已更新至第四版，本书以美国项目管理协会发布的项目管理知识体系为基本框架，借鉴受控环境下的项目管理、敏捷和精益等新理念，不仅阐述了项目管理的原则、流程和实践，还探讨了在项目组织内试图平衡战略计划、组织优先事项和运营现实时所产生的诸多挑战和机遇，以期帮助读者构建、修订和整合自己独特的个人知识体系。

需要指出的是，由于项目管理知识体系仍处于不断丰富和发展的过程当中，本书中所参考的知识体系与最新版的项目管理知识体系（PMBOK®）略有差别，请读者在学习过程中自行甄别。另外，尽管我们在翻译过程中努力理解并表达原著意图，但由于知识和能力有限，其中错讹之处再所难免，敬请读者不吝指正。

PREFACE 前言

欢迎阅读第四版《项目管理：规划和管理项目的实用指南》。修订后的文本不仅探讨了项目管理的原则、流程和实践，而且探讨了在项目组织内试图平衡战略计划（称为项目）、组织优先事项和运营现实时所产生的无数挑战和机遇。

本书继续学习我们如何规划和管理项目，无论项目大小，简单或复杂，单个或多个，单个地点或共址。这个新版本符合项目管理知识体系（PMBOK®）和行业要求、国际最佳实践和教育资格，并结合了其他知名的国际（和鲜为人知的）项目管理方法。

现在以项目管理的方式开展的业务越来越多，同时还追求时间快、成本低、有创新。虽然当下合规性和透明度不断增加（接受或反对），但风险依然无处不在，基于此，观察者应当反对任何组织试图仅凭借其技术掌握预算并制定规划的做法。项目管理的内容不只局限于对其进行追踪、报告，控制成本、进行规划和评估效益差异，这些固然重要，但不能以牺牲同等重要的项目管理基础为代价。

对于一些人来说，这些基石基本上是从工业界、学术界和政府部门“借来”的，它们涵盖了日常业务运营、财务、质量、风险、合规、物流、人力资源、治理、行政、标准操作程序、通信、信息技术、环境、工作、健康和安全、采购、可持续性、生命周期、法律问题、客户服务和政策，等等。

虽然一些研究人员和从业者将此解释为项目管理学科没有提供任何新内容，但我认为他们的论点是错误的，因为它没有抓住重点。当然，我们的目标是发现、获取、开发、应用、测试和评估想法、知识、技术、工具、技能和能力，以帮助我们成功地规划和管理项目；因此，关于来源的争论在很大程度上是无关紧要的。一如既往，我欢迎你在你的项目管理生涯、研究或学习中提供反馈（包括好的方面和其他方面）。

斯蒂芬·哈特利

stephen@ creativecorporatesolutions. com. au

www. creativecorporatesolutions. com. au

关于作者

斯蒂芬·哈特利是项目管理领域领先的从业者、顾问、教育者、研究者、作家和指导。

凭借25年的跨行业经验，以及众多的行业、职业和学术资格，斯蒂芬以扎实的专业知识、令人耳目一新的诚实、很强的个人洞察力以及轻松迷人的写作风格而闻名，读者（包括学生、老师和客户）都觉得很有吸引力，有时甚至很有趣。

斯蒂芬“从事”项目管理超过25年，项目管理“培训”超过20年，项目管理“写作”超过15年，自2002年以来已出版7本书。他的写作充满了强烈的热情、专业信誉和对学习、迁移和应用中所蕴含的教育价值的真正兴趣。

他每天都在与项目打交道：作为一家教育和培训公司的首席执行官，作为一名项目经理和顾问，作为阳光海岸大学项目管理的MBA研究生讲师，他正在攻读博士学位，研究如何在高等教育中学习项目管理能力。

在项目管理之外，斯蒂芬与他的伴侣和成年子女、他的雅马哈FJR 1300和他的德国牧羊犬共度时光。斯蒂芬对在发展中国家开发项目管理能力有着浓厚的兴趣，他是第一个在老挝琅勃拉邦苏发努冯大学（the Souphanouvong University）（Luang Prabang，Laos）讲授项目管理以及系统开发、英语和Excel的非资助志愿者。作为多个非营利组织董事会的董事，斯蒂芬抽出时间来回馈社会，支持当地慈善机构的筹款活动，并与多所中学合作，在那里担任商业和经济课程的商业指导。他还为各年龄段的学童举办了一系列免费的研讨会，以提高他们在发表课堂演讲方面的信心。

使用此书

《项目管理：规划和管理项目的实用指南 》研究了项目管理理论和在各种背景、行业部门和资格水平下实践项目管理的现实。

项目管理离不开个人的研究、试错以及经验，在此过程中，本书希望能支撑读者不断建立个人的知识体系并加以调整和整合，这是设计和编写本书唯一且根本的目标。项目管理没有尽头，同样，我们在每个项目中都会面临学习的挑战、遭遇挫折、恰逢机遇，最后有所提高，所以不要急于求成。

本书延续了过去三个版本中广受欢迎的对话式风格，旨在吸引和挑战你。当阅读每一章时，你会遇到称为“批判性反思”（Critical Reflections）的部分。这些章节并没有引入任何新的内容；相反，一些问题将挑战你已经阅读、理解并且可以在你自己的工作场所应用的内容。理论不只是用来记忆和背诵的：它是用来应用、回顾和修正的。

对于每一个思考，不要简单地列出你所学到的东西。相反，回顾一下内容，并自我评估一下这些理论在哪些地方适合你的项目领域、在哪些地方不适合——换句话说，在你的项目管理方法中，哪些可行、哪些不可行，以及为什么。你的反思还应该解决你将如何实施该理论，你可能面临的任何挑战、可能需要谁的支持以及可能实现的实际利益。

这些反思不仅将批判性地评估你的理解和应用水平，而且将共同帮助你发展项目管理能力（知识和技能）和成熟度。所以，花点时间来完成每一个关键的反思，并充分利用这些职业发展机会。

在这一版中，有一些适合学生、教师和从业人员的内容。

学生、教师和从业人员都会有所收获。

对学生而言

在这本书中，你会发现：

■ 项目管理生命周期图，帮助你在整个项目中整合项目管理知识体系（PMBOK®）和/或你的关键流程。

■ 批判性反思，在你阅读文本的过程中捕捉所有的学习内容。

■ 术语表。

请访问该网站：

■ 360 度评估工具，用于绘制你的项目管理知识领域能力、项目管理绩效能力和项目管理个人能力。

■ 你可以在你的评估和/或项目中使用 15 个项目管理模板（列于附录 3）。

工具可以在此处下载：http://www.routledge.com/9781760631789。

对教师而言

在书中，你将发现涵盖 PRINCE2®、敏捷和精益方法的新内容。访问上面的网站获取教师网站的链接，以索取以下补充材料的副本：

■ 布卢姆学习分类法（Bloom's Taxonomy of Learning），促进更高层次的思考（认知）。

■ 100 多张 PowerPoint 幻灯片，可以强化文本中的要点，帮助你总结关键内容，并让你的学生思考"做"项目管理，而不仅仅是"学"项目管理。

■ 章末复习题的解决方案，帮助学生复习。

如需直接和保密地与作者联系，请发电子邮件：stephen@creativecorporatesolutions.com.au。

对专业从业人员而言

无论你的工作经验或专业知识如何，本书都能为项目管理专业人士提供切实而直接的好处。

通过阅读这本书，你可以：

■ 根据理论概念和该理论在工作场所项目中的实际应用，对你的项目成功和失败进行评判。

■ 验证你现有的知识和技能，并自我评估你的专业发展需求。

■ 重温第五版《项目管理知识体系》（PMBOK®）（继续扩展），并回顾 10 个知识领域。

通过艾伦和昂温出版社网站（Allen & Unwin Website），你可以：

■ 访问 360 度评估工具，以绘制你的项目管理知识领域能力、项目管理绩效能力和项目管理个人能力。

■ 下载挣值表以计算你的项目绩效。

■ 下载自我报告的项目管理成熟度评估工具，以确定你作为一个项目驱动型组织的竞争优势。

■ 访问 15 个基本的项目管理模板（列于附录 3），以便在你的项目中使用。

工具可以在这里下载：http://www.routledge.com/9781760631789。

充分利用这本书

阅读、学习和应用可能是一段不同的旅程。因此，虽然对于如何充分利用这本书没有硬性规定，但以下建议可能会有所帮助：

■ 浏览你正在阅读的章节的标题，了解所涵盖的关键主题。

■ 在彻底阅读每章之前，先粗略浏览一下，以“感受”文本、图形和表格是如何用来说明本章内容的。

■ 带着目的去阅读：理解、质疑、应用和反思。

■ 平衡你所读的内容和你已经知道的内容，以验证你以前的知识，或者找出你需要弥补的知识空白。

■ 在你阅读的过程中，要保持对你工作项目的关注。

■ 在评估如何规划和管理项目时，借机反思你的个人知识和技能。

■ 根据所涵盖内容，创建一个你认为在工作场所需要回答的问题库。

■ 注意你在学习中遇到的新的项目管理术语和表达方式，并开始在你的项目交流中使用它们。

■ 花时间研究和寻找额外的资源，以拓宽你对项目管理的整体理解。

■ 制定一个切实可行的学习制度，将工作、家庭和其他你需要优先考虑的事情整合起来。

■ 在每一章结束时，问问自己：我学到了什么？还缺少什么？我在哪里可以获得这些额外的知识？

■ 利用一切机会，将内容转化为旨在改善你规划和管理项目的实用的程序、实践和文档。

■ 如果理论不适合你的项目领域（现实），先修改理论，然后可能再修改实践。

■ 不要害怕向你的老师、经理甚至同事提问。

最后，无论你的项目采用哪种方法、框架或实践（个人的、专有的或国际公认的），请记住，项目管理涉及的不仅仅是以需求、时间和金钱为主要重点的计划（以及我们将在以后的章节中探讨的其他内容）。项目管理与人有关，而人的意图、行动和结果很少是完美的，所以在你规划和管理项目时，要花时间在流程、文书工作、实践和人之间找到平衡。

享受并学习所有的项目管理经验！

页面上的项目管理生命周期

在项目管理中（包括在本文中），有很多关于生命周期的概念。

对于生命周期，有商定的阶段（或阶段）、计划的顺序、顺序的演变、检查点、批准的机会，等等。我承认，生活中还有比项目管理生命周期更多的东西，但一旦你接受了每个项目（项目管理知识体系、PRINCE2®、敏捷等）从评估阶段到完成（以及可能的评估）阶段都会经历一段时间的发展，那么项目管理生命周期就会为你提供必要的导航。

人类有生命周期，经济有生命周期，政党有生命周期，营销商品和服务也有生命周期——那么为什么项目管理不应该有一个生命周期呢？

你应该花大量时间了解生命周期背后的意图、过程和好处，以及如何构建一个既能指导又能控制项目进展的生命周期。虽然生命周期的概念将在随后的章节中更详细地探讨，但表 0.1 和表 0.2 提供了两个示例，说明从整个项目中获取的信息来看，生命周期可能是什么样的。

对于你的项目如何展开，没有正确或错误的生命周期模板（三个阶段、四个阶段、六个阶段，等等），只是一些在你自己构建生命周期时需要考虑的实际想法。你可以随意修改我的模板，删除它们，或者设计你自己的生命周期，无论你的项目需要多少个阶段，并给每个阶段贴上合适的标题。

表 0.1　关键项目管理生命周期的功能

项目	评估	准备	计划	执行	完成	评价
阶段目标						
主要利益相关者						
需要的信息						
一致同意的可交付成果						
需要的批准						
预算成本						

续表

项目	评估	准备	计划	执行	完成	评价
预定时限						
项目活动						
主要里程碑						
变更控制						
相关的文档						
分配的资源						
治理协议						

表 0.2　项目管理知识领域

项目	评估	准备	计划	执行	完成	评价
范围管理						
时间管理						
成本管理						
质量管理						
风险管理						
人力资源管理						
沟通管理						
采购管理						
利益相关者管理						
集成管理						

缩略语

AC 实际成本
ADR 替代性争议解决方案
BAC 完成时的预算
BAU 照常营业
CEO 首席执行官
CIO 首席信息官
COO 首席运营官
CPI 成本绩效指数
CPM 关键路径法
CV 成本差异
D&C 设计与施工
DCF 贴现现金流
DSDM 动态系统开发法
EAC 完成时的估算
EOI 兴趣表达
EOT 延长时间
ETC 竣工估算
EV 挣值
EVA 挣值分析
EVM 挣值管理
HRM 人力资源管理
IFB 招标书
ISO 国际标准化组织
ITT 招标书
KPI 关键绩效指标
KRAC 保留、删除、增加、改变
MBTI 迈尔斯－布里格斯类型指标

MoSCoW 必须有、应该有、可能有、不会有
MOU 谅解备忘录
MSDS 材料数据安全表
NPV 净现值
PARIS 参与、批准、负责、通知、签收
PBOK 个人知识体系
PC 实际完成
PDCA 计划、执行、检查、行动
PERT 计划评估审查技术
PMBOK 项目管理知识体系
PMCD 项目管理能力发展［框架］
PMMM 项目管理成熟度模型
PMO 项目管理办公室
PO 项目办公室
PRINCE2 受控环境下的项目
PSG 项目指导小组
PV 计划价值
RACI 负责、批准、咨询、通知
RBS 风险分解结构
RFI 要求提供信息
RFQ 报价请求
RFT 招标要求
ROI 投资回报
RPL 对先前学习的认可
SEAM 利益相关者参与评估矩阵
SLA 服务水平协议
SMART 具体的、可衡量的、可实现的、现实的、有时限的
SME 主题专家
SMP 利益相关者管理计划
SOP 标准操作程序
SOW 工作说明书
SPI 计划绩效指数
SPMO 战略管理项目办公室
SV 计划差异
SWOT 优势、劣势、机会和威胁

TBC 预算总成本
TCPI 完工绩效指数
TOC 约束理论
TQM 全面质量管理
VAC 完成时的差异
WBS 工作分解结构
WHS 工作、健康和安全

目 录
CONTENTS

第一章
项目管理：一个适应性很强的知识体系

◎ 要点

- 什么是项目，什么不是项目
- 四个相互依赖的项目约束因素
- 定义项目管理
- 比较管理与领导
- 不同程度的授权
- 预览四种流行的项目管理方法
- 了解项目管理生命周期
- 项目成败背后的相关因素
- 项目管理知识体系（PMBOK®）的相关知识领域

◎ 实践应用

为什么现在几乎每个人都在做一个或多个项目？我们所做的一切似乎都是这样或那样的项目。人们不再只是简单地做一些任务、文件、活动或仅仅是“工作内容”——他们都越来越多地从事一些被称为“项目”的事情。

招聘广告中经常充斥着各种项目管理职位，而对这些职位的描述也在迅速发生变化（遗憾的是，尽管意图是好的，但效果并不总是很好），越来越关注项目管理。商业界和工业界都在争相开发与项目管理知识体系（PMBOK®）、受控环境下的项目管理（PRINCE2®）、敏捷（Agile）、我自己的方法（Project PRACTIONER）、Microsoft Project、Primavera 等相关的项目管理方法、流程、模板和软件，以及大量其他流行的方法和工具。项目管理方面的学历、行业认证和公共培训需求越来越高。

对于一些勉强（而且常常是错误的）能称为项目的事情，人们为什么感兴趣，为什么去关注，为什么越来越关心？为什么仅仅将某型工作重新标记为项目，它们就会（据说如此）得到更好的规划和管理，并（据说如此）获得更好的结果？为什么人们相信某项工作变成项目后每个人都会更加投入并积极地去做它？

同时，看看项目可以为组织和个人提供什么：战略合理性、执行授权、运营优先权，更不用说绩效、产出和成果所发生的分阶段、受控制且获批准的演变。对于个人来说，项目可以让人有机会完成挑战性工作，与不同的利益相关者一起工作或管理他们，同时还可以让人参与到能够影响业务的变革计划中。也许真正的问题应该是：它们真的是项目吗？此外，做出这种区分会引发什么行动？可以确定和衡量哪些收益？哪些交付成果可以得到规划、管理和移交？然后，各组织如何在不同运营优先事项不断变化和相互竞争的情况下平衡不同的战略倡议？

◎ 本章概述

不同的人对项目管理有不同的理解。对有些人来说，它代表着一个不断发展的全球化知识、方法和最佳实践体系；对有些人来说，它是一套借用的方法、技术、工具和技巧，是从会计、风险、金融、人力资源、全面质量管理、工业与商业等专业学科基础或政府及其政策、监管、合规等框架中借鉴而来的。

项目是由董事会、首席执行官和高管层制定的战略倡议吗？项目是一些能够在全球竞争、市场压力、时间紧迫、预算有限、合同约束以及对合规性、透明度和问责制有高度需求等挑战下推动组织向前发展的倡议吗？项目是组织运营方案中确定的优先事项吗？显然，项目不再单单指建筑、工程和其他基建工程基础设施项目。项目实际上已经进入管理、客户服务、招待、销售、营销、信息技术、运营、金融、法律、医疗保健、银行、社区服务、经济、体育、房地产、物流、教育、制造、旅游、航空、保险和行政管理等领域，这些只是私营、公共和非营利部门的部分“增长”领域。

我们是否应该采用一些特定方法：项目管理知识体系（PMBOK®）、受控环境下的项目管理（PRINCE2®）、敏捷（Agile）、我自己的方法（Project^PRACTIONER），或其他很多应对不同程度不确定性、复杂性、风险和价值而采用的方案？解决方案是否取决于大量能够支撑项目成果的技术、人员和概念管理等方面的技能？项目的范围非常广，有的耗资耗时，也有的普普通通；有的由“不容质疑者”发起和保护，也有的资金不足；有的一开始就不应该获得批准，有的早就该停掉（如果有勇敢者能够挺身而出），也有的资金无限（是的，有些商业和政府项目仍然有无限资金——也许你知道这是应急资金）。有些项目需要大量资源，而有的项目只需要一两个人。有些项目会成为政治热点，引发大量关注和争议，而有些项目几乎不会出现在公众视野中。有些项目会对整个组织产生影响；有些是受市场和竞争对手的驱动；有些则是由要求合规的外部监管机构生成。有些项目存在风险，有些比较复杂，有些可能直截了当，还有一些可能在设计、执行和管理方面比较平庸。

近年来，项目的发展呈指数级增长，项目（及项目管理）背后的知识领域、方法和工具等的应用、复杂性和受欢迎程度已经到了令人眼花缭乱的程度。是什么促进了项目在今天的发展和人们对项目兴趣的提高？是否由于：

- 商业运作过程中周而复始的变化；
- 因工期紧（有时不可能）导致的业务时间短缺；
- 技术进步；
- 市场压力的影响日益增大；
- 全球竞争以及保持竞争力的需求；
- 要求更高的（财务）回报率；
- 更高的透明度、责任制和一致性；
- 对可衡量成果（从项目中获得的收益）的兴趣提高；
- 对法律和合同义务的关注增加；
- 需要交付符合基准、质量保证或最佳实践准则的产品或服务；
- 更加重视能产生经济高效解决方案的业务？

也许从上面提到的每一点中都可以找到答案，原因应该是显而易见的。项目的核心是变革，要不断创造和交付各种或大或小、或复杂或简单的变更，项目要想成功就必须对这些变更进行有效管理。换言之，项目提供了创建和管理变更过程的结构、框架和流程（如果你愿意，这是完美的工具），不论该变更是如何发起的（这一点将在本章后面进行详细讨论）。但这并不是说，每一项变更活动实际上都是一个项目。

然而，无论每个项目背后有哪些已知（有时未知）驱动因素和约束因素，项目组织都需要清楚它们是在进行运营工作（日常业务）还是在进行战略性项目工作（变更）。想一想这个关键的区别，你会先做哪一项：日常运营工作还是特定时间的项目工作？

一、了解项目管理

各组织正迅速关注推动其持续成功的众多关键问题：

- 决策时机；
- 驱动决策的成本；
- 相关变更对这些决策的影响。

为了解决这些问题，项目管理逐渐成为一种成功处理由时间、成本和变更驱动的决策及其影响的技术、方法或工具，在学术界和商业界都得到了认可。项目管理是处理这些问题的完美工具。所以现在显而易见的问题是：什么是项目管理？让我们先进行一个简单的解释。思考一下你参与的某个“明显”项目（不论大小），参考以下内容：

- 需要完成的工作（范围）；
- 谁来做这些工作（资源）；
- 正在进行的工作的成本（成本）；
- 完成工作所需的时间（时间）。

现在我们可以开始把我们最初的想法结合起来了。最原始的项目管理本质上是将范围和资源这两个重要又不同（有时相互冲突）且都会对成本和进度造成影响的方面的信息组合到一起。简单地说，某人必须在一定时间和预算限制内完成某件事。也就是，可以非常简单地根据范围、资源、成本和时间对项目进行定义。总的来说，它们代表了项目的基本边界（“边界”是一个非常好的词，你在所有项目中都会理解到这一点），其中每一项都会与其他三项紧密相连。也就是，它们可以在任何时间点共同确定并传达项目的布局，如图 1.1 所示。这一点将在本章后面部分展开。

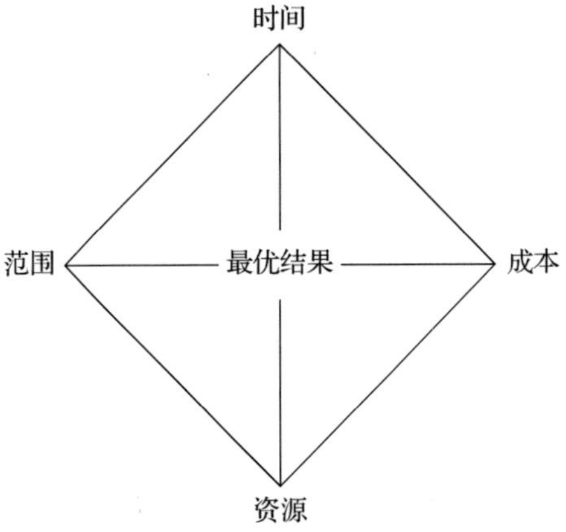

图 1.1　取得平衡

1. 范围：不仅仅是需要完成的工作

所有项目都涉及向某人（通常称为“客户”“赞助人”或“商业所有者”）交付某种东西（通常称为“输出”“成果”“收益”“资产”“交付成果”或“解决方案”）。为了得到这个“某种东西”，需要确定并执行一系列工作。但是（这是一个很大的“但是”），在“启动”项目之前，要考虑一下你需要的一些其他信息：

- 所有工作是同时进行的，还是有些工作要在其他工作完成之后再进行？
- 其他哪些项目和/或工作会对本工作产生影响？
- 工作的各组成部分需要多长时间完成（通常称为“工时”，有时被错误地称为持续时间或耗时）？

■ 这些估算值的准确性如何，以及如何对其进行传达？

■ 这项工作会对项目的规划、执行、管理和完结活动产生什么影响？

■ 是否可以轻松、正确地识别所有需要完成的工作并为其分配资源和安排进度？

■ 哪些风险因素可能影响工作进度的开始或结束？

■ 完成的工作是否符合要求的规范或标准？

2. 资源：不仅仅是团队

现在，我们来讨论项目管理定义中还没有被讨论的要素：资源。要想了解完成项目需要做哪些工作，就需要大量关于资源的信息。先考虑以下内容：

■ 到底需要什么资源？［请记住，项目管理意义上的“资源”一词不限于主题专家（SME）和其他具备相关技能的人员。设备、会议室、车辆、笔记本电脑、资金、材料、参考手册、知识产权，甚至高速互联网连接都属于项目资源。］

■ 是否可以获取（更不用说充分发动）这些资源并分配给项目任务？

■ 这些资源是否具备所需的技能、权威和权力（如果是人员），是否具有正确的技术特征（如果是材料）？

■ 是否有些人力资源需要针对其进行特别的技能培训和发展？

■ 这些资源的成本是多少，谁来承担这些成本，是现有的职能经费还是项目成本中心？

■ 如果需要的话，能否获得可替代资源？

■ 如何管理职能（运营）工作和项目工作之间的竞争性冲突，由谁管理？

■ 一旦项目开始，什么能体现资源的绩效和成绩？

■ 风险是否是分配和跟踪这些资源绩效的一个因素？

■ 这些资源将共同对项目的规划、执行、管理和完结活动产生什么影响？

本节开始就说过，项目管理本质上是将两个组成部分——工作和资源——整合到一起。虽然我们现在知道工作和资源信息可能包含无数子集和某些挑战，但这些信息可以将潜在信息和最终决策“分块”（你也可以说“限定”），从而为理解（和实践）项目管理提供一个有效的、可辩护的起点。这项工作必须完成，而且必须由某人（或某物）完成。

这并不是说我们应该忽略其他项目考虑和问题，比如利益相关者、风险、采购、质量和沟通（这些将在后面的章节中详细解释）。相反，这是尝试为项目的创建和管理提供一个简单的初始结构，使高级管理人员、项目经理、团队和其他内部/外部利益相关者能够立即了解和理解项目演进四个关键阶段（创建、规划、执行和完结，经常被称为“项目生命周期”）背后的两个关键成功因素。

二、项目究竟是什么?

现在，让我们来完善一下对项目管理的初步（也是不断变化的）定义。为此，我们将分别简要审视一下“项目”和“管理”两个词，然后将它们结合起来，形成一些有意义的定义和解释。

对有些人来说，项目有点像一个拼图——有太多的碎片，没有足够的线索来说明这些碎片应该在哪里、它们如何相互作用和相互关联，以及谁应负责将它们拼凑在一起。根据一系列公认的标准可以对项目进行定义，这些标准一起将项目与个人或组织进行的日常活动区分开来。表 1.1 中的标准可作为说明性指南。

表 1.1　项目的基本特征

标准	解释
范围	一个项目的工作不会“一时兴起”就完成了，它要符合某种标准、某种绩效度量，或者某种能够明确定义和澄清待执行工作确切性质的基准
成本	在大多数项目中，成本是有限的，虽然应该为项目提供应急资金（以防估算数低于实际成本），但绝大多数项目都会受到资金（被认为是充足的）的限制
利益相关者	所有项目均归其最终客户、企业所有者或赞助者（最终接受交付物的一方）以及对项目有贡献或受项目影响的所有其他人（如员工、承包商、专业顾问、管理层、供应商）所有
资源	项目需要一个资源库来实现商定的交付成果，这些资源可能包括：人员、材料、设备、设施、工具、信息、系统、政策、程序、技术、资金和知识等。这些资源通常部署于其他项目和/或正常工作职责中，这给项目带来了另一种程度的复杂性和管理问题
时间	项目（必须）具有能够定义（并约束）项目窗口的特定开始日期和结束日期，也就是说，项目要有一个有限的生命周期，要对该周期进行监控、报告和（在很多情况下）修改
依赖关系	所有需要完成的工作可能不会同时进行，有些工作会先于其他工作，有些可能同时发生，而有些则会晚于早期工作；同样，项目要想取得成功，就必须对这一顺序进行计划和管理

所以现在你知道了什么是项目（更重要的是知道了什么不是项目）：通过一系列有依赖性和无依赖性的任务，在商定的时间框架和预算内实现客户的期望。可悲的是，太多人在做很多事情时都急于使用“项目”一词，而同时却未能使用项目所提供的大量知识、技能、技术和工具。

确定项目边界

关于项目变量（通常称为“约束”），已经说过很多。它们是确定项目（真正意义上的项目）和循环活动之间本质区别的关键标准。表 1.2 对每个变量进行了更详细的考察。

这样想：在一个项目中，所有事情都会与这四个约束因素中的一个或多个发生联系，如表 1.3 所示。显然，这四个项目变量之间存在直接和即时的依赖关系。其中一个变量的变更可能会影响一个或多个其他变量。在项目推进之前，必须对这种“效应”进行分析、沟通并达成一致（最好是书面形式）。换言之，每当这些变量中的一个或多个发生变更时，项目都应该有一个“暂停”时间，直到通过详细评估发现是什么触发了该变更、会产生什么影响以及需要为该变更做出哪些改变。这四个变量（现在你可能会明白为什么它们有时被称为约束因素）非常重要。

表 1.2　项目的共同变量/约束因素

变量	要点
时间	■ 每个项目从最初想法阶段到完成阶段可能都有一个规定的（固定的）窗口，在此期间所有项目阶段和项目工作都必须成功完成 ■ 如果该时间窗口没有自由度，则可以说该项目被过度限定 ■ 可用的时间将决定项目的工作进度 ■ 项目可能提前、按时或延期完成 ■ 项目的可用时间量可能会对项目的其他约束因素产生直接且经常是即时的影响
成本	■ 每个项目都应该有获得批准的预算成本，以便在要求的时间内按照要求的标准为所需的工作提供资金 ■ 有些项目资金不足，有些项目资金过度，而有些项目资金充足 ■ 还要记住，可用资金量会影响项目的其他三个约束因素
范围	■ 每个项目都应该明确规定哪些工作是必需的，哪些工作不是必需的 ■ 不应有模糊的术语、歧义或遗漏的要求 ■ 范围应尽可能以量化的形式说明最终产品的标准，包括允许偏差、性能、可靠性和可维护性 ■ 与前面两个约束因素一样，范围也会影响时间、成本和资源三个约束因素 ■ 项目开始后，范围有时会发生变化，导致进度的变化和成本的增减

续表

变量	要点
资源	■ 最后，每个项目都需要分配适量的资源来完成预定工作 ■ 有些人力资源可能需要额外培训 ■ 资源经常被过度分配，导致安排冲突、进度延迟和成本超支

表 1.3　对比各变量间的相互依赖性

变量	如果增加……	如果减少……
时间	■ 资源会被重新分配给其他项目 ■ 安排好的任务会被延期 ■ 由于工作活动延期，成本会增加 ■ 更多的时间有助于对相关要求进行调整	■ 为了压缩工作时间，需要增加资源 ■ 工作安排的压缩会导致成本增加 ■ 项目团队在寻找新的省时方法时可能会对相关要求进行审查
成本	■ 会部署更有技术的资源 ■ 会分配更多资源，从而缩短完成时间 ■ 额外的投资可以对原始要求进行升级	■ 一种最快的省钱方法是削减资源 ■ 另一种方法是降低要求 ■ 在资金变少的情况下，如果要求的工作变少，则时间线可能缩短；如果需要额外时间来完成工作，则时间线会延长
范围	■ 需要额外的资金来满足新的特征和资源 ■ 可能需要技能更高的资源 ■ 可能需要更多时间来完成项目	■ 通过降低要求可以节约资金 ■ 可能会改变资源分配，从而通过技能较低的资源完成相关任务 ■ 虽然在某些情况下，技能较低的资源可能会增加项目时间，但可以通过减少项目功能来节省时间
资源	■ 资源的增加可能需要更多资金 ■ 完成时间可能缩短 ■ 资源数量（和种类）增加后，可能有机会提高要求	■ 如果砍掉某些资源，完成项目所需的时间可能会增加 ■ 看似省钱了，但增加的时间可能会抵消节约的资金 ■ 资源变少的情况下可能无法达到既定的要求

更糟糕的是，很多项目在其生命周期开始时就已经面对了一个或多个约束因素（即未与所有相关人员讨论并达成一致），这些约束因素与其他约束因

素无关，而且没有在其他约束因素发生变更后得到修改。下面的一些典型案例会让很多项目经理感到恐惧和不安（请注意，这些都是真实的案例）：

■ 某财年的预算盈余（必须花掉，否则会清零）突然被分配给某个项目。

■ 由于运营、监管和/或其他日程的约束，完成日期被锁定。

■ 在完全理解项目之前就完成了合同安排。

■ 现有资源的可用性和能力建立在假设基础上。

■ 依赖还没有被准确评估的历史数据。

■ 做出的临时估算不准确，未进行重新评估和修订。

■ 对项目范围的理解不充分（例如，我们需要但不限于以下服务……）。

批判性反思 1.1

我仍然对组织正在创建的（所谓的）项目数量感到惊讶，一个项目接着一个项目，而随着时间的推移，这些项目的规划和管理结果参差不齐。

■ 是什么推动了你所在组织所创建项目的数量不断增加？

■ 所有这些“项目”都是真正的项目吗？

■ 你所在组织对“范围”“时间”“成本”和“资源”等项目术语的理解程度如何？

■ 你将如何与上司接触并说服他们，并不是他们提名的所有“项目”都是事实上的项目（如果是这样的话）？

三、管理到底是什么？

区分完项目与其他通常“循环”的工作活动（记住，一个项目只完成一次）之后，我们现在来探讨管理。关于管理项目的必要性，人们有很多论述。该责任落在项目经理身上：项目经理是被任命“按计划”“按要求”和/或“按预算”完成或更好完成项目的人员。为了实现这一目标，项目经理要承担各种职能、角色和/或任务，其中一些可能与项目的直接管理相去甚远（维索茨基、贝克和克瑞，1995）（Wysocki，Beck and Crane，1995）。传统上，这些规划、领导、组织和控制职能（如图 1.2 所示），有助于（项目）经理通过与他人合作或通过他人实现组织目标。也就是说，项目经理与他人一起或通过他人完成相关事务。

1. 规划

根据需要，项目经理必须花费大量时间规划相关活动。这些活动包括（但不限于）与利益相关者会面、概述和定义目标、设计方案并制定相关管理策略以实现项目目标。在履行“职能”期间，项目经理需要与所有利益相关

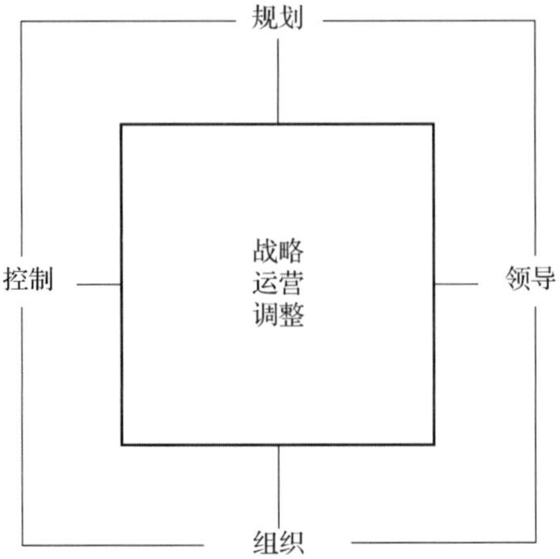

图 1.2　传统的管理职能

者密切合作，以正确确认客户面临的业务问题或机会。应全面研究备选方案，并对每一个方案进行仔细评估。应讨论、澄清、商定和记录交付里程碑和其他关键交付成果及其具体验收标准。还可以花些时间制定一个初步的“大局性”项目规划，以抓住项目的所有宏观细节。在规划阶段，至关重要的是让尽可能多的利益相关者参与进来，以防止遗漏任何关键信息和决策者。只有在他们的初始帮助下，项目经理才能提出具有说明性的交付成果、时间表、预算和资源需求。

2. 领导

每个项目经理必须能够向所有项目利益相关者展示领导力。要做到这一点，他们需要能够鼓动和激励、发出指令和指示、解决冲突和纠纷、有效授权、公开并诚实地沟通、认可成就、分担工作（如果需要）和管理绩效。在与项目团队合作时，他们需要影响（在可能的情况下）团队成员的挑选，采取措施让团队对规划和决策过程的参与（如果可能）达到可接受水平，明确定义和沟通成员个人需要扮演的角色、职能和应具备的技能，建立商定的绩效标准，在团队和所有其他利益相关者之间进行联络，确认和奖励个人和/或团队绩效，以及管理团队成员之间的绩效问题。

3. 组织

方案到位、领导能力具备后，项目经理必须确定并安排要完成的工作和所需的资源。他们需要确保所有报告和沟通渠道都是开放的，确保决策及时，确保项目及其要求符合项目组织整体层面和业务层面的优先事项、发展方向和相关战略。他们还需要建立、熟悉和维持明确的权力、责任和问责。

4. 控制

只有在其他三项职能就位的情况下才能履行该职能。为了控制项目，项目经理需要密切监控项目的各个方面，以确保（并加强）计划的完成，同时了解可能导致特定反应的重大偏差。项目经理展示控制职能的方式包括："走访"项目、根据商定的关键结果标准进行绩效审查、管理范围变更、定期与团队会面以及向所有利益相关者"反馈"信息。

四、项目管理到底是什么？

把"项目"和"管理"两个词放在一起，我们对两个词有什么新理解？项目管理是指对项目活动的管理，这些活动能使项目成功完结并产生相关成果。项目要求运用相关管理原则来规划、组织、控制和领导组织的相关资源，以实现项目的特定目标。管理过程会汇集并优化必要的资源，以按商定、计划和审查成功完成项目。

项目管理与常规和一般的管理任务有所不同，关键区别在于项目是一个受限的概念，通常比传统的管理目标更狭窄。定义项目管理的其他方式包括：

- 确认、规划、安排和控制项目需求。
- 在一定时间、预算、资源和范围间协商达成一致的权衡。
- 随着时间的推移管理变更倡议。
- 管理利益相关者不断变化的期望。
- 为特定需求、问题或机会安排协商一致的解决方案。
- 平衡任务和资源决策（Microsoft Project）。
- 通过临时努力创建独特的产品或服务（项目管理知识体系）。

不过，我们不要拘泥于这些定义。相反，要了解是什么触发了项目，为什么需要管理项目以及项目能提供什么。记住驱动项目的四个主要约束因素：时间、成本、范围和资源。

1. 项目管理原则

现在你（可能）已经了解了项目、项目生命周期和项目管理。现在的问题是：你该怎么做？如何在工作场所沟通、应用和开发项目所涵盖的信息，为你的项目规划和执行提供帮助？对这个问题的探索也许可以最终提炼出卓越项目管理的关键原则。可考虑以下建议：

- 确认、分析和沟通真正的商业需求。
- 所有利益相关者的直接参与和投入。

- 参与对项目细节的不断修订。
- 定义、商定和衡量目标效益。
- 证明应用了相关的治理措施。
- 制定明确、迭代的项目文档并对文档进行版本控制。
- 允许定期审查、审计、调整和修订（在适当和合理的情况下）。
- 就特定且测量过的产出达成一致。
- 涉及所有利益相关者的主动决策（根据需要）。
- 高级管理项目组/委员会的指挥、指导和辅导。
- 与（沟通过的）权限相匹配且具有可见性的单点责任制。
- 公开、坦诚、完整且及时的沟通。
- 透明的流程，包括角色、职责和标准化的文件记录。
- 符合可审核的变更控制流程。
- 凝聚和投入整个组织的专业能力。
- 既有“舞池中人”（被辅导者）的领导，也有“阳台上人”（辅导者）的领导，两者要平衡且明显。

2. 项目管理需要：理想的项目管理者

项目管理与常规和一般的管理任务有所不同，关键区别在于项目是一个有限定的概念，通常比传统的管理目标更加狭窄。通过管理，项目经理参与到确认、规划、安排和控制项目真实需求的过程中。他们要确保达成一致的权衡，从而通过适当的资源开展相关工作，使项目交付成果能够按时、按预算、按要求交付。除了公认的传统管理职能之外，项目经理还要执行哪些其他（项目）管理“工作”？可考虑以下建议：

- 他们被指定管理项目的整个生命周期。
- 他们迭代制定和监控项目方案及相关文件。
- 他们监督估算任务和调度活动。
- 他们管理、协商和沟通项目范围（包括什么和不包括什么）。
- 他们管理项目资源的分配、培训和再分配。
- 他们管理项目安排和项目预算。
- 他们管理利益相关者的期望。
- 他们管理采购和合同。
- 他们管理质量要求。
- 他们指引和激励项目团队的士气和绩效。
- 他们管理所有的变更要求和由此产生的影响并管理对这些变更的批准。
- 他们在必要时发起救助行动和/或加强措施。

- 他们追踪、记录和沟通项目绩效、交付成果和结果。
- 他们确定、评估和管理项目风险。
- 他们管理和报告相关事宜。
- 他们推动定期召开绩效会议：

在项目首次获得授权和注册时启动项目会议（概念阶段）；

在项目进行过程中参与项目会议（执行阶段）；

在项目完成后结束项目会议（完成阶段）。

- 他们指导、辅导和支持项目团队及其他利益相关者（根据需要）。

传统上，上述职能已经严格界定了管理应该是什么。如今，虽然这些固定职能仍然普遍存在，但现代管理者需要更多东西：主动且符合逻辑地了解工作场所的相关系统、人员和流程；技术上熟悉相关的信息和沟通平台；致力于持续改进和创新；真正赋予团队权力；透明的绩效管理；参与式领导风格。

3. 项目管理需要：理想的项目领导者

然而，管理项目与领导项目并不完全相同。为了扩展这一点，我们从定义开始。领导可以简单地理解为利用你天生或学到的技能来影响（和改变）个体的态度和行为，并让他们心甘情愿地做他们可能不想做的事情。表 1.4 简要介绍了管理者和领导者之间的主要区别。请注意，管理者和领导者的这些差异是项目所需要的，尽管在程度、时机、人员和情境上会有所不同。

表 1.4　管理者和领导者的区别

管理者	领导者
管理、规定	创新和创造想法
保持、加强	发展、鼓励
控制、克制	信任、试验
系统、过程	人员、能力
底线、数字	眼界、结果
现状、程序	挑战、提高
短期、即时	长期、未来
聚焦任务	聚焦解决方案
正式权威，“我”	人际交往技能，“我们”
每次都做对	正确的时期，学习

续表

管理者	领导者
解决问题，负责	参与，自主
坚持方向	支持和指导
我们和他们	我们一起
责备	主动倾听
强制权力	合作
奖励工作	奖励创造
寻求服从	看重绩效
上级，有合法地位	辅导，指导
命令、强制	带头、分享

从本质上讲，领导是影响个体行为并“将他们推向新方向”的能力。虽然关于领导的理论有很多，但这些理论的集体智慧可以总结如下：

■ 领导者需要一系列被认为成为真正有效领导者应具备的个人属性，包括精力、正直、同理心、智慧和诚实。

■ 领导者有两种影响个人行为的主要方式。一种是领导者专注于任务（完成任务），另一种是领导者专注于人员（从事任务）。

■ 领导者应处理相关情景和/或偶然因素与变量，并采用适当的领导风格。这些因素可能包括周边文化、紧迫性、团队的经验和成熟度以及任务本身的性质。

这些理论（以及其他理论，如魅力型领导、参照型领导、变革型领导）仍然很受欢迎，图 1.3 比较了情境领导理论确定的四种不同风格。四种风格是：

①告知（专制，没有他人参与）；

②推销（主要是指令性的，对行动进行一定的解释，让他人相信领导者的行动是正确的）；

③参与（更加支持，倾听他人想法并与他人公开讨论）；

④授权（高度民主和支持，将指令和决策权留给团队）。

在情境领导中，从专制领导者到民主领导者之间构成一个领导力逐渐下降的连续统一体。项目经理既需要专制型领导，也需要民主型领导，不同领导者表现的领导风格差异性很大，思考表 1.5 中的对比。

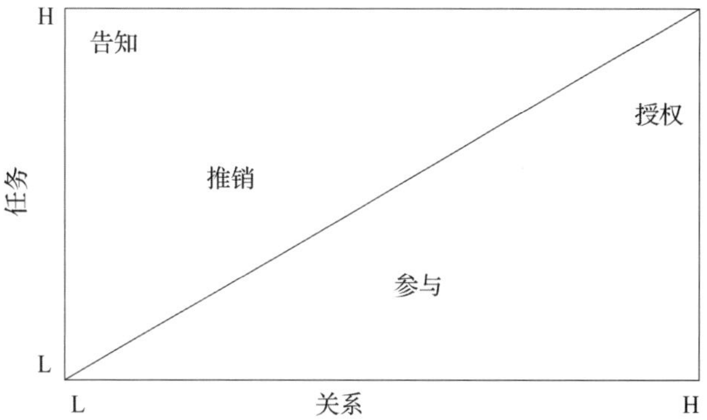

图 1.3　情境领导统一体

表 1.5　领导统一体

专制型	民主型
告诉（任务焦点）	授权（关系）
独裁（专制）	民主（自由）
很强的指令性	很强的支持性
任务优先	关系优先
单项沟通	双向沟通
通过指令达成结果	通过共识达成结果
奖励需求有限	择机奖励

显然，在规划和管理项目时既需要管理也需要领导。传统的管理职能并非与现代项目管理不相干，不应被迅速抛弃，但也不应该让领导概念主导项目。有效的项目经理要知道什么时候管理、什么时候领导，以及在运营环境中如何管理、在战略环境中如何领导。

五、所有领导者都是有效的吗？

欢迎来到领导的黑暗面。尽管有很多偏向正面的文献支持通过各种领导理论、模型和原则培养有效的领导者，但在各种形式和规模的组织（包括项目管理层和客户组织）中，领导的另一面也很普遍。研究表明，担任领导职务的人中有一半在领导他人方面表现不佳（更不用说领导者的任期正在逐渐缩短），因此，项目中缺乏有效的领导者应该是所有相关人员需要真正关心的问题。有一个好消息：原因并不难找到，因为这是一个简单的性格问题。但还有一个坏消息：性格是最难正确和因人而异定义的东西之一。

回顾一下，管理和领导不是同义词：它们是不同的知识和技能体系，构成了与他人合作或通过他人工作时所需的实践、行为和态度。因此，当我们关注领导时，探索失败领导的黑暗面或糟糕领导的盛行原因实际上有助于你理解领导的发展（估计每年价值超过500亿美元）和有效性。

在伯克（Burke，2006）的帮助下，让我们直接切入并揭示失败领导背后的一些常见概念，看看你是否熟悉下面描述的这些“失败领导者”。这些领导者：

■ 缺乏天赋、智力或行业特定知识；
■ 无法（或缺乏信心）执行直接和/或支持方案；
■ 伦理、信仰、道德和/或价值观与他人不兼容；
■ 不愿意在难以实现的成果上下功夫；
■ 偏狭，因为他们忽视了追随者的需求和福利；
■ 自我兴趣是他们所做一切的唯一焦点；
■ 缺乏自我控制，自我放纵，不可理喻；
■ 无法或不愿适应新的想法和做法；
■ 对他人造成心理或身体伤害。

这多少有点吓人，因为这不是一个积极的行为清单。但这些描述对于那些根本没有或无法满足其领导职责实际要求的领导者来说往往是准确的。总的来说，上面的列表简单地将领导者分为非伦理的（不能区分是非）或无能的（不能达到理想结果），你可以区分出哪种描述属于哪种情况。

回想一下，领导在很大程度上取决于一个人“本身的”行为：这个人是谁，做得怎么样，说过什么；这与此人知道什么或有多聪明无关。这不是智力测试、不是有才华和有天赋者的人气比赛。以下是历史上导致无效领导的一些其他行为，或者换一种说法，是非常失败者的七种习惯［芬克尔斯坦（Finkelstein），2003］。这些领导者：

（1）对于自己对组织的控制力过度乐观或过度估量，认为组织的成功完全归功于自己的努力。

（2）个人利益和组织利益之间缺乏明确且透明的界限，认为组织是自己在各个方面的自然延伸。

（3）有一种根深蒂固的信念，认为自己拥有所有的答案，就像一个听不进意见、无视建议、打压异议的控制狂。

（4）十分不喜欢听到批评，试图消灭任何不完全支持自己的人。

（5）固执地认为自己永远是正确的。

（6）固执地做自己过去一直做的事。

（7）往往是组织的完美发言人，因为他们痴迷于组织在公众心目中的形象。他们也低估了障碍。

显然，在项目管理中，不良领导是普遍存在的。有些项目管理从业者有指挥和控制心态，有些会因为“方案就是项目管理的一切”而承受压力遵守方案，这些都可能导致失败的领导。隆巴多、鲁德尔曼和麦考利（Lombardo, Ruderman and McCauley, 1988）认为，领导应该更多地表现为行使自由裁量权、熟悉组织、处理组织难题、指导、激励和培养下属、追求卓越、自信、诚实和沉着，甚至是敏感。

就像你知道哪些领导者曾经失败过一样，确定那些成功的、有效的领导者，这样的领导者将商业知识与个人意识相结合、乐于接受反馈、敢于冒险、建立真正的人际关系，并示范了什么是支持创新和创造的领导。

批判性反思 1.2

想一想领导（有效或其他）实际上为你的项目带来了什么。

- 你喜欢与哪种类型的领导者合作？为什么？
- 当阅读关于领导阴暗面的内容时，你有什么反应？
- 你是否在心理上识别项目组织中的不同人员？
- 为什么管理和领导都对项目成果的成功很重要？

六、开发管理与领导属性

更具体地说，项目管理者/领导者需要什么类型的技能、知识和能力（属性）？这些在项目管理中是通用的还是特定的？它们是后天获得的还是天生具备的？每个人都拥有这些吗？

在很多方面，项目经理没有时间完全适应工作。事实上，他们通常都是快马加鞭地工作，几乎没有时间去攀登“学习曲线”。请记住，项目具有紧迫感，时间有限，有精准的目标和有影响力的利益相关者，所有人都在项目的“浪潮”中乘风破浪。如图 1.4 所示，管理者显然需要在很多前线履行职责。要做到这一点，以下几点越来越重要：

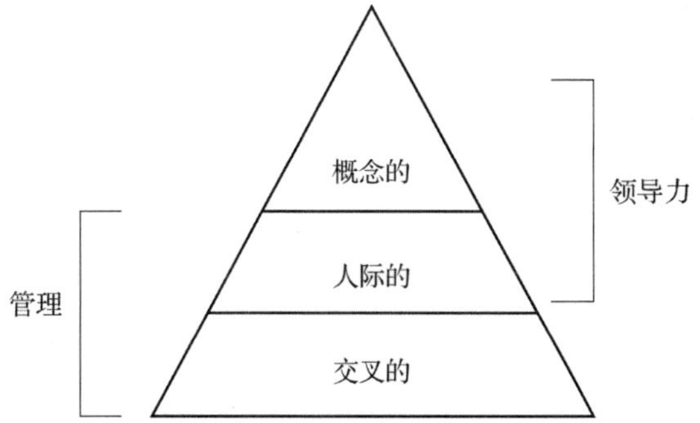

图 1.4　管理和领导

■ 概念或变革属性，使他们可以看到全局，避免被细节困住：

◇ 通过战略性思维推动组织更新；

◇ 唤起兴奋感、目的感和冒险感；

◇ 创造和拥护变更；

◇ 构建智能型、学习型和适应型组织；

◇ 通过一些言语、行为或象征将想法和愿景转化为现实；

◇ 调查相关问题和难点，并采取适当行动；

◇ 通过自己的始终如一、稳定可靠和坚持不懈来建立和激发信任；

◇ 创造创新性环境；

◇ 鼓励进取精神；

◇ 管理政治议程；

◇ 灌输追求卓越的热情和动力；

◇ 了解组织内部的运营系统和程序；

◇ 与不同的利益相关者合作。

■ 人际交往属性或个人属性，使项目经理可以与他人一起工作，或通过他人完成工作（想一想我们之前对管理的定义）。这些技能使项目经理能够积极有效地与项目利益相关者打交道：

◇ 进行书面和言语沟通；

◇ 商定协议；

◇ 解决冲突和争议；

◇ 通过外交和调解寻求解决方案；

◇ 提供指导和辅导；

◇ 给予个人关注；

◇ 主动倾听；

◇ 建立信任；

◇ 影响他人；

◇ 促成一致；

◇ 克服人们对变更的抵制；

◇ 真诚、道德和（智力）激励；

◇ 表现出谦逊、诚实、正直和尊重；

◇ 有自信和同理心。

■ 技术或业务属性，使项目经理能够对项目过程及实际工作有一些深入的了解或理解。不过，请记住，项目经理不是来“做工作”的；他们要“管理工作的完成”。这些技能使项目经理能够与项目所涉及的产品、服务和/或流程紧密联系：

◇ 了解标准的操作系统协议；

◇ 追踪、审查、报告和控制绩效（范围、时间和成本）；

◇ 主动监测风险和应对相关情况；

◇ 与利益相关者沟通；

◇ 从内部推动项目；

◇ 确保所有的工作、健康和安全要求得到遵守；

◇ 按要求遵守法律和法规。

■ 表现出履行规划、领导、组织和控制等传统管理职能的管理能力。

■ 随着时间的推移，领导团队建立并维持项目愿景。

■ 有能力在从事当前工作并从过去错误中吸取教训的同时看到未来。战略能力与运营能力不同。

■ 与预期项目输出相一致的背景。

■ 高度的商业敏锐度，涵盖金融、市场营销、人力资源管理、合同、采购、物流等相关领域。

■ 具有进取精神，能通过变更过程来驱动和维持项目。

■ 项目管理知识（项目管理知识体系或类似知识）和应用方面的专业知识（现实世界的经验和技能）。

■ 技术上能熟练使用新兴技术和平台。

■ 致力于提供指导和辅导。

总的来说，这些属性有一个共同点：它们可以确定一个拥有一系列技能、知识和能力，能够按照规定的时间、预算和要求通过给定的资源交付项目的项目经理。它们还有一个更重要的作用：从权威而不是名声的角度确认项目经理的地位。根据我的经验，有太多的项目经理是突然提拔上来的（有时是默默无闻的人，有时是从业务分析师或职能经理的职位晋升上来的），而且要在不具有强制性、没有证明且广泛传播的权威的情况下对项目负责。没有权威，就没有可见性或问责制。

老实说：很多项目组织的项目管理职位描述还不够详细，无法帮助项目经理获得这种地位。事实是，有太多组织仍然假装自己的项目得到了管理。

批判性反思 1.3

人们经常这样批评传统的（线性或瀑布式）项目管理，说他们施加了太多的指挥和控制。

■ 读过关于管理者和领导者的内容后，想想你的管理者，他们是否是这种心态。是否有一种方法能够在通过正式权威进行管理和通过重视能力、自主性和绩效来展示领导力之间取得平衡，你的管理者对两种风格是否有偏向？

■ 他们的管理和领导实践如何影响你对项目的贡献？

显然，项目管理迫切需要有能力的管理者和领导者，理想的情况是项目经理集二者于一身。

授权的艺术

因此，管理和领导都是项目经理（以及相关角色）所需的关键属性。但授权这一过程的作用如何呢？授权（Delegation）和推卸（Dumping）都以字母“D”开头，但从管理的角度来看，它们在意义和应用上有天壤之别，不应被当作同义词使用。

授权是指赋予下属相关权力，使其在职责范围内执行所分配任务以实现所需结果。授权包括赋予下属完成任务所需的（可见的）权威。下属负责完成任务的同时，项目经理仍需对项目的完成负责，虽然有些人可能不同意。

但是，授权是简单地将需要完成的所有事情打成一个庞大的任务包交出去，还是更像一个分阶段的授权过程——也就是通常所说的授权程度？思考一下根据吉多和克莱门茨（Gido & Clements，2015）改编的示例，在该示例中，授权被分为从最低授权程度（1 级）到最高授权程度（6 级）的六个不同阶段（和时间段）。在该示例中，任务是“调查一个问题”，你会注意到授权程度如何逐级显著增加。

■ 第 1 级：“报告你收集的所有信息，我将决定下一步行动。”

■ 第 2 级：“报告你收集的所有信息，让我知道有哪些选项，并推荐一个让我决定。”

■ 第 3 级：“让我知道你想采取什么行动，等待我的批准。”

■ 第 4 级：“让我知道你想采取什么行动并付诸行动，除非我另有说明。”

■ 第 5 级：“采取相关行动，让我知道你做了什么。”

■ 第 6 级：“采取相关行动，并决定是否需要告诉我。”

看一下从第 1 级到第 6 级权威和责任有什么增长。想象一下从第 1 级到第 6 级一方对另一方的授权、信任和尊重程度。显然，不同程度的授权适合不同的人和不同的（项目特定的）情境。不要匆忙授权，也不要认为每个人都可以进行第 6 级授权，因为现实会很快让你知道并不是这样。

在做出这些授权决策时，你可能还想考虑相关人员接受所授权角色的动机、信心、可行性和意愿，因为永远不能将他们执行所分配任务的技术能力（知识和技能）作为决策的唯一决定因素。你的项目里可能全是有能力的人；遗憾的是，这并不意味着当权威下放给他们时，他们都会挺身而出。

七、几种相互竞争的项目管理方法

如今，如果没有相关参考或不了解项目管理知识体系、受控环境下的项目管理（第二版）（PRINCE2）、敏捷、精益及其他一些被相关机构认可、被商业推广、专有知识产权甚至在某些情况下只是被广泛（或稀松）接受的项目管理方法，那么从事任何项目、阅读项目经理招聘广告（或职位描述）或提供项目管理咨询服务会变得越来越难。虽然这些方法一般都是针对特定项目、行业或政府的，它们都是构思、规划、执行、完成和评估项目的一些规范方法。

随着新方法的不断推广，人们的选择不断增多，但也可能不知如何选择。虽然有些项目管理方法确实可以做到按时、按预算和按范围交付，但还有一点也很重要，这些方法所提供的不能仅仅是一种虚幻的控制结构。如果（这是一个很大的假设）某种方法符合战略计划和运营现实（如果需要），能够为项目增加价值，有具备技术性、社会性和战略性知识与技能的针对性专业发展倡议作为支撑，而且能不断得到审查和调整以反映组织（不断变化）的战略方向，那么该方法就能很好地服务于组织和项目。

"正确"的项目方法在指导项目成功方面起着至关重要的作用。项目不能顺其自然地从开始走到结束：需要按照可行且沟通一致的方法对其进行规划、指导、执行和管理。因此，如果方法本身是错误的，或者方法在行动上有缺失，或者只是抄袭了他人的做法或原封不动地照搬项目管理知识体系、受控环境下的项目管理（第二版）等框架，那么项目管理就可能会跟着直觉走，造成项目管理孤立、零碎、有争议（应该指出，这样有时也可能取得令人难以置信的成功）。不过不要误会：简单地采用项目管理知识体系、受控环境下的项目管理（第二版）、自适应敏捷模型、Project PRACTITIONER 等方法无法确保项目成功。显然，需要在要交付的内容、如何交付以及谁来交付之间取得某种协调。

1. 项目管理知识体系（PMBOK）

项目管理知识体系（正确发音是"pim - bock"）是项目管理知识体系的缩写，事实上是项目管理的全球标准。项目管理知识体系由美国标准委员会（America Standards Committee）项目管理协会（PMI，2013）每4年修订一次，它"是一个包容性词语，是项目管理专业的总和，相关知识涉及被证明正确的知识、被广泛应用的传统实践，以及创新和先进实践"。项目管理知识体系已经从最初作为基本参考（1996年的第一版既不综合也不全面）的知识体系或应用实践发展为如今国际上（对某些人来说）项目管理最佳实践和卓越表现的标志。

虽然项目管理知识体系中的10个过程是作为单独的概念和章节呈现的，但它们在整个项目生命周期中从开始到结束都是不断相互作用的，不能被孤立地研究和应用。在你参与的每个项目中，所有10个过程都需要从一开始就进行调查、讨论、协商、记录、传播、审查、更新并持续进行这些步骤。

此外，随着项目在整个生命周期中的不断发展，每个项目所需的信息量在数量和影响上都会有所不同，因为项目利益相关者会做出不同的决定。虽然有些项目管理从业者发现这 10 个领域之间的相互依赖关系很难管理，但项目管理的成功就取决于能否在整个项目中不断对所有 10 个领域进行整合，因为任何一个领域的决策都可能会对其他领域造成直接的连锁反应（不用经过你的同意，有时你甚至都没意识到事实上已经发生了变化）。表 1.6 详细说明了 10 个过程所涉及的内容，更重要的是说明了每个过程的一些关键成功因素是什么。

表 1.6 PMBOK（项目管理知识体系）的相关知识领域

知识领域	相互依存的过程	关键的成功因素
范围管理（要求）	范围管理包括在整个项目过程中确定和管理项目期望与项目交付产品所需的相关过程，包括规划、授权和控制	■ 客户的参与 ■ 对自己的能力有清醒的认识 ■ 达成共同的理解 ■ 完整、不含糊的要求 ■ 正式的变更控制
时间管理（进度）	时间管理包括在整个项目过程中确定和推进项目进度以及通过适当的干预策略管理协商一致的时间线所需的相关过程	■ 规划工作并落实规划 ■ 活动与成绩不同 ■ 根据规划的绩效来衡量实际绩效 ■ 定期报告绩效 ■ 立即授权采取强制措施
成本管理（预算）	成本管理包括在整个项目过程中确定、分析和完善项目成本以及确保项目成本得到管理、报告和控制所需的相关过程	■ 现实、合理的估算 ■ 按时段相加的预算预测（现金流） ■ 挣值报告 ■ 应急储备金
质量管理（技术卓越）	质量管理包括在整个项目过程中管理质量规划、质量保证、质量控制和质量改进等相关过程和政策所需的过程	■ 致力于质量改进 ■ 定期监督、检查和测试

续表

知识领域	相互依存的过程	关键的成功因素
人力资源管理（绩效）	人力资源管理包括在整个项目过程中确定资源需求、任务优先性、发展需求、绩效问题和评价问题所需的相关过程	■ 建立信任、允许参与、使人投入 ■ 鼓励多样性、相互尊重和道德行为 ■ 澄清角色和期望 ■ 重视团队成员的贡献 ■ 管理绩效并庆祝成功 ■ 提供职业发展机会
沟通管理（信息）	沟通管理包括在整个项目过程中通过管理一些正式或半正式结构来确保及时收集、传播和评估合适信息所需的相关过程	■ 定期、公开沟通的既定协议 ■ 及时、准确、精确、完整、无行业术语、不令人不适 ■ 建立一个文档控制系统（或沟通登记簿）
风险管理（可能性及影响）	风险管理包括在整个项目过程中对项目积极或消极风险的确认、评估、应对、监控、控制和评价进行管理所需的相关过程	■ 有步骤地处理风险 ■ 主动确定风险 ■ 处理优先性高的风险 ■ 将风险处理策略分配给具备合适能力的人并授予其相应权威 ■ 谨慎
采购管理（协议和合同）	采购管理包括在整个项目过程中管理采购活动所需的相关过程	■ 切实可行 ■ 合同管理
利益相关者管理（既得利益）	利益相关者管理包括在整个项目过程中确认、规划、管理和控制利益相关者参与情况所需的相关过程	■ 确认、剖析和参与等相关策略
整合管理（统一应用）	整合管理包括在整个项目过程中整合和平衡项目管理不同知识领域（范围、时间、成本、质量、沟通、人力资源、风险、采购和利益相关者）所需的相关过程	■ 创建项目计划书 ■ 制定项目规划 ■ 指导和管理项目 ■ 监测和控制绩效 ■ 进行一体化的变更控制 ■ 结束项目

为了确保自己不脱离项目（无论你在项目中的角色如何），要记住，这10件“事情”能帮助或阻碍你的项目管理规划和交付活动。你可能不能担任或没有担任项目的采购经理、质量经理、财务经理、沟通经理或风险经理，但你确实需要了解这些知识领域对项目的影响。

2. 受控环境下的项目管理（第二版）（PRINCE2）

项目管理知识体系在项目管理中似乎占主导地位，但还有一种与其媲美的方法也广为人知和使用。这种方法被称为 PRINCE（受控环境下的项目管理），是一种对信息和通信技术等方面的项目进行有效管理的结构化方法，可追溯到1996年（英国政府商务办公室，2005）。如今，受控环境下的项目管理（第二版）是英国政府和私营部门广泛使用的标准，也在国际上得到认可。

作为一种方法，受控环境下的项目管理（第二版）采用基于过程的项目管理方法，每个过程都对项目过程中必须执行的适当管理活动和基本组成内容提出了最低要求。受控环境下的项目管理（第二版）方法注重项目和商业的一致性，因此，采用这种方法的项目都专注于交付特定的产品以满足特定的商业案例。通过这种方式，对商业利益的定义和实现一直是项目背后的驱动力。

受控环境下的项目管理（第二版）有八个独特的管理过程，涵盖从项目开始到完成的所有活动。这些过程是：

（1）指导项目；

（2）规划；

（3）立项；

（4）启动项目；

（5）控制某个阶段；

（6）管理产品交付；

（7）管理阶段范围；

（8）结束项目。

这八个过程中的每一个过程都有另外八个组成部分：商业案例、组织、方案、控制、风险管理、项目环境中的质量、配置管理和变更控制。重要的是要记住，任何方法（或此处未提及的其他商业方法）都不会自己来到你的项目管理办公室（PMO）、会议室、内部网、文档管理系统或甘特图（Gantt Chart）中供你立即全面应用。

受控环境下的项目管理（第二版）的很多支持者很快就列举了该方法所提供的诸多好处，认为它是一套全面、一致、可重复的最佳实践规范，可以通过以下方式实现项目和商业上的效能和效率：

- 最佳实践指南；

- 关注商业合理性；
- 定义明确的项目支持结构；
- 可管理的项目阶段；
- 定期进度审查；
- 受控的决策关卡；
- 利益相关者的明确参与；
- 开放的沟通渠道。

3. 敏捷（Agile）

作为一种流行的方法，敏捷有不同的形式和规模，包括：

- 迭代（Scrum，一个源自橄榄球比赛的术语）；
- 动态的系统开发方法（DSDM）；
- 极限编程；
- 精益发展；
- 由功能驱动的开发。

敏捷方法与“传统的”项目管理方法不同，在“传统的”项目管理方法中，要求或需求是一个定义明确、获得授权的（技术）解决方案，在项目开始时，该解决方案就被商定并记录为范围基线。随着时间的推移，客户的期望往往会发生一些变化，但在这种传统的、由计划驱动的、按部就班发展的方法（也被称为瀑布式模型）中，指定的交付成果仍然（相对）僵化。

敏捷方法受到软件开发人员的欢迎，随着项目的发展，敏捷方法支持客户优先需求（或功能和范围）的演变，而作为一种由价值驱动的方法，敏捷可以在资源和时间不变的情况下满足这种需求。拥护者们认为，这种方法能够使客户和开发人员之间的关系更加紧密，能够促进持续性合作、创造性投入，并减少对文档的依赖，当项目完全围绕计划而不是客户不断变化的需求和解决方案时，指挥和控制管理风格会显而易见。

考虑到敏捷项目的迭代性质，在每一个阶段（或发布），规划都要尽可能拖后，因为人们通常认为客户的需求会在项目过程中发生变更，并且这些变更应该受到欢迎。为了支持这些变更，客户参与进来及时反馈、做出决策、设定优先级并解决相关问题至关重要。有些项目从业者可能会回避变更，但采用敏捷方法的项目关注的是卓越的技术、良好的设计、持续的测试和快速的结果，而由客户决定他们是否获得了足够的功能或从已完成的工作中受益。

显然，敏捷并不适合每个项目，无论是软件开发还是其他项目。它适用于小型软件开发项目、短时间内的多阶段交付项目、小型专业团队的项目以及需要客户充分参与的项目。

最后，尽管卡罗尔和莫里斯（Carroll & Morris，2015）在表 1.7 中显示了传统项目和敏捷项目之间的一些差异（我也加入了一些内容），但该表并未涵盖所有的差异，而且是从敏捷方法的角度编写的。也就是说，你可以对照这些标准分析自己方法的有效性。

表 1.7　传统项目和敏捷项目的比较

传统项目	敏捷项目
受指挥的团队	自我组织的团队
接受指令	主动作为
奖励个人	奖励团队贡献
竞争性环境	合作性环境
遵守流程	寻求持续改进
被动	主动
方案驱动	价值驱动
顺序交付	频繁交付
固定的要求	不断演进的解决方案
拒绝变更	响应变更
甘特图	燃尽图
将范围、时间和成本作为过程衡量指标	将工作产品作为过程衡量指标

4. 精益（Lean）

对精益的最好描述是一种革命性的经营方式，无论是对运营优先事项还是战略计划进行决策。

精益可以追溯到“二战”后的日本和 20 世纪八九十年代的质量运动以及其他一些持续改进努力，精益专注于通过一些可以减少浪费的质量管理措施来满足客户的要求［克里姆（Kliem），2016］。精益方法将客户放在突出位置，改变了利益相关者的互动方式以及材料的获取、处理和交付方式。

全球化是精益方法背后最大的驱动因素之一（其他因素包括成本的降低、有限的资源和信息技术），客户希望将他们的期望和需求转化为价格和质量上的竞争力。作为一种以客户为中心的方法，精益将客户放在项目的中心，努力消除很少或不会带来价值的流程和操作。

那么，管理和领导精益项目需要什么？项目经理不需要是精益专家，以下概念、技术和工具可以让他们知道应该把工作重心放在哪：

- 调查现有项目和新项目的背景（和现状）。
- 绘制向客户提供某种产品或服务的当前价值流流程和未来价值流流程，以获得借机持续改进、消除潜在浪费和提高产品质量的宝贵见解。
- 通过细节规范甚至模型来理解和定义客户的需求，以避免范围扩大、成本超支、进度延误和不断返工（以及其他因素）。
- 及时收集相关数据，以便提出关于未来价值流的建议。
- 进行详细分析，以便找出问题来源和非增值浪费，如图 1.5 所示。
- 应用各种精益技术和工具来解决已知的一种或多种浪费形式。包括提高利益相关者积极性、预防产品缺陷、增强安全性和改进维护。
- 制定并向不同级别的管理层提出“易于理解”的适当建议，以获得他们的明确批准。
- 制定并实施以客户需求、清除浪费和质量改进为中心的项目管理方案。

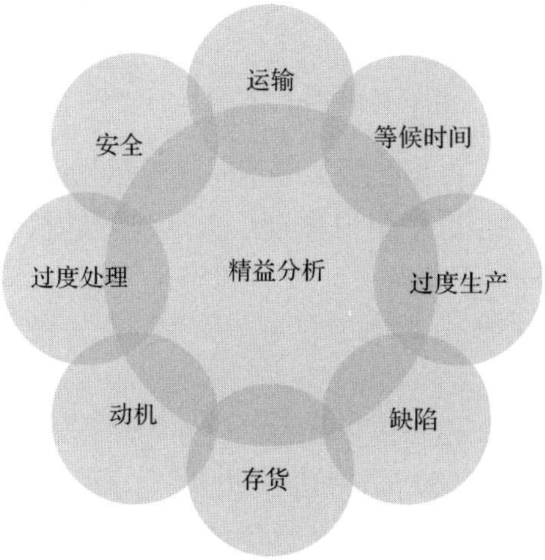

图 1.5　精益分析

包括克里姆（2016）在内的精益倡导者并不羞于宣传精益方法的好处，包括：

- 了解客户价值；
- 改善周期；
- 更大的灵活性；
- 减少资本支出；
- 利用技术；
- 缓解恐惧；
- 客服孤立心理；
- 减少间接成本；
- 激发创造性。

同时，精益方法在创造和维持价值流方面也面临一些挑战（与其他方法一样）。其中包括：

- 对付根深蒂固的官僚主义；
- 缺乏显而易见的管理支持；
- 有过往失败史；
- 遗留技术；
- 标准操作程序与传统会计实务；
- 不同的管理风格；
- 受保护的操作流程。

显然，精益方法能够为项目带来很多好处，尽管它并不是默认的项目方法。与其他方法一样，精益本身并不能保证项目的成功。对有些人来说，它会带来额外的记录、流程和批准，这只会增加项目的步骤和责任。而对有些人来说，精益可以让他们充分了解客户想要的环境、过程和结果，从而清晰地满足客户期望。

5. Project^{PRACTITIONER}（作者自创的方法）

到目前为止，你应该更加熟悉很多不同的国际公认和/或专有项目管理方法、框架、流程和程序，更不用说你自己在定制项目规划和管理方法方面取得的进展了。尽管在很多组织中，推动和维持日常工作的仍然是运营活动（被称为日常业务），但创造和促进中长期变更以保持可靠性和商业竞争力的压力越来越大。

这种变更过程现在被称为项目管理：一种规划、管理和交付项目的方法。项目是日常运营活动之外的一系列独特活动，需要在商定的范围、时间、预算和资源内完成这些活动以实现特定目标和/或效益。项目管理的原则和实践提供了一个总体框架（方法或过程），有助于符合逻辑地将想法（变更）发展为项目，进而形成一个别人想要并愿意接受的交付成果（最终产品或服务）。项目管理包含了相关的理论、直觉、过程和“过往成功实践”，如果要让每个项目和每个参与者展现出一致性、透明性、问责制、专业性和可见性，项目管理就必须得到可扩展、简单且易于操作的文档支持（没有两个项目在不确定性和复杂性方面是相同的）。

我的专有方法，Project ^{PRACTITIONER}，建立在一个简单、集中的电子平台上，有相关文档和程序支持。所有项目信息都按照安全且可扩展的格式逐步进行捕获、显示、提炼、过滤、报告、更新和交流，因此可以对照方案监督和洞察项目绩效的各个方面。它可以提供：

- 当代行业最佳实践；

- 实用且对用户友好的文档记录；
- 统一的项目管理语言和实践；
- 规划、管理和交付项目的简洁且可扩展方法。

一系列工具、模板、登记册、培训和支持为项目自始至终的规划和管理提供了基础工具和整体方法。Project PRACTITIONER 集成了从很多不同竞争方法、实用功能和有用工具中汲取的最佳实践，可以准确、及时地追踪、报告和控制项目的进度交付、技术绩效、预算分配和合同合规性。

Project PRACTITIONER 方法将所有 10 个知识领域整合到一个文件中（我称之为项目管理方案，尽管其意图更广泛），使学生和从业者可以创建以下内容（并提供支持证据）：

- 将项目管理知识体系全部 10 个知识领域集中在“一张纸上”；
- 在一张 A3 纸张上绘制“生命周期管理方法”；
- 登记组织范围内所有的建议和想法；
- 商业案例，包括完整的评估、理由和已知利益，并附有支持证据；
- 项目登记簿，用于传达项目的官方状态；
- 有支持证据的项目章程；
- 工作分解结构；
- 带有支持证据的风险登记簿；
- 有支持证据的项目规划；
- 变更申请表；
- 变化登记簿；
- 绩效报告；
- 进度索赔/付款表；
- 竣工报告；
- 评估（实现的效益）报告；
- 经验教训登记簿；
- 项目管理能力评估图；
- 职业发展规划；
- 项目管理成熟度自我评估报告。

这些模板并不是一次就可以完成的孤立模板：每个模板都有某种形式的相互依赖性，必须在整个项目中自始至终进行维护，因为一个文档中的某个变更可能会在其他文档中产生连锁反应（或更严重的影响）。

通过 Project PRACTITIONER 方法，所有必需的文档都集中在一个地方：项目管理方案。人们经常将项目管理方案错误地理解为简单的项目进度表，但其实它是一份包罗万象的文档，包含了所有原始信息（在某些情况下可能被称为基线）、所有修订、所有绩效和所有结果。通过与项目管理的生命周期方法相结合，Project PRACTITIONER方法的项目方案会不断更新，在项目的整个生命周期内，它的详细程度将呈指数级增长。

6. 选择合适的方法

人们在选择方法时有很多选择。显然，每种方法都有其支持者、拥护者和铁杆用户，可能还有很多未知和潜在用户。也许，你需要根据自己具体的业务需求审视这些方法，然后根据项目对方法进行调整（在适当的情况下）。这些方法都有一套可扩展的工具、技术、流程和组件，你需要根据特定项目的需求以及项目组织本身的需求（同样重要）来仔细调整相关方法。

这与克莱兰（Cleland）和金（King）［引自尼古拉斯（Nicholas）、斯泰恩（Steyn），2008］提出的方法一致，即在确定项目是否实际需要某些项目管理方法时，需要考虑五个通用标准：

■ 对项目的陌生程度，区别于普通和日常活动（运营优先级）；

■ 规划和管理项目所需的工作量（资源、资本、设备、设施等）；

■ 由于客户需求、创新、市场变化、消费者行为等因素所导致的环境快速变化；

■ 项目建立各职能领域与整个组织的横向关系所需的相互关联度，区别于自我服务和相互独立的职能领域；

■ 项目失败对组织声誉的潜在影响（财务受损、市场份额丢失、声誉受损、未来合同损失等）。

批判性反思 1.4

了解了这么多关于方法的知识，这些方法是什么？它们能为项目规划和管理提供什么？

■ 你对不同的方法以及它们能为项目带来的价值有什么理解？

■ 阅读了（并进行了进一步研究）关于项目规划和管理的线性、增量或迭代方法，你喜欢哪种方法？为什么？

■ 你是否更倾向于开发自己的方法，而不是使用上述的某种方法（如果是，原因是什么）？

■ 你的项目管理方法能为你的项目带来什么真正的价值？成本是多少？

八、了解项目生命周期

无论你最终使用的是某种现成方法还是专有方法，所有项目都必须遵循一个生命周期，生命周期在本质上是从项目开始到结束的一系列阶段、决策关卡或过程审查。这种“分阶段”的项目演变被称为项目生命周期，每个阶段都会“技术性”触发一系列关键目标、利益相关者、责任、活动、决策、结果和审查。

每个项目都有一条潜在的发展道路，无论是微妙的还是明确的。该项目管理路径涉及其生命周期的多个阶段，每个阶段都是项目整体成功的重要组成部分。显而易见的问题是：有多少个阶段，我们如何称呼每个阶段？这是项目管理撰写者几乎无法达成一致的一个领域，但这种分歧的后果并不是特别具有破坏性。人们对各个阶段应该如何称呼并没有形成普遍共识，关于项目应该有多少阶段，或者每个阶段应该执行哪些活动也没有达成共识。

为了让你熟悉生命周期的概念，我们先来看一下我多年来改编的一个幽默例子（引人注目又贴近生活）。可能你比自己想象的更熟悉项目演变这一概念。

- 出现了另一个伟大想法，不受现实影响。
- 该提议被封禁、孤立并被剥夺了自然公正。
- 有狂热的激情、口头支持和声援。
- 这引起了现实的考验、无声的幻灭和沉默的挑战。
- 开始出现不受控制的混乱、破坏和逐渐的冷漠。
- 报告错误地指向活动，而不是成就。
- 战斗人员在行动中失踪。
- 搜查罪证（包括无罪者）。
- 无辜者和不在场者受到惩罚。
- 非参与者和寻求荣誉者得到晋升。
- 秘密行动者否认知情或参与。
- 特许知识库被秘密且安全地建立。
- 文件和文档（如果有）被分散在多个地点。
- 项目过载阻碍了项目审查或吸取经验。
- 项目足迹的所有证据都被删除。

撇开娱乐性不谈，你刚刚读到的内容在很多情况下反映了我（也许你也是）曾经工作过的很多业务的项目现实。在这些情况下，人们通常没有实际进行太多调查、澄清和理解就启动和运行了项目。随着时间的推移（有时是一夜之间），一开始有一定热情和承诺的事情往往会逐渐瓦解，变得冷漠和幻灭。当项目开始失败时，我们不要忘记那些推卸责任者、追求荣誉者和不容置疑者；在某个糟糕的日子，即使是设计最好的项目，也会受到这些人的严重破坏。那么，一阵忙碌之后，回顾和学到了什么？吸取了什么教训？项目组织如何在以后的项目上做得更好？是否会重蹈历史的覆辙再次走向绝望？

人们关于项目“生命周期”应该分多少个阶段有很多不同意见（有些人

认为分十二个，有些人认为分五个，有些人认为分七个……随便哪个数字，我还看到过一个简单的两阶段生命周期：规划和执行)，我建议分为五个阶段。通过五个阶段，可以涵盖所有项目工作，更重要的是，每个阶段都可以得到透明和有效的“管理”。记住：这就是项目管理的全部——确保项目按照计划、按预算、按规定完成。图 1.6 描述了本书中提到的五个阶段，揭示了这些阶段如何随项目进展而展开，表 1.8 解释了本书中采用的五阶段方法。

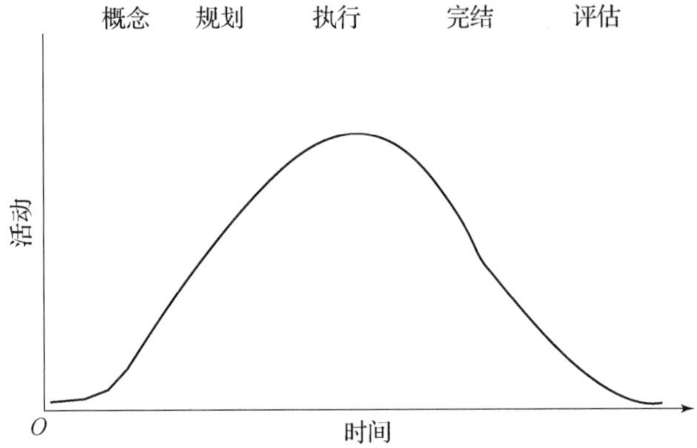

图 1.6　分为五个阶段的项目生命周期

表 1.8　项目管理生命周期

阶段	解释
概念	此阶段为构思项目的阶段，可以将其视为“想法”阶段。本阶段会讨论初步目标，提出相关问题，确定潜在效益，研究可选方法，并确定临时成本，也被称为“想法”“启动”或“可行性”阶段
规划	在决定项目继续进行之后（在概念阶段），对项目所需的所有工作进行规划和安排。最终确定目标、分配资源、确定质量、批准最终成本、商定时间并确定所有其他行政事宜，也被称为“安排”“准备”或“开发”阶段
执行	项目在该阶段已经开始，工作重点转移到以前一阶段制定的进度安排为比较参考点来跟踪实际进度。根据需要对所有工作进行监督、控制和纠正，并根据要求对进度安排进行审查、修订和更新，也被称为“实施”“生产”“控制”或“执行”阶段
完结	项目已完成，交付成果已移交给客户。相关资源被处置或重新分配，合同结束，撰写和提交报告，关闭项目管理部门，也被称为“完成”“终止”或“移交”阶段
评估	不是每个项目都有这个阶段，有这个阶段的项目都有兴趣衡量项目所交付成果的回报/收益，也被称为利益实现阶段

批判性反思 1.5

生命周期是项目管理能够提供的最引人注目的核心概念之一。

■ 你如何看待生命周期及其在整个项目中的作用？

■ 理论和表述是否符合你的项目实际？

■ 你从规划和管理项目的生命周期方法中学到了什么？

■ 测试一下你的理解，草拟传统的项目知识管理体系方法（线性方法和增量方法）和敏捷方法的生命周期，并思考最适合你的项目。

1. 确定生命周期的投入和产出

我们现在将更详细地研究项目生命周期的五个阶段。这些阶段不仅为每个项目提供了一个可控框架，而且提供了一个贯穿本书的导航框架。随着项目的发展，每个阶段都有自己的特征，这些特征是四个原则和初始项目变量（或约束因素，前面提到过，即范围、时间、成本和资源）的组合。

在项目的每个阶段，需要收集有关这些约束因素的信息并做出决策。此外，需要有技巧地规划和管理整个项目过程中围绕这些约束因素的相关事件的逻辑顺序。随着项目逐个阶段发展，相关投入（会议、利益相关者、机会等）会得到相关产出（批准、预测、文档等），一个阶段的结束标志着另一个阶段的开始。不过，要记住将每个阶段与一个重大决策、授权或批准节点（可能是一个“移交”节点）对应，以正式将项目推进到下一阶段。

实际上，需要有意识地决定是否进入下一阶段。表 1.9、表 1.10 中提供了大量投入和产出示例（不是详尽列表，也没有按设置顺序）。

表 1.9　项目生命周期投入

概念	规划	执行	完结	评估
■ 挑选项目 ■ 寻找问题和机会 ■ 讨论备选解决方案 ■ 与组织能力一致 ■ 确认项目收益 ■ 确认成功的关键因素	■ 检查和精炼项目变量 ■ 将项目细分为行动 ■ 制定和修订项目进度并将其基线化 ■ 估算突发因素 ■ 确定关键路径	■ 持续进行过程审查和控制 ■ 报告进度、状况和预测 ■ 管理变更申请 ■ 管理合同 ■ 解决团队问题 ■ 纠正和加强行动	■ 记录客户接受度 ■ 记录项目结果 ■ 结束合同 ■ 团队和利益相关者汇报 ■ 资源再分配 ■ 保留、证明和担保	■ 开展项目后评估 ■ 总结经验教训 ■ 监测和报告收益

续表

概念	规划	执行	完结	评估
■ 确认风险 ■达成一致期望 ■ 确定项目赞助人 ■ 确认必不可少的利益相关者 ■ 明确决定投入更多时间、资源和资金将项目推进到下一阶段	■ 寻找和分配资源 ■ 制定质量衡量标准 ■ 敲定采购细节 ■ 制定合同 ■ 确定控制措施 ■ 明确决定投入更多时间、资源和资金将项目推进到下一阶段	■ 管理事态升级问题 ■ 管理会议 ■ 控制和报告进程 ■ 明确决定投入更多时间、资源和资金将项目推进到下一阶段	■ 建档和记录 ■ 庆祝团队成功 ■ 决定结束项目	

表 1.10 项目生命周期产出

概念	规划	执行	完结	评估
■ 设计纲要 ■ 商业案例 ■ 可行性研究 ■ 风险评估 ■ 范围文档 ■ 利益相关者分析 ■ 预算预测 ■ 程序和政策 ■ 会议纪要 ■ 批准	■ 阶段、任务和里程碑详情——包括时长、顺序和资源 ■ 修订的时间线(PERT 图/甘特图) ■ 修订的现金流和预算 ■ 资源矩阵 ■ 基线计划日程安排 ■ 批准	■ 绩效标准 ■ 检查和监督/测试方案 ■ 采购订单 ■ 绩效报告 ■ 范围变更申请 ■ 进度声明 ■ 纠正行动 ■ 合同 ■ 修订的日程安排 ■ 批准	■ 移交 ■ 接受度测试 ■ 项目审计 ■ 完成清单 ■ 反馈和评价 ■ 批准	■ 完成报告 ■ 收益实现报告 ■ 经验登记簿

2. 使用项目生命周期的好处

尽管项目生命周期的概念在直觉上很有吸引力，而且（人们希望）很容易理解，但它也必须提供一些直接和有形的好处，来显而易见地为所有项目规划和管理活动提供帮助。下面列出了其中一些好处，包括希利（Healy，1997）提出的一些好处。

项目生命周期可以：

■ 为整个项目提供总体描述；

■ 通过明确定义的阶段来限制和命令项目进度（有些人可能称之为决策关卡）；

■ 提供参考点供利益相关者评估进程；

■ 便于整个项目采用适当的治理水平；

■ 能够透视整个项目并保持这种视角；

■ 能够在适当的工作阶段正确确定和划分所有项目任务；

■ 有助于在所有阶段对项目进度进行有序管理；

■ 在整个项目日程中提升紧迫感；

■ 协助确定何时需要资源（中小企业、承包商等）；

■ 将所有项目活动整合为一个整体；

■ 提供规划过程的有形证据；

■ 作为所有项目活动的指南；

■ 有助于详细说明项目利益相关者责任；

■ 将项目划分为可管理的若干部分。

九、追踪失败和成功

成功的项目是一个精心策划和管理的事件，项目成功始于项目生命周期开始阶段，即项目的定义、构想、规划或概念阶段（不论你最终称之为什么阶段）。它也不会像很多项目从业者所希望的那样，在生产、执行等项目后期阶段自动就成功了，因为有太多的项目很快就进入项目生命周期的执行阶段。表 1.11 列出了项目失败和成功的一些常见原因。

表 1.11　项目失败和成功的一些常见原因

项目失败的原因	项目成功的原因
■ 缺少行政管理授权	■ 所有项目都在战略上与业务运营一致
■ 不了解范围（要求、规范）	■ 所用方法被认可、得到沟通且应用一致
■ 缺少最终用户参与	■ 吸引和管理不同的利益相关者
■ 缺少正式方法（方法、过程或框架）	■ 透明的审批、决策和问责制
■ 无法衡量、报告或调整绩效	■ 控制时间、成本和绩效变化
■ 缺乏传达过的、可见的、明显的权威	■ 适当而及时的审查关卡
■ 运营优先级和项目优先级之间的功能性冲突	■ 跟踪、报告和控制绩效
■ 角色和责任的定义和沟通不到位	■ 统揽一切的项目管理指导小组
■ 依赖反应性和补救性纠正措施	■ 接受项目的迭代性质（特别是估算）
■ 未经授权的范围变更（变化）	■ 组织成熟度的持续发展和完善
■ 管理技能差（被误导、被误报、行动缺失）	■ 让外界看到可见性、权威性和问责制

图 1.7 还展示了良好规划与不良规划之间的差异。也许滚动式规划这一概念是理想的解决方案，在这一概念中，持续规划和细化迭代是项目生命周期的基础。

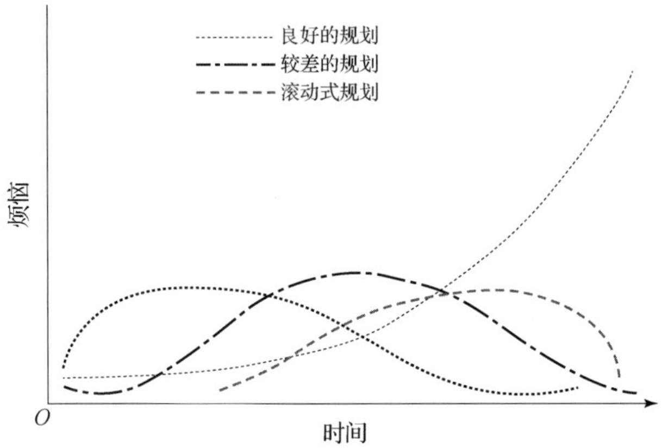

图 1.7　规划烦恼程度

十、项目过程的映射关系

由于项目往往通过分阶段的生命周期方法不断发展演变，因此，可以（松散地）将每个过程与项目生命周期中的某个阶段相对应。表 1.12 中的例子显示了这种映射关系，尽管各阶段之间的界限和明显的排他性不会像本例中那样明显。相反，本例应作为一个模型，提醒人们不要孤立地考虑每种能力，而应将每种能力作为按时、按预算、按范围交付项目的更大计划的一个子集。

表 1.12　项目管理相关过程的说明性矩阵

项目	概念	规划	执行	完结	评估
整合	战略一致性	项目方案	项目绩效报告 项目变更控制	项目完结报告	参见研究活动
范围	确认范围	完善范围	项目变更控制	项目完结报告	参见研究活动
时间	临时预测	制定项目进度	控制和报告 项目进度	项目完结报告	参见研究活动
成本	临时预测	制定预算	控制和报告成本	项目完结报告	参见研究活动
质量	质量规划	质量规划 质量保证	质量保证 质量控制 质量改进	项目完结报告	参见研究活动

续表

项目	概念	规划	执行	完结	评估
人力资源	确定能力	分配资源	监测绩效	重新分配 项目完结报告	参见研究活动
采购	采购规划	采购规划 询价规划	询价 选择来源 合同 管理	合同结束 项目完结报告	参见研究活动
风险	确定	确定 评估 分析	管理	评估 项目完结报告	参见研究活动
沟通	确定利益 相关者	制定战略	项目绩效报告	项目完结报告	参见研究活动
利益相关者	确认利益 相关者	规划利益相 关者的参与	管理利益相 关者的参与	评估利益相关 者参与情况	参见研究活动

十一、复习题

1.1 “项目管理”一词有什么含义？

1.2 项目管理与项目领导有什么区别？

1.3 形成项目最初边界的四个变量/约束因素是什么？

1.4 方法对项目的规划和管理有什么帮助？

1.5 在项目管理中遵循生命周期方法有什么好处？

十二、案例研究

每个人都不希望开启另一个项目。但是，这次高管会议为什么与上次会议以及管理者们参加过的所有其他会议不同？

毕竟，高管们并不是没有足够多的运营工作，更不用说消防和其他日常优先事项。说每个人都只是负荷过重都算是轻描淡写了，尽管芭芭拉（Barbara）参加周一会议时似乎并没有登记自己是首席执行官。

芭芭拉绕过了所有无意义的议程，直接进入组织要实施的新项目。她没有事先与经理们讨论过这些项目的可行性，执行经理们非常清楚，这些想法（充其量是想法）极有可能在一两个月内陷入一种无所作为的状态，因为首席执行官很快会发现新的项目，从而盖过之前的项目。

经理们听着（或者假装在听），刚加入高管团队的设备经理克里斯（Chris）打开了笔记本，准备做笔记。当芭芭拉向大家解释自己的想法时，他尽力不让自己陷入芭芭拉对自己项目的乐观情绪中。但是，让克里斯感到惊讶的是，芭芭拉的讲话里除了一两句关于她想要做什么的含糊之辞外，没有任何关于项目的细节。他觉得这很奇怪。

没有任何关于项目目标、理由、交付成果（似乎只有芭芭拉的自我欣赏）或需要多少资金的描述，更不用说该项目需要多长时间或需要谁参与。克里斯知道，任何人如果想要与首席执行官进行建设性对话，都需要上述信息。

当其他经理设法向首席执行官提出问题时，克里斯静静地坐着，但他还是有点坐不住。芭芭拉似乎越来越保护自己的项目，她在房间里分配项目时变得越来越具有防御性。当项目文件被扔到高管团队面前时，高管们的脊梁骨都快被压断了。

克里斯有点茫然（如果不是有点幻灭的话），他继续观望着，耐心地等待自己发言。事实证明，除了目前的运营工作外，克里斯还忙于四个新项目，这些远没有完成。因此，他面临的现实是，无论是项目还是其他工作，手头的活很少有能很快完成的。

当克里斯和其他同样感到沮丧的人准备离开会议时，他回忆起一位前老板灌输给他的一些东西：

想法就是想法。所以，除非你已经初步调查了需要什么、需要多少钱、需要多长时间以及由谁来做这项工作，否则不要把它称为项目。如果你能回答这些问题，你就有了一个项目。如果你无法回答这些问题，你的所有想法就只是另一个挤占他人待办事项清单的思想泡沫。

克里斯当时就知道他老板说的是对的，现在也是对的。整个会议毫无成果；它被浪费在一些一闪而过的想法上，并没有对这些想法的现实性进行任何核查。克里斯知道纠正这种热情鼓吹自己想法的做法很简单，但和其他经理一样，他觉得无法畅所欲言。

问题

（1）你认为该首席执行官的“项目”为什么实际上不能归类为项目？

（2）为了让一些思想泡沫、想法和建议得到启动和运行而将其升级到项目状态的做法错在哪里？

（3）除了克里斯前老板提出的建议外，就评估芭芭拉提出的项目而言，你会给经理们提出什么其他建议？

（4）你如何描述芭芭拉的管理和领导风格？说出你的理由。

（5）在上述场景中，你认为芭芭拉和她的经理们处于项目管理生命周期的哪个阶段，这是正确的阶段吗？说出你的理由。

第二章

企业能力：新兴策略、论证和能力

◎ 要点

- 不是任何一个想法都可以发展成一个项目
- 要将战略计划（项目）和日常（BAU）（任务）区分开来
- 要开展优势、劣势、机遇和风险（SWOT）分析
- 八阶段变更管理模型
- 数值项目论证模型和非数值项目论证模型
- 使用数值模型和非数值模型开展的项目论证
- 提出商业案例
- 要将项目、计划和联合项目区分开来
- 企业项目管理成熟度
- 个人项目管理能力
- 项目管理企业结构
- 项目管理的角色和应用
- 企业文化及其影响

◎ 实践应用

你是否曾经在某个项目（任何岗位）工作过？你是否想过为什么那个项目会获取批准开工？或者更为糟糕的是，你是否曾在一个本应终止的项目工作，而这个项目却因各种原因在一定期限过后仍可获得支持，或者这个项目不断变化要求，而且没有或很少开展检查和调整，根本不管项目调整是否符合实际情况？

我们很容易知道这些类型的项目是什么样的，还知道其他那些数不胜数的例子。这样的项目开始以后，很少有论证、调整和指导，更不用说控制和问责措施了。疑问油然而生：为什么会发生这种情况？行业内推崇（甚至都身不由己跟随）企业表现、质量管理、最佳实践、一线管理、并购兼容、工

作能力、企业能力、风险控制、人力资本、知识管理、企业管理和法规遵从，可在这种大形势下，为什么一些项目仍然漏洞纷纷？还要记住一点，越来越多企业急于一有点子就转化为项目，这使得项目数量与日俱增。

想一想你所在的企业，看一看刚刚产生想法或建议的时候，它们是怎么继续发展的，有没有认真对照论证标准对这些想法和建议进行评估。一个点子如何才能变成一个有价值的项目？谁来做决策？为什么这个人会如此决策？一旦项目立项，看一下由谁来负责确保项目能顺利发展，始终符合一定的绩效标准，如日程安排、预算和范畴。

◎ 本章概述

任何人都可以提出一个想法，但是这个想法并非一定适合发展成一个项目。这就是有些企业设置“点子库”的原因。员工有新点子或者非常好的点子，都有渠道发布出来。有了点子以后，管理层会分析这些想法，摒弃一些，暂存一些，甚至会给其中一些点子“额外机会”，邀请提出它们的人进一步阐述自己的想法和一些可能的论据。

想法源自变化，变化催生策略，而策略与项目和运营息息相关。这不完全是一个恶性循环，但即使没有一个确定优先级的竞争性（有些时候是冲突性的）困局存在，显然也会有“论证”重叠现象的存在。再者，项目以及运营可以在项目内部或运营和项目计划之间有效进行划定和管理吗？如是，我们就需要厘清某些项目相关事项，明确区分标准，因为“放之四海而皆准”的做法是不存在的。

从本质上说，项目应该支持并展示企业战略方向和企业对话方向。通过一种变化主导的过程，各种想法经论证后变成项目，然后相关部门制订计划、加强管理并最终交付成果。不过，不是任何项目都按照同样的步骤得到兑现（事实上，许多人是抵触改变的）。这一过程的进展也可能受现有能力层次的影响（包括个人能力和企业能力），或者随时间推移，受项目内在管理规章的制约。

难道变化不好吗？实事求是地说，变化是我们需要面对的唯一不变的东西。

一、将思想泡沫升级为项目

正如第一章中描述的那样，为什么一个人的思想泡沫会在另一个人手里迅速转变为一个项目呢？这个想法，或者叫建议、倡议（不管如何冠名）“神奇般地”在项目管理层讨论中堂而皇之地存在了，然后一个新的项目就在某人的办公桌上诞生了。因此，项目管理工作在多个层次上进行：“知识库”层次、规定层次或者可拓展方法层次。管理工作的发展由多个因素推动：学术研究、行业应用和反馈、已发表论文和会议提交论文，以及全球标准动议。

如图 2.1 所示，这些项目战略要务以某种形式体现企业变化了吗？或者这些战略要务属于运营优先事项吗？属于影响企业部分事项的日常活动吗？战略和运营之间是否存在重合部分，可以在项目计划和管理中发挥作用？或者项目计划和项目管理是完全不同的功能？还有，什么是论证标准：项目是随意上马和计划的吗？是否有某种内含过程，可以从源头做好论证说明？

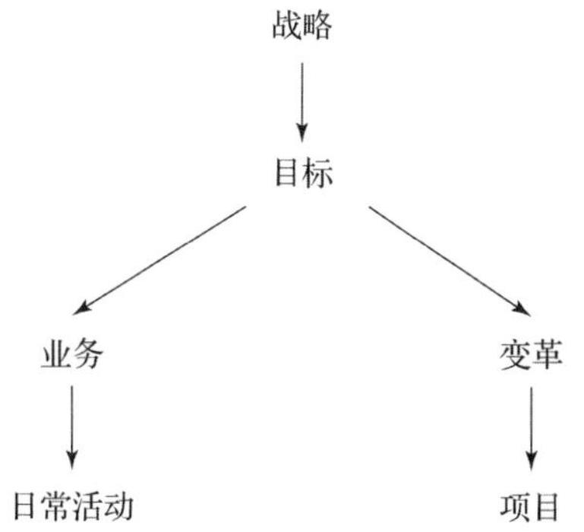

图 2.1　战略解构

本研究中，开发和发展这些与项目管理有关的术语开始相互融合，包括：战略、价值管理、投资、监管、集成、项目管理办公室（PMO）、利益相关者管理和项目成熟度。如果它们是独一无二的发现，不管是附加值提议或仅仅是知识库之间的重叠，都各自代表一种机遇，可以更近距离分析企业、员工、过程和项目之间的关系。公平地说，它们强调了发展方向和一些挑战与利益。这些因素都需要随着项目的不断进展认真进行评估和讨论。有些因素对于企业来说是非常有用的路标，提供了清晰论证和方向指引；有些因素代表警告、评估和检查；有些因素可以促进最佳实践和持续改进工作的开发与演示。

稍微考虑一下，真正的风险存在于何处。提振一下信心，你会明白一个项目的成败与项目所在企业的成败紧密相连。仅仅因项目失败导致的投资“流失”可能会潜在影响企业的财务状况，更不用说还可能导致丧失市场信誉。企业损失的还不只是金钱。看似可行的项目耗费的相关资源包括人力、设备和基础设施。这些资源本可在其他项目中发挥重要作用。除此之外，还有士气问题、职业忠诚度问题、沟通瓶颈和突然间低下的项目选择能力问题，这些问题简直可以说是犯罪了（此处稍显夸张，但是能直击要义）。

还有各类会议、检查和报告所耽误的时间成本，毫无必要的采购规定，项目相关方职业信誉也会受损，企业还会对其丧失信心。这些情形并不让人感觉乐观。要把项目选择需求设定为力争使项目成果与企业未来联系起来，这两者也必须相互取得协调。时间、预算、范畴和资源均有限，对于企业来说，想让每个项目能成功落地并不一定是最佳选择。一些项目可以施行，一些必须延迟展开，还有一些必须舍弃。相关决策可以做好记录、论证，决策的实施也不能给项目带来潜在损害，或者因为错误选择给企业带来潜在不良影响。

然后，还有优先级的问题。紧急重要工作之间也存在极大的（且可能明显的）不同。不是所有的工作都要在同一时间安排。多个项目同时开展，运营工作和资源的分配，都是考虑先做哪些工作所涉及的重要因素。也许项目管理办公室会有答案或明晰项目企业本身的成熟度层级。不要忘记运营经理及其优先级的首要地位。

所有企业都有一个共同点：生存（不过需要注意，生存还因衡量标准不同而区分多个层次。举例来说，衡量标准有利益结果、市场份额、产品多样性，等等）。所有企业，不论是私有企业、公有企业抑或是非营利组织，都有自己的“生存”策略。这些策略的提出是基于企业市场定位、利润发展、竞争优势、利益方回报、规定遵从、投资回报、全球影响力或者各企业不同的关注点。企业得到生存以后，随之而来的就是改变问题。企业要从其当前的位置（也就是“当前状态”）进军到其未来想要达到的位置（也就是“未来状态”）。简言之，项目都是改变的体现，不管是项目方案的具体实现，还是利益方期望的具体达成，都属于改变。换言之，项目管理就是要促使改变的发生，推动企业、员工和各项工作不断前进，从当前状态发展为未来状态。

二、启发策略的作用

管理相关工作涉及一个动态且经常是有序的组合，既包括科学原理（部分属于必须原理），也包括其他酌情决定的和个人的想法（称为“艺术”部分）。战略管理也是如此。本书并非单纯讲述战略管理（或运营管理，或变更管理）的拙作。为了确保所有项目符合企业战略需要，我们需要首先定义战略、战略管理及其表现框架。确定好定义以后，我们才能对所需变更过程进行论证，以将战略分解到各个项目中。

毫无疑问，每个人都有自己对战略的定义。项目管理知识体系（PMBOK）是这么定义的，项目就是一艘运货船，企业的战略计划就是通过这艘船实现的。佩里（Perry）、吉布森（Gibson）和杜杜洛维奇（Dudurovic）（1992）如此定义：“（战略就是）决策和行动的综合连续体，可以赢得竞争优势。”纽曼（Newman）、隆根（Logan）、贺佳蒂（Hegarty）对上述定义稍做变动，他们认为战略是一种十分重要的管理工具，可为高级经理应用，以塑造企业未来发展方向。大体来看，战略应当涉及以下几个方面（当然，读者可以添加自己的建议）：

- 涉及企业管理；
- 明确并合理处理差异化优劣势、机遇和风险；
- 面向未来、价值和成果；
- 在全企业范围内倡导融合；
- 提供一致性，具备重要意义；
- 注重质量设计；
- 具备“相对而言的”长期关注点；
- 以目标行动为导向，各种活动具备可评估性。

启发策略对于任何企业规划未来发展方向来说都是具有基础意义的，因为启发策略为达到最终想要的目的铺好了道路［科尔（Cole），2010］。与此相统一的一个前提是，企业为其利益各方创造并实现了价值。不管用的是哪个词语描述，价值、理念或者使命都好，战略看起来都是极为重要的。现在，我们来定义一下战略管理。这样就可以更为接近我们的目标。在本节中，我们的目标是对接好战略和项目之间的关系。从其最基本的形式看，战略管理管理的是企业的战略，管理的几个阶段是战略构想、实施和可能的评估阶段。

与项目管理生命周期十分相像，战略管理的开展也分几个固定的阶段。战略管理为企业发展提供指引和融合，帮助企业在不断变化的环境中实现成功的运营（不管是内部运营，还是外部运营）。皮尔斯（Pearce）和罗宾森（Robinson）（1994）也提出了一种虽然抽象但十分有用的定义。他们认为战略管理是“一系列决策和行动，其结果是实现计划的制订和落实，而这些计划的目的是达成公司的目标”。然而，另外一个（显然更为全面的）定义是由斯通纳（Stoner）、科林斯（Collins）和耶顿（Yetton）（1985）提出的。他们认为战略管理是“一个遴选企业目标的过程：确定必要的相关政策和战略计划，通过实现某些具体目标进而实现总体目标；提出必要方法，以确保政策和战略计划能得到落实”。换言之，战略管理是一个正式的集成的过程，明确、提出且评估发展中的各种变化。对于许多人而言，这些变化会增加或减少企业的三个底线：经济、社会和环境。

策略分析（及其分析后的决策）中经常使用的工具之一是优劣势、机遇和风险网格。该网格本质上包括四个象限，其分析可促使企业避免固执己见，催生完美的方案（宠物项目），专注于企业自身的市场价值。这种分析既是内部的（可控因素：优势和劣势），也是外部的（不可控因素：机遇和风险）。

企业可以继续发扬其优势，因为优势展现的是企业有能力做得很好的地方。以下几方面可构成企业内部优势：

- 专有技术；
- 产品/服务知识；
- 工作场所；
- 内部通信；
- 创新活动；
- 优秀员工；
- 高效市场策略；
- 高效生产。

企业自然也有一些固有劣势，这些劣势是可控的，如：

- 市场研究数据陈旧；
- 人工方式保留资料；
- 资金链问题；
- 员工流动率高；
- 产品/服务内容单一；
- 场所偏远；
- 运营效率低；
- 管理不到位。

机遇和风险属于外部因素，对于企业来说是不可控的。机遇方面，企业能利用的一些例子如下：

- 忠诚的客户群体；
- 市场供不应求；
- 竞争对手少；
- 经济繁荣；
- 旺季；
- 市场发展趋势。

企业面临的挑战是尽量降低风险，比如：

- 竞争加剧；
- 需求减弱；
- 经济下滑；
- 利率升高；
- 大政方针。

优劣势、机遇和风险分析可在多种情况下使用，如策略分析、资产组合管理、项目评估和论证、竞争对手分析以及比较评估方面。图 2.2 即优劣势、机遇和风险分析示意图。

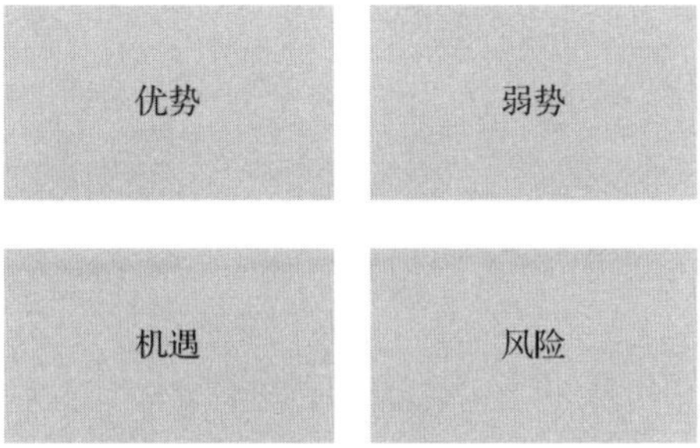

图 2.2　优劣势、机遇和风险分析

批判性反思 2.1

优劣势、机遇和风险分析并非一蹴而就的活动，因为影响企业的内外部因素是在一段时间内不断变化的。

- 要为企业明确其优劣势所在；
- 要提出相关策略，最大化企业优势，减少（或消除）企业劣势；
- 同样，要为企业明确其面临的机遇和风险；
- 要提出相关策略，最大化企业机遇，减少（或消除）企业风险；
- 你如何利用优劣势、机遇和风险分析方法来更好地做项目计划和管理工作？

三、重新审视运营现状

虽然在生活中各种情况的发生并不确定，但工作环境不可避免地会不断发生变化。各种驱动因素层出不穷，包括气候变化、经济、社会压力、政治、技术进步、消费者需求、全球竞争、不断强化的监管和合规要求，新的工作场所和新的劳动力人群正在改变企业内部的传统运营模式。

虽然企业战略会确定其未来发展道路（方向），但如何走这条道路是企业运营必须面对的现实。目标、目的、靶向和活动等一些新词语不断融入，运营管理成为战略规划的必经步骤。虽然一些人认为，每日、每周或每年的管理功能或工作单位水平运营是“企业活动的一潭死水”，但实际上运营和管理是提高企业生产力的关键所在，是真正衡量运营绩效的标准所在。绩效表现通常根据规划、监控和报告技术来衡量，其中最值得注意的两个因素是预算（数字计划）和时间表（时间轴计划）。

如表 2.1 所示，一个可能的标准示例可以用于区分运营现状和战略活动。虽然这些建议并非详尽无遗，但它们提供了一条“沙线”，我们可以借此做出这个关键决定。

表 2.1　区分运营现状和战略活动

运营现状（日常业务）	战略活动（变化）
视为日常需求	确定并监控有限预算
很少已知或关键的限制因素	分配优先级状态
涉及有限风险	所需专门资源有源可寻
仅限功能性和局部性影响	涉及变更的有序任务
采用标准运营程序管理	要求主动管理和报告
产出灵活度	涉及多个利益方
在一定时期内可接受的工作量	明确过程和工作的阶段
持续绩效的一部分	多功能（企业）影响
可能会引发经常性中断	有意识了解紧急事态
应急处突意识淡薄	收益（成果）可被评估
容易出现惰性、延误和推迟	所需变更许可
内容可能十分模糊且语焉不详	起始事件得到允许和监控
委托管理可能性很大	记录并详述工作范畴

另一种了解运营工作的方法是从管理的角度来审视它。运营经理做了哪些策略经理不做的事情？可能的答案包括以下几点，提示了运营经理和团队的重点应该在哪里。正如科尔（Cole，2010）所言，本质上是愿望式和教育性的，而不是详尽的或规定的，所以你当然可以决定如何应用它们，也可以决定你所要获取的信息数量和细节：

■ 实践并反映前瞻性管理，而不是反应性管理；

■ 通过例外情况鼓励管理，只报告重要的偏差；

■ 涉及一个移动、改变、修改和更新的迭代过程；

■ 制定未来行动路线，旨在实现未来目标、愿景、使命或战略。未来行动路线要包括清晰的目标，并根据这些目标明确工作内容，以便能够有效地实现这些目标；

■ 传达要做什么，为什么要做，谁要做，在哪里做，何时要做，如何做，如何监控，以及如何衡量；

■ 根据 SMAERT 标准评估目标合理性：具体的（S）、可衡量的（M）、可实现的（A）、实际的（R）和具有时效性的（T）；

■ 集中表达你的想法：遵循做什么——是什么——为什么的公式（例如，“制订并实施一项计划，将替代资金来源增加25%，以减少对政府资金的依赖”）；

■ 分发明确、简明、灵活、易于理解、可操作和管理的文件——而不是模糊的意图陈述；

■ 在计划和报告中包含一系列潜在的资源需求——设备、设施、资金、材料、人员、空间、时间和培训；

■ 经常性问四个问题来评估该计划的可行性：可能会出什么问题？有什么迹象表明问题即将发生？有什么能阻止问题发生？如果问题真的发生了，该怎么办？

■ 确定在哪些方面需要监控，将实施哪些具体监控措施，正在发生什么与应该发生什么（变化），以及需要什么纠正措施（如果有的话）。

显然，在战略和业务所涉及的内容之间可能会发生重叠。然而，尽管战略由董事会、行政管理层或高级管理层确定，运营由中低层经理确定，仍然应该明确区分战略和日常运营重点。战略和运营之间的一个有用的分界线是经过尝试和测试的有效性与效益衡量标准，观察企业是做了正确的事情（有效性）还是实际上正在做正确的事情（效益）。表2.2［修改自斯通纳（Stoner）、柯林斯（Collins）、耶顿（Yetton，1985）］更为详细地研究了这种明确的差异，以再次强调，虽然两者都是必需的，但两者有不同的目的。

表2.2　区分战略和运营

区分标准	战略	运营
企业关注点	长期生存和发展	运营成绩、合规性、绩效报告
突出目标	发展、多样化、影响力、投资回报	运营目标、规划绩效
投资评估	收入、利润、利润增长	历史回报、当前利润、可控成本
领导力特征	远见卓识、启发灵感、给予支持	保守、直接、控制
企业环境	奋发有为、灵活轻松	严谨、稳定
信息需求	定性分析、概念细节	定量分析、技术细节
风险特征	风险探求	风险厌恶
管理风格	鼓励并支持创新	保持现状
持续限制	内外部环境改变	运营流程、政策、技术、原有系统

续表

区分标准	战略	运营
可量化成果	效益、未来发展潜力	效率、稳定
问题解决	主动解决、总结并应用经验教训	被动、依靠经验
能力管理	梯队规划、灵活环境、相互协作、绩效管理	职位描述、异常报告、功能性任务优先级
学习方式	主动、有针对性、目标驱动	被动、一般能力、用时再学

批判性反思 2.2

日常工作、运营优先事项和战略活动（项目）几乎构成了大家每天工作的全部。

■ 回顾表 2.2，看看你是否可以提供更多的标准来帮助区分工作场所的运营和战略“事项”，因为本节的清单并不是完全详尽的。

■ 为什么这种区别很重要？

■ 你认为当项目创建并分发给已经忙碌（可能超负荷）的员工时，企业中的每个人都“了解”这种区别吗？你可能也想审视或修改一下第一章中的批判反思内容。

对于项目经理来说，项目总是放在第一位的。项目必须在首次立项、评估和规划时符合既定行政管理规定。这些规定一直伴随项目的被执行、完成和移交。这就引发了许多潜在事项、问题或直接冲突，突出体现在不同经理之间、不同功能工作领域之间和不同政策程序之间，因为不同工种疲于应对不断增加的项目工作量，而工作场所不断缩编人员数量，这在某种程度上意味着，许多员工需承担两个或三个人的工作量（补缺离职人员）。

现实中，企业文化“每天都会拿战略当早餐吃”。这一文化进一步加剧了上述问题。请记住，文化是一只无形的手，它通过一套既定和可用的模式，包括信仰、习惯和实践，无声但有时却在无意间塑造了工作场所的各种行为。

不仅仅是文化会破坏集体。标准操作程序（SOP）对一些人来说是工作寿命的祸害，它通常为操作计划、实施、报告和合规制度设置协议。一致明确的框架可以产生好处，但同时这些本意良好的协议也会影响以下方面：项目本身的紧迫感、时间观念、所需的变更过程和允许、跟踪关注、报告和控制技术、时间和预算变化，这可不同于简单的报告变化。

四、维持变更可信度

变化，以其普遍和复杂性质，一直贯穿于所有企业战略和运营水平上。

事实上，你可以称其为将企业的战略对话转化为运营现实的关键渠道。

如果有强大的宏观经济力量在发挥作用（新产品、生产力增长、新兴技术、发展、盈利能力、生存），变化可能是内在的、破坏性和创伤性的。在日常运营、无形假设和无意识行为（作为企业行为）的压力下，改变需要勇气，是一个艰难的决定。由于变化挑战了当前系统运行的操作任务（而不是创建一个全新系统），为了平衡变化的连续性和可信度，需要在抵御常规、传统和正式边界、标准操作程序、冗余实践和企业期望之外做出反应［考特尔（Kotter），1998］。

如果把重点放在刺激脑力工作而不是复制体力工作上，你在计划和项目之前需要具备远见。如果没有一个明智的愿景，任何变革计划都可以很轻易地分解成一系列令人困惑和不兼容的项目，这将会把企业引向错误方向——或者，事实上，很可能会让企业撞向南墙［达克（Duck），1998；考特尔，1998］。

五、管理变更过程建模

各企业持续经历所谓的“企业转变”，从旧的东西过渡到新的东西（结构变革、员工赋权、裁员、调整规模、改革或重组），机会和挑战仍然是引领和维持变革的导航灯。虽然有许多变更管理模型，但这里详细研究两种。分别是八阶段科特（1998）模型和库布勒·罗斯（Kubler－Ross，1969）五阶段“悲观周期”（记住，对许多人来说，变化是因人而异的，充满了失落和悲伤）。

八阶段科特模型可以总结为：

（1）建立紧迫感：

■ 迎接挑战，战胜自满和惰性；

■ 向人们描述未来机遇，坚持让人们与心怀不满的客户和利益相关者交谈。

（2）创建指导联盟：

■ 基于职位权力、专业知识、可信度和领导能力（而非谨慎管理）来指引变革努力方向；

■ 认识到变革从根本上是关于感情、信任和说服的（管理人就是管理感觉而不是管理智力活动）。

（3）发展愿景和战略：

■ 生动连贯地描述雄伟构想，克服自满懒惰情绪；

■ 思考什么在战略上是可行的，识别各种模式，并在问题和机会发生之前加以预测。

(4) 传达变革愿景：

■ 如果没有可信的沟通行为（言行），很多员工的心思都不会集中（信息真空只会制造八卦）；

■ 通过比喻、类比和举例，快速有效地提高复杂信息的双向可信度。

(5) 授权员工开展广泛行动：

■ 记住，赋权并不意味着放弃权责，而是要允许员工通过消除运营障碍来发挥创造性和创新性；

■ 提倡批判性对话，讨论那些看似不便讨论的话题——也就是达克(1998) 所说的“同情之城”（烂人和自我吹嘘）或日本流行的“热烈讨论”模式［戈斯（Goss）、帕斯卡尔（Pascale）、阿陀斯（Athos），1998］。

(6) 产生短期收益：

■ 制定措施，不断前进，追求成功，用一种新的战略语言来描述它，并去伪存真、脚踏实地；

■ 努力按照结果驱动型改进计划开展工作（重点是实现具体的、可测量的运营改进工作），而不是活动驱动型改善计划（感觉良好，肾上腺素激增，妄想）。

(7) 巩固收益：

■ 项目管理和下级领导热情、亲和、守信和积极，时刻保持前进势头（摒弃“传统力量”）；

■ 通过探索选择、承担风险和敢于犯（关键）错，可以获得有益的经验教训。

(8) 锚定新文化：

■ 不断浇灌变化的浅根（和绿色植物），以确保其“深根”与现实相对应；

■ 用新的行为规范和共同价值观来重新规范新的实践，包括个人行为和企业行为。

图 2.3 反映的是有效变更管理的逐步演变。

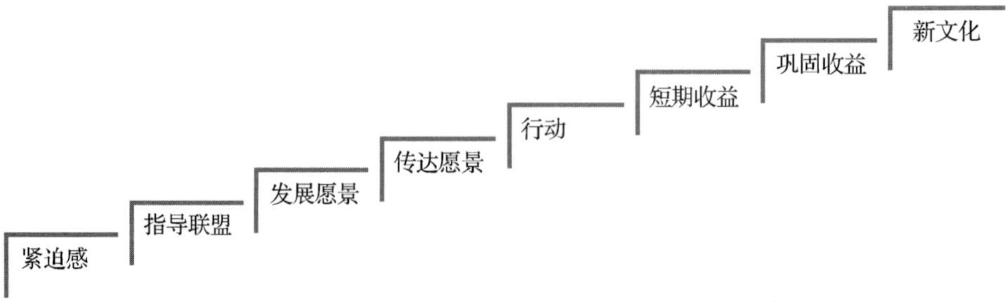

图 2.3 变更管理过程

由此看出，困难仍然在于为变革创造一个令人信服的环境，同时要记住，在任何变革的尝试中，企业永远都不可能规定其员工的感受，即使企业确实出租了他们的行为（达克，1998）。这个理念在下一个模型中至关重要。基于伊丽莎白·库布勒·罗斯（Elisabeth Kubler Ross，1969）首次发表在《死亡和正在死去》（*On Death and Dying*）上的观点，五阶段“悲观周期”模型（基于绝症）将另一个维度融入对“阶段性”旅程的理解，还将这一维度加入人们的情绪反应，以应对变化：

否认——试图避免不可避免的事情：表现为有意识或不知情地（以及自然的）拒绝接受关于变化的背景或情况的事实、信息和现实；

愤怒——沮丧地流露出压抑的情绪：表现为针对自己或他人的愤怒、生气、攻击性或嫉妒，尤其是那些与他们亲近的人；

讨价还价——徒劳地寻求一条出路：证明了试图讨价还价或寻求谈判妥协的幌子下一个短期且不可持续的解决方案；

抑郁——不可避免的最终后果：通过接受改变的确定性，接受情感超然、悲伤和恐惧，开始接受现实；

接受——找到前进的道路：表现为一种深刻个人化的、独特的、最终的信念，即必须继续尝试改变。

对项目企业的影响

变革，作为战略指引的副产品和运营现状的先导，继续推动许多企业的项目管理格局不断发展。无论理由、逻辑、商业案例或其他适用的论证如何，未来的变革都将继续对企业施加压力，因为管理者们试图将其企业转变为富有竞争性、灵活和可持续发展的企业。请记住，根据定义，项目会产生持久的变化，这可能不会受到所有人欢迎。因此，尽管项目企业、利益相关者和项目经理可能都相信每个人通过他们（明确或暗示）的行动参与进来，但这种盲目信念可能为时过早。人们对变化的反应并不是普遍性的；这是纯粹和自私的个人行为，必须在一对一的基础上得到鼓励和支持。从项目目标的角度来看，人们对变化的反应也不是智力驱动的、线性的（与上面的模型一致）、方便或迅速的。

项目（变更）管理应该是心灵和思想的投入，而不仅仅涉及概念、时间表、报告和可交付成果中所做的大量工作。通常，项目（变更）管理只在范围/提案阶段链接目标和结果，以评估“什么将有利于公司”，而不是试图建立一种个人目标，来吸引和转换利益相关者［朗·科克（Lang - Cork）：改编自网络内容］。

六、证明战略决策的合理性

我们知道，战略是围绕变革制定的，项目通常是实现重大变革最合适的工具。现在让我们通过让项目进入正确的轨道来使战略和变革实现统一。因为战略代表了一种未来的思维，任何试图从战略层面证明项目投资决策的尝试都必须同样具有前瞻性。

将以下触发因素作为任意项目可能的战略论证标准：

- 竞争性活动；
- 客户优势；
- 监管合规性；
- 运营必要性；
- 扩增能力；
- 产品组合多样性；
- 成本效率；
- 资本运营；
- 投资回报；
- 比较效益；
- 政治作用；
- 企业影响；
- 相关项目；
- 盈利能力增长。

以上每一个标准都不失为一个真正的机会，来推动企业真正战略需求的发展，帮助企业了解其环境和项目的预期结果。无论竞争活动范例是否针对竞争对手，无论其是否代表一种积极增加市场份额的前瞻举措，也不论其是否是一个获得提升效率的例子，实现这些结果的项目总是完全合理、资金充沛、优先发展、资源充足和管理得当的。这是通过企业战略管理团队的把控、指引和支持来实现的——他们中的许多人往往最终也成为项目赞助商。

图2.4显示了如何方便地根据投资回报（ROI）、技术、效率和市场因素等客观标准做出不同的评估。

显然，这些驱动因素和随后的决策在私营、公共和非营利机构领域看起来会有所不同，因为不同领域的机构既要从战略层面，又要根据各期竞争环境相应做出战略决策。这种差异可以反映在项目的沟通优先级上。记住，并不是我们所做的每件事都是关键的或紧急的，也不是每件事都需要立即去做。想想我们每天都有的日常行政或自由裁量任务——时间表、电子邮件、情况更新、会议、个人电话、上网，等等。很容易看出，即使有相对重要的活动，也很少有高优先级。也许有些是重要的，但也有许多可以在低级别优先级设置下随时完成。

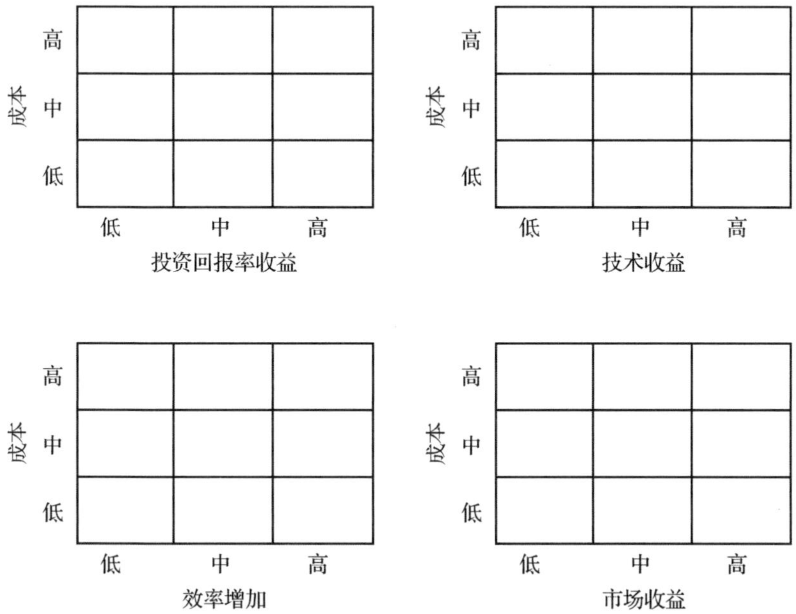

图 2.4　分析项目选择

那么，我们的项目应使用什么合适的优先级量表呢？如下：

- 李克特（Likert）量表，使用数字 1～5；
- 批判性、重要性或常规性的描述性量表；
- 一个经过预先编码的字母表，如 A、B、C。

如果你从来没有考虑为战略计划和运营现状建立一个优先级量表，你会加剧混乱状况，杂乱状态、被动决策和项目被动管理的情况会相互交织。

七、非数值选择模型

梅雷迪思（Meredith）和曼特尔（Mantel）（1995）确定了 6 个流行且简易的非数值模型，今天，仍有许多项目利益相关者发现这些模型颇有吸引力，因为不用受制于数学模型和分析。

1. 神圣的牛

顾名思义，这个选择工具享有高级经理公认的“保护权”。经理对一个想法的评论或认可（可能是一个新产品开发项目或一个市场渗透项目）是项目立项的有效推手。正如梅雷迪思和曼特尔（1995）所建议的那样，这个项目具有神圣的意义，它将被持续推进，直到成功结束，或直到老板亲自认识到这个想法是失败的并终止它。显然有一个自我兴趣元素、主观决策和个人风险在这个模型中。然而，高级管理层也应大力获取公共赞助，合力推动项目发展。

2. 运营需要

在危机中，维护运营功能变得比成本效益活动更为重要。冗余系统、技术支持缺乏和即将到来的自然灾害，都在没有太多正式评估的情况下将一个项目推向前排。有了这样的驱动力，就有了空间扭曲和匆忙（也许是拍脑门的）决策，缺乏结构化制衡。

3. 竞争需要

获得市场份额通常要花费巨大成本和时间，很少有企业会愿意在竞争威胁下牺牲市场份额。在此情况下，立项需要一个快速果断的反应，可以绕过更为独立的评估过程。此外，这种反应完全是被动性的，这使得项目很难与企业的战略目标保持一致。实际上，该项目企业可能会将所有项目投资花在"竞争性追赶"上。

4. 产品线拓展

以市场营销术语来说，产品和服务沿着所谓的"产品生命周期曲线"（一种虚构的S形曲线，描述了产品或服务从市场推出到消失的理想化演变过程）发展。随着产品和服务的曲线发展，它们的吸引力最终开始减弱，这让营销专业人员有机会尝试"产品拓展"或"产品完善"，从而更有效地重新定位产品或服务。在许多情况下，这些决定可以直观地做出，而不需要进行太多的分析。超市货架上、电视和其他媒体渠道充满了产品线拓展的相关实例（体育、营养和健康相关产业是项目选择模型的完美范例）。

5. 比较收益

最吸引人的非数值模型之一是比较收益模型。它适合那些处理多个项目的企业，所有这些项目都为企业提供了不同程度的好处。选择是由一个经理团队做出的，他们共同做出决定，意图追求那些提供最大价值的项目（即使这个价值不能被准确定义）。必须对每个项目的利弊进行一些权衡；然而，最终的选择仍然可能是非常主观的。

6. 定性检查清单

尽管对这项技术有一些真正的批评（有限的排名、比较、优先级和非财务标准），检查清单仍然提供了一个机会来审查潜在项目以评估其可行性（威索克齐 Wysocki，2014）。检查清单很容易创建，因为它只不过是一系列独立问题，涉及许多标准，并要求每个项目进行对照。清单答案的质量取决于标准，而常见的标准包括战略对接、利益、风险、目标、资源、时间表和资金。

批判性反思 2.3

在评估提议项目是否可行时，可以使用一种或多种非数值选择模型，检查清单的缺陷上文已经进行了说明。

■ 回顾其他非数值模型（也许还有你正在研究的其他模型），并总结其缺陷。

■ 你所在的企业使用了哪种模型？企业如何论证其选择结果？

■ 你是否（以及为什么）有其他模型推荐可供项目评估时使用？

■ 构建你自己的清单模型，制定合适的标准和问题。在你提议的下一个项目中进行试验，并评估其适用性。

八、数值选择模型

我们还使用了一些流行的数值选择模型，这些模型都反映了被评估项目的盈利能力。在这里，我们重点关注的四个方面是投资回收期、投资回报、净现值和项目加权评估矩阵。

1. 回收期限

其中一个相对简单的模型是回报期模型。这个模型考虑的最重要标准是多长时间能收回原始投资。例如，对新工厂的潜在投资将花费 10 万美元。假设该项目的年现金流已确定为每年 2.5 万美元，通过“计算”得知，原始投资需要 4 年时间才能收回。显然，这种模式需要关于预期现金流的信息，这些现金流将持续足够长的时间来偿还投资。在此模式下，任何在此回收期后的额外现金流都不再进一步使用。

2. 投资回报（ROI）

这是最受欢迎的模型之一。它评估项目的盈利能力。首先计算项目的平均年利润，然后再除以需要项目投资的年数，最终结果表示为一个百分比。投资回报模型考虑到整个项目的现金流周期。例如，考虑前面的例子，项目投资在四年内偿还了 10 万美元。假设现在项目每年返回 2 万美元的现金流。平均年利润将是总收益或利润 14 万美元减去原始投资 10 万美元，也就是 4 万美元。要计算投资回报，只需将 4 万美元除以最初的投资金额，就可以确定 40% 的回报率（在本案例中属于相当健康的回报率）。

3. 净现值（NPV）

该模型通常用于评估项目的两种折现现金流（DCF）（另一种是内部收益

率）。净现值按所需回报率（有时称为“障碍”利率）贴现项目现金流，考虑了第二年以后投资资金的未来价值。净现值为正，表明该项目是可接受的。用来计算净现值的公式为：

$$净现值 = 贴现系数 \times 现金流$$

贴现系数由 $1/(1+i)^n$ 计算得来，其中 i 为预测利率，n 为项目开始日期后的年数。所有贴现因素的完整列表可以从大多数统计、财务或管理文本中的年金表中获得。

4. 项目加权评估矩阵

威索克齐（2014）提出的该模型是定性和定量标准的结合，使用了加权标准、分配分数和乘法计算总数，以有效地对多个项目进行排序，以供参考。相对于得分较低的项目来说，得分较高的项目代表了更好的选择，并且更有可能被优先作为项目选项。

就像招聘企业和招标评估所使用的评估矩阵一样，加权矩阵很容易构建，并且确实提供了一个合理水平的客观比较结果（在所有情况都相同的基础上）。

九、评估模型

伯克（Burke，1999）提出了在评估项目选择模型时使用的五个标准，无论是针对数值模型还是非数值模型：

（1）一定程度的现实性反映项目经理的当前情况，涉及设施、资源、风险和其他企业相关决策标准；

（2）能够处理多个时间段任务，同时模拟项目面临的内外部情况变化；

（3）是否能快速、便宜地落实到位；

（4）一种灵活元素，允许随着项目企业环境变化而进行修改；

（5）理想情况下，相对于项目成本并隐含在项目潜在收益中的低成本制度。

表 2.3、表 2.4 总结了上述及其他一些建议。

表 2.3　非数值项目选择模型优缺点

模型	优点	缺点
神圣的牛	高级管理层予以支持	建立帝国大厦的可能性
		项目受制于项目经理任期
		缺少企业支持

续表

模型	优点	缺点
运营需要	基于现实情况	有可能导致屈从于运营压力
	快速决策（急于做出决策，从而导致失败，这也可能是一种缺点）	预算有限
		计划时间不足
		替代方案匮乏
		功能影响有限
竞争需要	赶超其他竞争者的能力	有可能陷入追逐游戏的境地
		竞争者相关活动分析不足
产品线拓展	利用市场条件和机遇	通常难以理性捍卫机遇
	依托厂区和员工获取规模经济效益	无法保证实现市场成功
	市场渗透率有所提升	有可能会蚕食现有产品市场份额和利润
比较收益	研究分析所有项目收益	对项目授权独立批准事项缺乏关注
	经评估后可增加所有项目的成果产出	有可能忽视低产出项目
定性检查清单	有机会围绕项目关键内容提出一系列相关问题	只是基于观点
	生成丰富的描述性信息	需要花费时间论证和量化相关反馈

表 2.4　数值项目选择模型优缺点

模型	优点	缺点
回收期限	易于使用和理解	假设现金流会保持于项目全过程
	重点关注回收期限最短的项目	忽略资金时间价值（未来现金流）
	使用已有的财务数据	仅仅关注现金流预测
	不要求使用任何复杂软件	无法量化风险暴露程度
	通过支持最快回收期限降低项目风险度	不适合长期项目，因其不断变化的通胀率和利率或将严重影响项目结果

续表

模型	优点	缺点
投资回报	项目总现金流纳入考虑	项目收益平均化
	易于使用	管理层能接受的投资回报率百分比很难明确
	承认项目收益和投资回报率百分比	
	符合现有投资管理方式	
净现值	在现今价值中使用全部未来现金流资金时间价值	在项目全过程使用固定利率
	可以通过改变赋值模拟不同场景	预估未来项目现金流可能会与实际结果大相径庭
	按年度考虑项目总体情况	利率和现金流预测结果决定准确性
	其结构允许适当通胀	
项目加权评估矩阵	关注有限关键标准	可能会将重要和不重要的标准同时排除
	商定加权度	不是任何情况都能通过数值予以总结
	回答赋分规则	权重和赋分可被操控

十、项目分类

项目有各种样式和规模——这是很正常的。没有两个项目在任何方面都是相同的，无论是时间、成本、风险还是质量。这能产生直接影响，因为项目需要根据一些独立、客观和可靠的标准进行适当扩展。

分类本身具有衡量方法好坏与否的作用，因为并不是每个项目都需要“成熟的”项目流程和模板集。一个相对较小的项目可能只需要一些初始和简短文件，然后是会议记录和确认完成的最后电子邮件。然而，其他大型项目在提案签署之前，很可能需要一个初步摘要，然后是一个完整的业务案例和各种需求文件。不过，最困难的问题是：在术语和标准方面，这些分类应该是什么样的呢？

表2.5描述的是一些指导方针和说明性示例，涉及如何确定项目规模并对项目进行分类。选择不分正确和错误，因为每个企业和项目规定的是不同的标准和类别。标准之间也不相互排斥，这只会进一步加大分类的难度。无论问题如何，都应制定分类指南并在项目企业中进行宣传落实。

表 2.5　项目分类指南

标准	分类		
	1. 小	2. 中	3. 大
计划规划	无	有限	全面
时间安排	无	大于 1 个月	大于 1 个月
预算评估	无	少于 5 000 美元	多于 5 000 美元
风险暴露	低	中	高
涉及利益方	少	较多	多
企业影响	轻	较低	大
收益指标	无	受控	评估
正式评估	无	有	有
合同责任	少	偶尔	经常
质量标准	少	要求	要求
范畴修改	少	较多	广泛
项目经理	职能经理	兼职/全职	全职
方式方法	有所删节	完全	完全
通信策略	无	基础	企业级
变更控制	无	解释	路政

批判性反思 2.4

对许多人来说，项目分类仍然较难实现，当然还有别的标准来评估项目的规模或重要程度。毕竟，没有两个项目是相同的，我们需要根据它们的类别赋予其不同结构。

■ 参考表 2.5 中的分类指南，补充你认为对项目很重要的附加标准；

■ 可以考虑不同的类别名称，因为“小”“中”和“大”对你所在的企业可能不具有参考价值；然而，本人引用的例子（在某种程度上）确实有助于大家对项目规模和重要程度进行深刻了解。

十一、创建业务案例

基于前文所述，你手头可能正有一个项目。最初是一个思想泡沫、一头神圣的牛，或者更糟的是，一个未经任何现实考验的疯狂想法，然后成为一个战略目标（理想情况下），通过了包括论证选择和分类在内的严格评估和优先级确定阶段。虽然这种分类信息可以在任意文档中获得，但业务案例是大多数企业选择完善这些数据的形式。

业务案例记录了“一个想法”在所需投资方面是否可行（不仅仅是财务投资）。业务案例将详细定义业务需求、问题或机会，分析不同的选择，明确成本、收益和风险，并提出建议，以继续进行或推迟项目。根据一组标准评估多个潜在方案，以帮助确定特定选择程序的可行性。在有多个项目计划的情况下，可以使用业务案例对每个项目进行优先级排序。一旦批准，业务案例将触发项目提案或特许状。

在创建业务案例过程时，可能会有一些相关问题首先需要向企业提出。过程导向项目管理法（PRINCE2）的基本方法特别关注业务案例，本人已经涉及其中一些偏好（和我自己的）：

- 业务需求是否已陈述清楚？
- 相关收益是否已经明确？收益如何评估以及何时评估？
- 该项目是否与该企业的战略相一致？
- 是否清楚将要取得什么样的成果？
- 是否已经评估了一些方案或替代方案，并确定了首选方案？
- 会有什么程度的企业影响？
- 这个项目能否得到充分的资金支持？
- 项目是否明确说明了其所面临的风险？有哪些计划来减轻这些风险？

因此，你似乎对业务案例的内容有一定程度的自由裁量权。让我们尽量缩小选择范围，以纳入以下考虑因素，包括：

- 行政管理报告；
- 企业背景；
- 愿景、价值观和使命；
- 业务需求（或机遇）；
- 战略目标；
- 期权评估；
- 市场条件；
- 绩效性能；
- 企业影响；
- 涉及风险；
- 预期时间；
- 财务投资；

- 生命周期成本；
- 预期收益；
- 项目成熟度水平；
- 参与项目并做出贡献的利益相关者（内部和外部）；
- 当前的运营或项目承诺；
- 与当前项目、计划或投资组合的相互依赖关系；
- 项目管理方法；
- 不予开展的代价；
- 建议；
- 批准（签名块）；
- 下步措施。

总的来说，上述（和其他）因素不仅会得到论证，推动项目启动，一旦项目开始，这些因素也将为项目的规划和管理提供一个后续框架。换句话说，业务案例仍然是监视和评估项目性能和效益的静态参考。尽管如此，请记住，你将需要调整你的业务案例，以符合你所在企业的实际情况和运营风格。

批判性反思 2.5

有人指出，并非所有项目论证都必须基于良好的投资财务回报。

- 从企业角度来看，还有什么（非财务）信息可以保证项目值得启动？
- 如何清楚和准确地衡量一个项目带来的后续收益？
- 项目是否应始终同时遵循数值和非数值选择或论证标准？请充分证明你的答案。

十二、项目组和项目投资组合

如上所述，由业务案例认可的项目也可能影响一个或多个由企业正在计划、执行或完成的其他项目。

该项目可能是大的项目组的一部分，这意味着它是其他几个单独管理但共享共同目标的项目之一。道路建设是一个很好的例子，其中许多项目正在完成，每个项目（有单独的目标、合同、承包商和交付成果）涉及整个建设计划的不同部分。在某些情况下，大型项目可以被分解成更离散的和更小的子项目，创建一个需要多个项目资源的项目计划。各项目可以被单独规划和管理，但同时仍瞄向同一个总体项目交付目标。大计划将任命一名经理（或其他非项目职能角色）来管理整个项目集合。

项目组合是另一个层次的概念。企业在任何时候进行的所有项目都可以被称为项目组合，其中所有项目都与战略计划或其他策略相关联。各项目可能位于一个特定业务单元内，并且有一个共同的目标，或者分散在整个企业中，锁定不同目标。考虑到项目的潜在规模，将任命一名投资组合经理（或类似人员）来管理整个项目投资组合（如图2.5所示）。

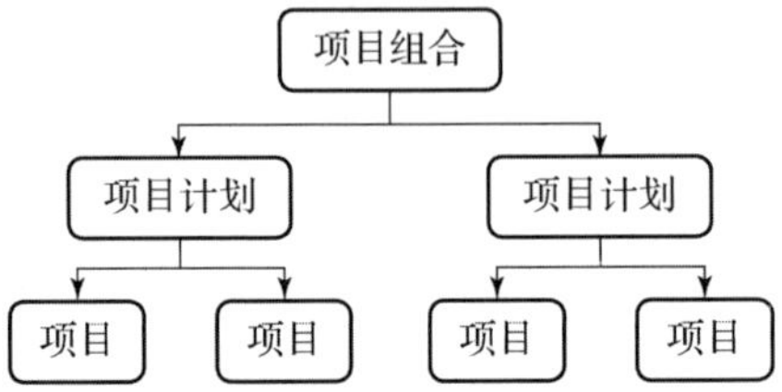

图2.5　项目、项目组和项目投资组合

十三、企业成熟度

科尔兹纳（Kerzner，2001）认为，战略和项目在概念上也存在另一种联系。他认为项目管理成熟度模型（PMMM）提供了如何为项目管理执行战略规划的一般指导。该模型建立在五个不断升级的企业项目管理发展阶段上，作为“卓越基础”，定标、培育和评估项目成熟度。

项目成熟度是（也将永远是）一个不断发展的概念，原则上它很像任何线性的生命周期法，由一个成熟度级别触发下一个级别。然而，成熟度模型在一个关键领域有所不同：成熟度水平可能会重叠，而且经常会重叠。这在许多孤立的项目企业中当然是正确的，每个部门或机构在很大程度上独立于其他部门运作，使用不同的方法和模板来管理他们的项目。重叠的程度将是项目一致性、所有权问题、比例方法、治理和无数其他变量的结果——大多数系统化方式都是无形且不协调的。现在，让我们探索项目成熟度实际上意味着什么，演示和验证项目成熟度的不同目标级别和证据库。

“成熟”这个词对不同的人很可能代表不同的意义（正如人们所期望的那样）。一般来说，这个词可能意味着智慧、成年、经验、可靠性甚至发展。如果一个人已经“成熟”，也许他正处于生命的黄金时期，准备好接受生活中的一切。现在我们将定义回到项目管理方面，“成熟”一词通常被广泛地定义为卓越（或卓越程度）。正如你所认为的那样，卓越往往会随着时间的推移在不同的时间和不同程度上发展。描述这些“卓越程度”的普遍用词是：不成熟、成熟和卓越。

如图2.6所示，这五个成熟度级别中的每一个都使项目企业能够根据一些公认的标准来评估其项目绩效和成熟度级别。

表2.6列出了这些级别，包括来自科尔兹纳（2001）的一些术语和特征，以及一些额外的例子来帮助你确定当前的成熟度水平。

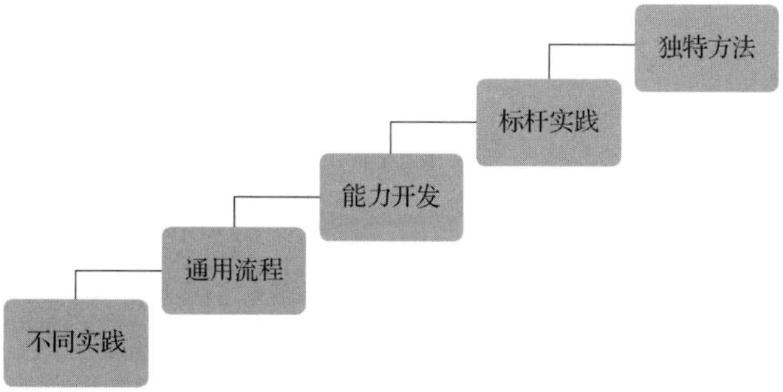

图 2.6　项目管理成熟度路径

表 2.6　项目管理成熟度等级

成熟度	选项	一般特征（行为和实践）
第 1 级	孤立语言	尚未明确（或提出）相关标准
	初始过程	工作具有“一事一办”的特征
	基本了解	无通用且可重复进行的过程
	尚未成熟	资料匮乏
		个人和不正式的行为
		工作表现被动
		孤立的个人利益
		培训或教育不足
		缺少行政支持
		很少应用项目管理方法
		有项目管理需求，也能认识到其重要性
		基本了解项目管理原则
		尝试开发一般性项目管理语言
第 2 级	一般过程	基本资料记录
	结构化过程	关注大型或重要项目
	通用标准	设立标准日程安排
	协作行动	高级管理层支持增多
		企业行动增多
		培训重点转为竞争力和能力发展

续表

<table>
<tr><th>成熟度</th><th>选项</th><th>一般特征（行为和实践）</th></tr>
<tr><td rowspan="5"></td><td rowspan="5"></td><td>关注管理时效、成本、具体内容和资源限制</td></tr>
<tr><td>认同项目管理原则的应用</td></tr>
<tr><td>明确通用项目管理过程</td></tr>
<tr><td>可重复项目成果变为可能</td></tr>
<tr><td>项目管理原则和一以贯之的管理方法带来切实利益</td></tr>
<tr><td rowspan="9">第 3 级</td><td>单一方法</td><td>完全资料记录</td></tr>
<tr><td>制度化过程</td><td>大多数项目的选择</td></tr>
<tr><td>企业标准</td><td>合规性受监控并进行报告</td></tr>
<tr><td rowspan="6">托管方法</td><td>遵循企业标准</td></tr>
<tr><td>所有企业管理方法融合为单一的（项目管理）方法</td></tr>
<tr><td>企业完全对其项目管理工作负责</td></tr>
<tr><td>灵活性和合作性的文化</td></tr>
<tr><td>各级管理层各负其责</td></tr>
<tr><td>能力发展与成熟度相匹配</td></tr>
<tr><td rowspan="7">第 4 级</td><td>基准标准</td><td>认识到过程改进可以带来竞争上的优势</td></tr>
<tr><td>集成过程</td><td>全程分析和评估</td></tr>
<tr><td>最佳实践</td><td>设立项目办公室（PO）、项目管理办公室（PMO）或战略管理项目办公室（SPMO）</td></tr>
<tr><td rowspan="4">成熟知识</td><td>定量和定性基准</td></tr>
<tr><td>统筹做出负责人的决策</td></tr>
<tr><td>企业影响与项目相互融合</td></tr>
<tr><td>战略规划是项目管理的重中之重</td></tr>
<tr><td rowspan="6">第 5 级</td><td>持续改进</td><td>基准活动的评估</td></tr>
<tr><td>优化过程</td><td>单一项目管理方法的持续完善</td></tr>
<tr><td>过程改进</td><td>总结评估经验教训，做好宣传教育</td></tr>
<tr><td rowspan="3">持续产出成果</td><td>知识转移和指导活动</td></tr>
<tr><td>提出指导原则，帮助将项目改进部分反馈给相关过程</td></tr>
<tr><td>评估和管理价值导向绩效参数</td></tr>
</table>

一旦你对项目管理成熟度的概念有所认可，你可能会倾向于评估你所在企业的成熟度等级。图 2.7 阐明了如何使用 360 度自我报告评估法来展示成熟度等级。

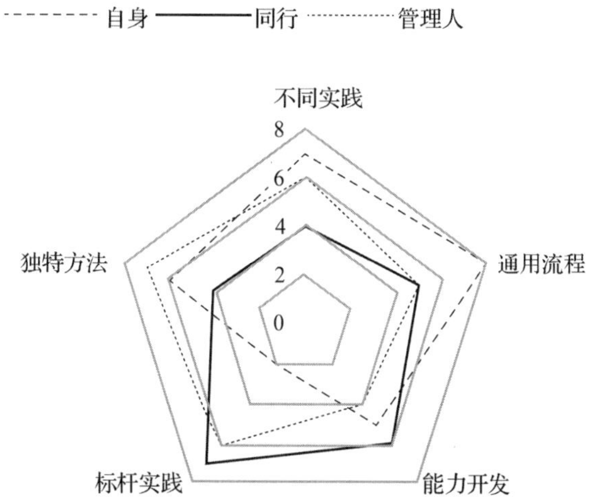

图 2.7 企业项目管理成熟度

批判性反思 2.6

项目管理成熟度并不是在一夜之间实现的，许多企业都未能超过最初的几个等级。虽然没有“规则”规定你必须达到第 5 级，但不断提高项目成熟度将为你计划和管理项目带来切实的好处。

■ 你所在的企业项目管理的成熟程度如何？
■ 这对你的项目有什么影响（如果有的话）？
■ 需要哪些步骤来巩固你当前的成熟度等级？
■ 需要哪些步骤来帮助你将成熟度提高到下一个等级？

十四、个人能力

员工所具备的个人能力水平属于项目组织成熟度水平的范畴之内。

项目管理能力发展（PMCD）框架得到了美国项目管理学会（Project Management Institute）的认可。通过将项目管理知识体系（PMBOK）的知识领域与个人能力联系起来，项目管理能力发展关注在三个相互依赖的领域中发展和展示能力的重要性：

（1）知识能力：对所有项目活动的项目管理理论、实践、过程、技术和工具的了解。

（2）执行能力：如何在整个项目中应用这些知识。

（3）个人能力：在进行这些活动时，所表现出的行为、态度和个性特征。

该框架承认，这些通用能力即便不是普遍适用于所有项目，也很可能适用于大多数项目；但该框架并没有涉及特定的技术、环境、政治、社会、信息技术能力，因为这些特定能力的形式取决于行业和/或组织背景。图 2.8 描述了这三种能力之间的关系及其与制订专业发展计划之间的渐进相关性。

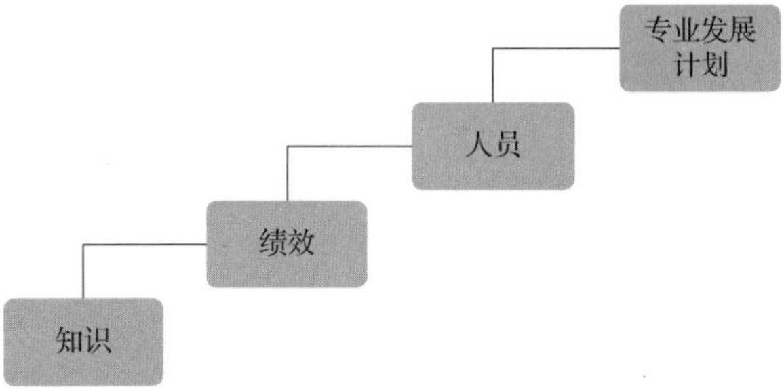

图 2.8　项目管理通用能力

十五、知识能力

与其他方法一样，在项目管理知识体系（PMBOK）中，必须知道有限数量的知识领域或知识域，以证明其能力。项目管理知识体系所涵盖的一些知识领域可能包括：

■ 项目管理知识体系；
■ 项目生命周期管理；
■ 项目管理过程组；
■ 项目、项目组和项目组合；
■ 项目管理办公室（PMO）；
■ 项目管理知识领域：
◇ 范围管理；
◇ 时间管理；
◇ 成本管理；
◇ 质量管理；
◇ 风险管理；
◇ 沟通管理；
◇ 人力资源管理（HRM）；
◇ 利益相关者管理；
◇ 采购管理；
◇ 集成管理。

批判性反思 2.7

每个项目管理方法都促进了它自己的“独特的”知识领域。从过程导向项目管理法、敏捷或精益中选择，并且记录理想情况下一个称职的项目经理（或其他项目角色）需要了解的知识领域。

十六、绩效能力

这些能力与知识如何在整个项目中被实际应用有关，因为了解理论和实践理论可能是截然不同的。

再次引用项目管理知识体系，绩效能力的五个单元与它们的五个过程组有关：

（1）项目启动；

（2）项目规划；

（3）项目执行；

（4）项目监控；

（5）项目收尾。

考虑一下启动一个项目和促进业务案例发展需要哪些绩效。在规划过程中，你正在做什么来确认项目的范围、预算、时间框架和资源决策？你如何降低潜在风险，从一开始就设计质量，建立沟通协议，并通过团队角色和职责进行工作（只是作为开端）？转向执行过程，你在做什么来确保达到了商定的范围，确保团队按照必要内容来执行，以及确保规划得到有效管理？

批判性反思 2.8

上述的例子涵盖了项目管理知识体系下，三个过程组中所需的一些绩效能力。

■ 在项目监控期间以及项目收尾时会显示哪些绩效能力？

■ 重新访问上述的启动、规划和执行过程组，看看是否可以识别出进一步的示例。

十七、个人能力

现在让我们更透彻地了解一下。你知道并理解这些知识，当你努力随着时间的推移和通过每个不断发展的项目的成功或失败来发展你的个人能力时，你可以不同程度地成功应用这些知识。

虽然实际上有很多个人能力可供列举，但项目管理知识体系标记了以下六个个人能力：

（1）沟通能力：与所有利益相关者统一思想；

（2）领导能力：对方向和支持进行平衡；

（3）管理能力：管理合规性；

（4）判断力：使用知觉、辨别力和认知能力；

（5）结果：能有效地实现活动和目标；

（6）专业精神：展示道德、尊重和诚实。

表2.7提供了在这些领域发展能力的重点例子。虽然这些建议只是一些通用的例子，但请仔细通读它们。但要尽量从个人的角度确定更多，因为只有你知道自己需要在哪方面改进。

表2.7　项目管理人员的个人能力

沟通	■ 积极倾听 ■ 诚实 ■ 为了你的观众做出调整 ■ 鼓励贡献 ■ 提供适当的反馈 ■ 避免过早评估 ■ 以达成共识为目标 ■ 保持准确的记录
领导	■ 培养一个团队的身份认同和精神 ■ 保持适当的人际关系 ■ 在委派职责的同时，保留可问责性 ■ 准备好领导和跟进 ■ 鼓励创意 ■ 奖励创新
管理	■ 记录项目 ■ 分配项目工作 ■ 制定方案 ■ 管理绩效 ■ 解决冲突
判断	■ 有大局观 ■ 对这个项目保持接近 ■ 考虑到观点、信仰和价值观 ■ 对他人保持敏感 ■ 评估经验 ■ 尊重洞察力
结果	■ 保持推动力 ■ 解决问题 ■ 监控绩效 ■ 激励和奖励 ■ 保持自信

续表

专业精神	■ 有一个明显的敬业度 ■ 运行保持完整性 ■ 支持多样性 ■ 按道德行事 ■ 保持透明 ■ 进行全面的公开

在本书的资源补充中，你将找到一个自我360度项目管理能力评估的报告模板。图2.9描述了如何评估你的能力水平。

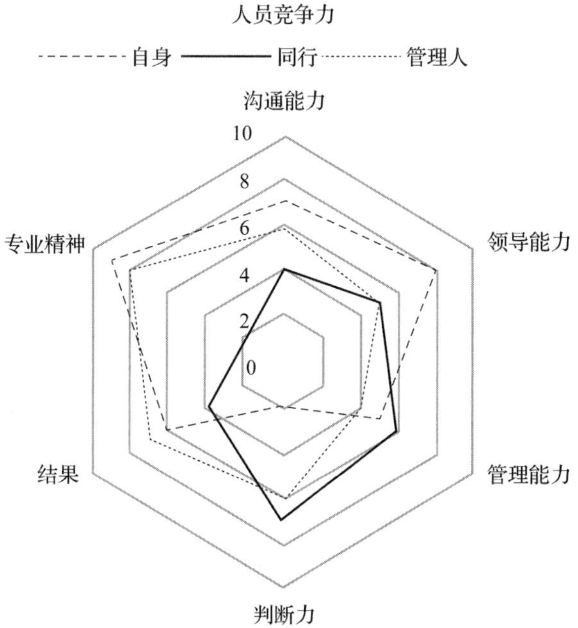

图2.9 360度能力评估

十八、项目的组织结构

支持项目成功的一个关键因素（或必要的基础结构）是项目所在的组织架构，它正式地明确、沟通和管理所有利益相关者与其所执行的工作之间的所有关系。常识认为，如果基础结构足以满足该项目和/或强加给该项目的任务，那么该基础架构将持续下去并“指导”该项目。然而，如果组织结构抑制了绩效，压力将会增加，导致项目结果最终受到损害。

虽然有许多混合的组织结构可供选择，但让我们来关注“兄弟会项目”

所采用的三个最流行的基础结构。

(1) 职能型组织结构：与现有组织部门或职能相一致的传统结构（实际上，是现有组织图表的叠加）。在这个结构下，项目被纳入一个现有的和相关的部门或职能，以指导和支持项目。如果有的话，很少需要改变项目来适应部门的工作方式。(你能看到这种结构的潜在好处和危险吗?)

(2) 矩阵型组织结构：一个混合结构，既支持现有的职能式职权、优先级、绩效和职责，也支持来自项目的（有时是）相互竞争和冲突的职权、优先级、绩效和职责。换句话说，在这种结构下的项目资源分配和管理最终往往会受两个或更多个上级的指导，即职能经理和项目经理。(这违反了良好管理的一个主要原则——下属只能向一个经理汇报。)

(3) 项目型组织结构：一个独立的和离散的结构，技术上位于现有的组织结构之外，将全部资源专门分配给项目。直接回应高级管理，这种类型的结构无须与其他部门竞争有限的资源（人员和/或设备)，也不受日常的运营琐事束缚。

图2.10描画了三个项目组织结构，而表2.8总结了每种结构的主要优缺点。请随意在这个列表中添加你自己的想法。

选择正确的项目企业结构：

这些结构中的每一个都是理想的结构，这些结构管用，并且能够为项目的成功提供支持和指导。当人们将错误的结构与错误的项目结合起来(则该结构不起作用)，或者他们根本不理解每个结构背后的基本原理以及潜在的好处或危险时，他们就会遇到这些麻烦。结构必须与该项目相匹配。

选择一个合适的企业结构来维护项目应该是由情境因素，即支撑项目的变量来决定。一般来说，没有循序渐进的程序、规则手册或通用指南（除了直觉和历史之外）来指导和影响选择。

可以在企业的文化和每个项目的变量中找到一些线索，用于在当前的情况下建立一个“最适合”的结构。

现实情况往往是，项目发起人、项目指导小组、执行管理人员和/或其他项目利益相关者将已经确定和规定了许多项目约束（时间、预算、资源、规范)，在许多情况下，这就否定了项目经理和/或项目团队为他们的项目协调(或创建）最佳的项目企业结构的任何机会。一些影响因素可能是：

- 盲目遵守传统的项目管理原则、流程和实践；
- 在如何使项目与现有业务相协调方面缺乏明确性；
- 在已知的企业报告约束条件下运行；
- 保密的程度限制项目整体业务的曝光度；
- 缺乏经验和/或对已知和混合项目企业结构的接触受限；

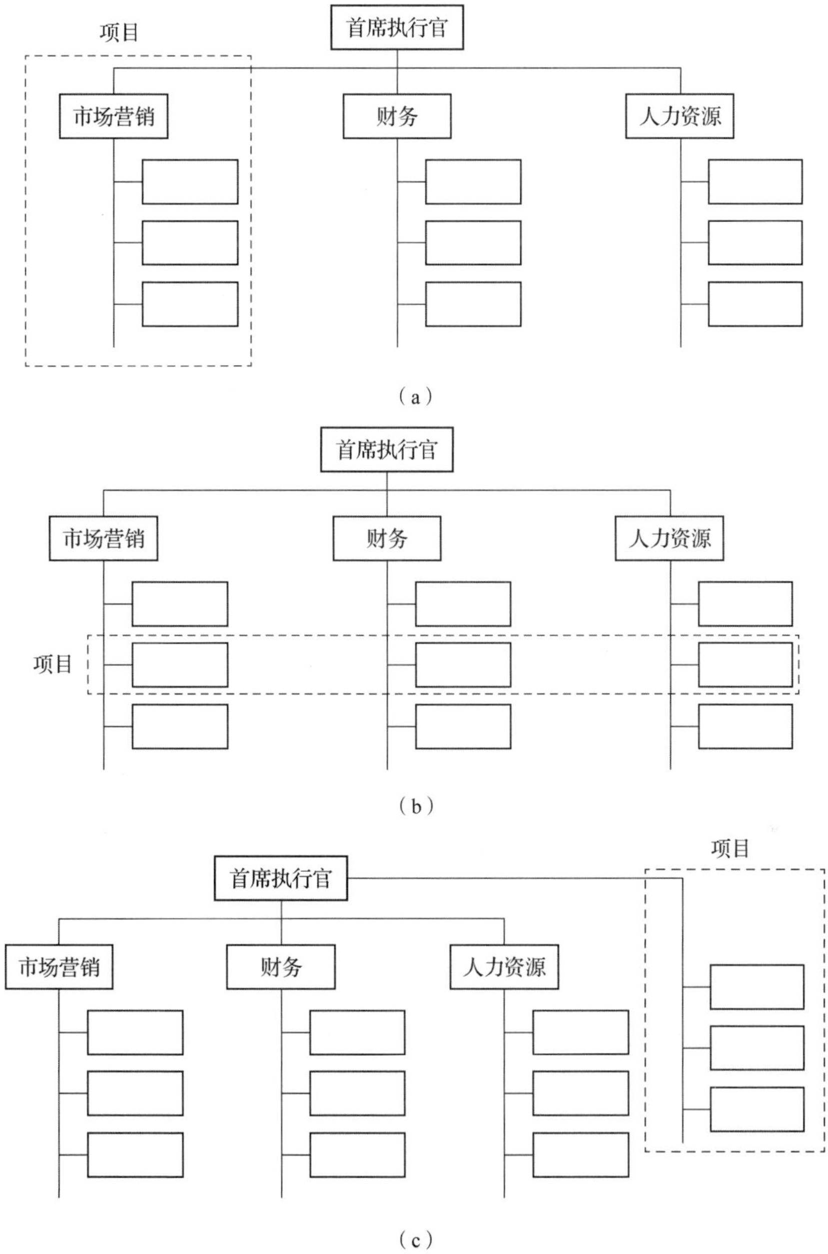

图 2.10　三个项目企业结构

（a）职能型；（b）矩阵型；（c）项目型

- 过于依赖已知的、经证明的和有限的资源；
- 项目没有被正确构思、规划、执行和完成。

表 2.8　项目企业结构的比较

企业结构	优点	缺点
职能型	■ 已就位 ■ 常驻的技术专业知识 ■ 正常的职业道路 ■ 经明确的职责和权威 ■ 已知的汇报关系 ■ 快速的响应时间 ■ 员工灵活性 ■ 可访问备份资源 ■ 易于重新分配	■ 缺乏协调的努力 ■ 客户不是活动的焦点 ■ 项目被分隔 ■ 混乱的优先等级 ■ 没有明确的项目经理 ■ 未能精确定位职责 ■ 项目受现有协议驱动
矩阵型	■ 指定项目经理 ■ 为项目需求而订制 ■ 共享人员、设施和设备 ■ 重新分配资源的回传路径清晰 ■ 可访问组织范围内的专业知识 ■ 项目是重点 ■ 具备培训和发展的机会 ■ 跨功能性环境的多种技能	■ 工作环境和对不同输入的管理更复杂 ■ 导致混乱、忠诚度分裂和职责不清 ■ 员工敬业度多变 ■ 多层决策 ■ 员工向多个经理汇报 ■ 跨职能冲突 ■ 在正常职能中错过提升机会
项目型	■ 项目经理拥有绝对权威 ■ 清晰的汇报链 ■ 资源的专门投入 ■ 专家常驻 ■ 及时决策 ■ 采用整体方法 ■ 项目团队有单独的身份 ■ 强大的动力和敬业度	■ 设施、设备和工作重复 ■ 组建成本 ■ 员工“离线”所需的重置成本 ■ 环境受庇护会有投机行为 ■ 项目完成后的不确定性 ■ 没有机会与其他职能人员交流思想 ■ 发展出“我们和他们”的心态

所有被展示的企业结构都为项目和项目所在企业提供了一些通向成功的积极作用以及成功的关键。障碍不是使正确的项目与正确的结构相匹配。然而，归咎于行政命令、官僚主义、范式或缺乏经验并不是问题的答案。所需要的是公开和坦率的沟通、充分理解、接受和展示项目范围所规定的全部责任的坚定自信的项目人员和团队，以及他们现有的业务奉献。

请记住，项目管理就是通过改变来从混乱中创造秩序。它是为了成功而调度解决方案，它是对变化进行管理。要实现其中任何一个目标，企业结构都必须是正确的。项目是将资源聚集在一起，以实现一个共同的结果。它们是关于：

- 愿景：我们要去哪里？
- 团队所有权：买进，这对我有什么好处吗？
- 平衡的技能集：人们已经准备好了互相取代。
- 适当的团队角色：正确的人在做正确的工作。
- 被接受和委托的责任和可问责性。

批判反思 2.9

鉴于你在一个特定的项目企业结构下工作有不同的选择，有时很少考虑适当的结构实际上可能是什么。

- 组织结构是否适合项目或项目企业？
- 你当前的项目是否正建立在适当的企业结构下？
- 选择正确结构有什么明显的好处？选择错误结构的缺点是什么？
- 随着虚拟团队和新技术平台的出现，是否有任何其他类型的企业结构适用于规划和管理项目？

十九、项目治理

虽然成功的项目需要彻底的规划作为其必要前提条件之一，加德纳（2005）叙述了治理的四个基本支柱，共同致力于应对项目的方向和控制问题：

（1）可问责性：要求人们为自己的行为负责的能力；

（2）透明度：可见的和开放的流程；

（3）可预测性：在法律和法规范围内的统一遵守和执行；

（4）参与：利益相关者的投入和现实核查。

科尔（2010）在提到组织的管理和控制方式时认为，良好治理的重点是董事会和高管通过以下方式保持谨慎和勤勉：

- 独立行动；
- 委任审计师；
- 评估执行管理层；
- 批准、审查并监控战略、绩效和关键决策；
- 遵守法定和规定的义务；
- 展示对外部通信的监督；
- 积极监控风险；
- 寻求专业的建议。

这些方式同样可以扩展到项目管理场景，因为它们与特定项目或部门所要求的版本控制、可追溯性、文档管理、验证、集成变更控制以及任何其他审查、审核和/或批准过程相关。事实上，可以认为，成功的项目并不是脱离于这些方式而单独发生的。我们还知道，项目需要持续的和已证明的现实的期望证据、彻底的范围、迭代的规划和适当的资源，以及可见的、强大的和有效的管理支持。此外，我们知道，任何方法都提供了用于管理任何项目的必要结构和适当的严密性，并适当地扩展和定制了文档的数量。任何项目管理方法中起决定作用的是，要求管理团队明确、接受各个项目的最终权威和可问责性，并向项目相关的每个人传达。这是项目治理的明确意图和角色：在整个生命周期中有效地规划和管理项目。

从公司的意义来讲，治理历来涉及执行管理层、委员会、决策协议、投票、财务透明性以及审查等其他方面。它们总是采取董事会的形式，连同非执行和执行董事（通常是委员会），分别负责遵守内部或行业的公司治理最佳实践规范。从本质上说，公司治理框架确保了积极、一致的方向，并成为纽曼、洛根和赫加蒂（1989）所说的“战略的最高仲裁者”。通过遵守治理框架，企业承认其在监督企业未来走向时对自己的决策和行动负责的承诺。

公司治理框架通常指一系列不同的功能、职责和绩效。它们与设置战略方向、识别并管理风险、批准组织计划和指导组织政策，以及为行政和执行管理层监督与监控组织事务赋能相一致。

在互联网上快速搜索应用于项目管理的术语“治理”，得到了以下解释和定义：

■ 治理的行为、方式或功能；
■ 规范公司的行动；
■ 分配决策权和问责框架，以鼓励项目所期望的行为；
■ 为项目的所有利益相关者明确角色和职责；
■ 确定项目的决策结构；
■ 描述一个成功的项目所需的过程；
■ 一个由尽心尽力的高级管理人员扮演的积极角色，而不仅仅是一个控制性的角色。

项目中的治理似乎与公司治理没有太大区别，因为对二者的预测都是基于对过程和结果的治理。

1. 论证治理框架

至于特定项目的治理应用，可以清楚地确定许多相互关联的组织驱动因素，用于加强对治理框架的采用。它们可能包括以下方面的需求：

■ 企业战略和所有项目之间的经商定的、正式的和已报告的一致性；

- 适当且经过沟通的投资决策；
- 持续进行的绩效报告要求；
- 经测量的组织价值分析；
- 企业范围的合规性、一致性和承诺；
- 对所有形式风险的识别和主动管理；
- 能力与要求的匹配；
- 对项目绩效和进展的独立且知情的监督。

换句话说，有了项目治理框架，项目自动地接收了透明的可问责性。这种可问责性带有详细、迭代、严格的项目规划，这些规划基于关键路径分析、经明确的成功因素、绩效里程碑以及是否采取行动的决策关口。此外，内部审计能力和问责制也将存在，用于提供定期、及时、明确和以结果为导向的报告，用于反映项目绩效、可交付成果和结果。其他好处还可能包括以下任何一项：

- 可以有效地识别、沟通和管理利益相关者；
- 可以识别并管理风险；
- 项目文档可以存储在一个中央存储库中；
- 一个用于审查和评估项目文件与可交付成果的过程可以存在；
- 可制定、审批和管理一个经商定的，用于所有可交付成果的规范；
- 可以就明确的项目角色、权威、职责和可问责性分配进行沟通；
- 可以根据原始目标对可交付成果的符合性进行评估；
- 可以编制记录融入和排斥情况的综合项目计划；
- 可以发布一套针对所有项目阶段的文档；
- 可以提高项目结果的可预测性；
- 企业的项目交付能力将被开发出来；
- 通过运用支持、消除障碍和监测结果，可以证明该项目的重要性；
- 管理项目的过程和程序将被标准化；
- 向所有利益相关者提供的及时信息流将得到管理；
- 将对项目内遇到的问题进行适当的审查，以确保在每个适当的阶段获得项目所需的信息、认可和指导。

2. 治理的利益相关者和可问责性

请记住，在公司界，治理通常是董事会、执行管理层或特定治理部门的领域。同样地，项目的监督主要来自发起人、指导小组和项目经理，每个人都有一些主要的可问责性（尽管确实有重叠）。这些可问责性概述如表 2.9 所示。

表 2.9　主要治理的利益相关者和责任

利益相关者治理可问责性	
客户、发起者	■ 确保在战略上使企业的需求和目标相一致 ■ 为项目确定总体的企业目标 ■ 确保项目结果满足客户企业的需求 ■ 确保项目企业利益的实现 ■ 批准对企业范围和可交付成果的变更 ■ 提供代表客户利益的资源 ■ 监控绩效、法规遵从性和结果 ■ 负责获得持续资金 ■ 保持用于提供项目资源的企业能力 ■ 获得实施该项目的企业承诺 ■ 推荐的项目完成和/或评估 ■ 为项目提供高层的支持和可见性
项目指导组	■ 确保所有项目的持续战略一致性和管理 ■ 确保透明且稳健的论证过程 ■ 协助平衡相互竞争的优先级和/或资源 ■ 批准项目经理的任命和职责 ■ 提供项目管理方法的指导、支持和监控 ■ 确保承诺的努力和支出与利益相关者的期待是适当的 ■ 对可能影响到项目的全企业紧急问题进行仲裁 ■ 对每个渐进式生命周期阶段的开始和结束进行授权 ■ 为项目的可交付成果、结果和益处提供公开支持 ■ 为项目提供总体的指导和方向 ■ 审查项目所提供的所有益处 ■ 培养、指导和支持项目经理
项目经理	■ 制定迭代式的项目规划 ■ 估算、分配和管理项目资源 ■ 管理项目进度计划和项目预算 ■ 管理利益相关者的期望 ■ 管理采购和合同 ■ 管理质量要求 ■ 指导和激励项目团队的士气和绩效 ■ 管理所有的变更请求以及由此产生的影响和审批 ■ 在需要时采取纠正措施和/或巩固措施 ■ 对绩效、可交付成果和结果进行跟踪、记录和沟通 ■ 识别、评估和管理项目风险 ■ 管理和报告相关问题 ■ 培养、指导和支持项目团队

二十、项目管理办公室

本章前面部分和其他章节内容的最初前提仍然是最重要的，即项目交付的变更以及项目经理及其团队帮助促进这种变更。我们从前文了解到，战略和治理应该与任何被规划和交付的项目同步进行。但问题仍在于，如何将这两个元素紧密结合在一起，从而真正为项目带来好处。

一个答案可能是项目管理办公室，或是项目投资组合或项目组办公室的概念，因为它们越来越多地被术语化。项目管理办公室的起源可以追溯到20世纪80年代初，当时美国陆军项目管理办公室被用来协调主要的战区行动。从那时起，项目管理办公室的角色在重要性和应用性方面不断提高。然而，就像新模型、术语学和最佳实践的常见情况一样，可以以任何方式对项目管理办公室进行定义和解释，这取决于倡导者、流程所有者和/或权威可能是谁。从中立立场来讲，最简单的项目管理办公室形式可以被描述成为项目管理方法建立一个集中存储库的尝试。换句话说，它很可能是一个项目企业内经管所有项目请求、调度、报告和收尾活动的功能职位。在一些企业中，项目管理办公室的定位和工作都是从一个纯粹的（而且有些是有限的）行政管理角度出发，有效地将该角色降级为更多的“流程所有者”“版本控制经理”或一个遥远的、孤立的、事实上的指挥中心。这种类型的项目管理办公室基本上是被动的，在跨项目的战略和运营调整方面几乎没有可信的输入。

项目管理办公室的角色可以具有以下指示性功能：

- 支持项目的生命周期活动；
- 专注于功能影响；
- 维护项目管理软件系统和工具；
- 提供能力发展［例如，达标培训、先前学习认证（RPL）或指导］；
- 处理和响应查询和请求；
- 提供持续的建议、支持和指导；
- 协调所有经验教训；
- 对项目绩效、趋势和逐步升级的问题进行报告；
- 维护所有的方法学文件资料、流程、标准和程序。

项目管理办公室的行政定位使其角色在很大程度上是肤浅和/或多余的，但这并非一种失败，因为每个企业都将单独定义角色和预期的服务水平。相反，它再次提醒我们，要始终将项目与战略保持一致。要做好这一点，项目管理办公室可能需要有更多的战略位置。

战略项目管理办公室，或企业项目管理办公室，与上面讨论的项目管理办公室的区别不仅仅是名称。在这个层面上，项目管理办公室被置于适当位置，可以在项目管理过程、决策、项目组合评估和管理以及治理方面，有效地参与所有的企业和战略问题，而且还会有机会建立和塑造一个最佳实践项目管理文化。在这一可见性水平上，战略项目管理办公室也可以很好地开展以下额外活动：

- 开发、整合并完善项目管理方法的基本组成部分；
- 协调跨多个项目的规划、资源分配和优先级划分；
- 打破孤立的沟通和所有权的心态；
- 对所有项目应用一致的跟踪和报告格式；
- 提供（如果拥有的话）所有的项目资源和项目经理；
- 提供持续的质量控制检查和审核点；
- 明确企业范围内的项目成熟度；
- 对相互竞争的项目做出选择和优先级划分。

显然，从设计和执行方面的纯粹功能性或战略性来看，项目管理办公室的角色是有一席之地的，甚至可以决定是否与执行管理层平起平坐。虽然被置于适当位置的项目管理办公室发挥着协调企业的项目工作和战略愿景的双重作用，但其直接和持久的影响将在很大程度上取决于其所在企业的项目成熟度水平。

批判性反思 2.10

无论项目选择标准和最终分类是什么，你都要考虑，在治理和成熟度方面，项目在企业中所处的位置。

- 在企业层面和项目层面上都有哪些治理协议？
- 你的项目的“指挥中心”在哪里：运营经理、执行经理或其他管理级别和职位？
- 该管理职位是拥有唯一的项目管理权力，还是与相互竞争的运营事务共享权力？
- 关于你的项目在企业中的位置，你会建议做什么改变？为什么？
- 当企业（和一些项目）有自己独特的做事方式时，你在倡导指挥中心化时需要考虑哪些文化方面的问题？

二十一、文化及其对企业的影响

如果你被要求描述你的办公室、体育俱乐部或家庭的“文化”，你会说什么？你的回答是积极的，在那种环境下营造了很棒的氛围，还是回答稍欠热情，因为你描述的地方在某种程度上真正构成了挑战？

文化就像一只看不见的手，指导着环境的运作方式。它反映了企业的价值观、规则和规章制度；如何对待人们；可接受的行为；如何做出决定；什么是道德的，什么不是；企业对不同社会仪式的宽容度；着装要求；要求的个人奉献程度，以及更多。

因此，虽然它可能大多是一个无形的参考框架，混合了正式和非正式的成分，但文化可以（也确实）对项目成功的程度起到积极或消极的影响。克洛彭博格（Kloppenborg，2015）强调了项目母公司可以在其中运营的四种不同的文化形式，以及项目本身的分支可能是什么。

（1）权力文化：正式的、等级化的权力实践，以管理政治格局、竞争、冲突和沟通。

（2）角色文化：正式的、指定的可问责性和职责实践，遵守法规、法律或其他操作程序。

（3）任务文化：知识管理、按成绩任命、自我激励和绩效考核实践。

（4）个人文化：认可需求、专业发展、协作和满意度实践。

显然，在任何时候一个企业可以有一种或多种文化来指导如何做事情——有些文化比其他文化更强大。由于规则、行动、决定、符号、故事和规范都是一种文化的证据，图 2.11 给出了一些关于积极的文化特征的建议（同样，只是一些例子），这些建议将支撑项目的成功。

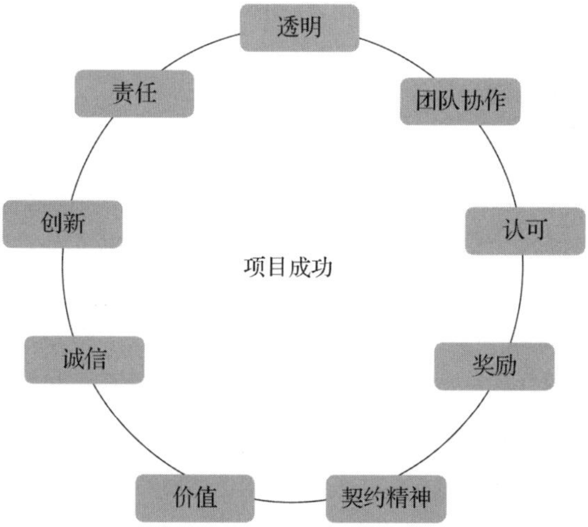

图 2.11　将文化与项目成功连接起来

批判性反思 2.11

文化有许多不同的形状和大小，共同创造了我们的工作和生活环境。

■ 你将如何描述你上次或当前项目中的文化？

■ 它是否支持或破坏了你的项目规划和管理？

■ 改变文化会有多困难？你会期待什么好处？

二十二、复习题

2.1　定义战略管理及其与项目管理的关系。

2.2　为了平衡运营工作和项目工作，会涉及什么挑战？

2.3　在选择项目时可能作为证明标准的例子有哪些？

2.4　治理在项目管理中扮演着什么角色？

2.5　解释项目企业如何证明其成熟度。为什么这很重要，以及从成熟度模型的概念中可能获得的一些好处是什么？

二十三、案例研究

每个人都认为自己很擅长他们做过的事情；唯一的问题是，每个人在计划和管理项目的方式上都做了一些完全不同的事情。

在外人看来，每个业务部门和他们的特许项目管理知识库都秘密安全地归档在最近的地下室。不管这个项目的实际足迹是什么，它似乎都是真正地隐藏在一个明显的隐形斗篷中。

作为签约的项目管理顾问，贾斯汀有理由对企业如何能够在项目管理领域运作感到沮丧，更不用说将企业提升为项目管理卓越中心了。

那么从哪里开始呢？

贾斯汀一开始会尽可能多地审查项目管理的附带资料（考虑到他已经遇到过的地下室心态）。找到一个微少的书面记录，然后他选择关键的经理和员工进行采访，提前分发他的问题，开始从每个为期 1 小时的会议中引出尽可能多的信息。最后，他邀请自己进入董事会，并参加了一些运营和战略会议（作为一个沉默的观察员），同时对所发生的事情进行了广泛的记录。

回到他的办公桌前，贾斯汀列出了所有的公司宣传资料、项目文件、采访记录、会议记录和他在走廊和午餐室里收集的轶事信息。当他回顾他的发现时，他做了以下笔记：

■ 项目随机涌现，并很快得到认可，几乎没有任何明显的论证过程或标准；

■ 没有试图对每个项目进行分类（或衡量），或将其定位在战略计划中；

■ 项目驻留在其运营的位置，很少考虑到可能的企业范围内的承诺和挑战；

■ 现有的标准操作程序是任何尝试应用最佳实践项目管理原则和实践的唯一存储库；

■ 各种通用的治理协议（适用于非营利部门）是显而易见的；但是，监督、独立性、可问责性、绩效管理和反应性风险管理问题也是明显的；

■ 每个项目记录的审计追踪都是最低限度的，多数都是在项目交付时匆忙赶制的；

■ 当贾斯汀重读他的评论时，基于 5 个领域的成熟度等级体系，他觉得把该组织的项目管理成熟度描述为 1 级最适合；

■ 尽管他对这一分析很有信心，但仍然使他感到惊讶的是，该企业是如何将他评审过的一些项目视为成功，无视这些项目临时安排的实践、微乎其微的专业发展机会、被动的绩效和孤立的自身利益。

问题

（1）该企业起初邀请项目管理顾问参与的促动因素是什么？

（2）你认为贾斯汀应该提出的建议是哪些，以及每条建议会如何使该项目和该组织受益？

（3）在规划和管理项目时“纯粹地”使用标准操作程序，这真的是一个大问题吗？对你的答案做出解释。

（4）贾斯汀明确了一些影响该企业项目管理实践的治理问题。如何改进提到的各个问题，以及对项目和企业会有什么直接的好处？

（5）该企业的项目管理成熟度达到 2 级时，它会是什么样子的？

第三章
利益相关者管理：持续参与的策略

◎ 要点

- 识别项目利益相关者
- 扩大利益相关者的权力和利益
- 制定有针对性的利益相关者策略
- 映射利益相关者管理矩阵
- 跟踪利益相关者与负责、批准、咨询和通知（RACI）以及参与、批准、审查、通知和签核（PARIS）的参与情况
- 管理利益相关者参与情况
- 评估和控制利益相关者

◎ 实践应用

我想如果没有别人的任何投入（直接或以其他方式），几乎不可能进行任何项目。他们可以是首席执行官、首席信息官或首席运营官、最终用户、指导小组、金融家、行政和/或职能管理部门、咨询机构、政府部门、供应商、项目经理、外部协会和机构、主题专家（SME）、工作场所人员和其他人。

这些“利益相关者”中的每一个人都可以自行决定是否支持你的项目（以拥护者或倡导者的身份），或者以某种形式被动甚至主动地破坏它。这正是这群人拥有权力、影响力和控制力（在很多情况下）的原因。因此，与这些人密切合作至关重要；然而，他们也需要在运营上、战术上和战略上进行管理，因为他们的投入（或在某些情况下，缺乏投入）往往对项目产生直接和即时的影响。

在没有利益相关者参与的情况下，很少会启动、批准和/或完成项目。他们的专业知识、承诺、影响力和驱动力可以帮助在整个项目生命周期中保持动力和紧迫性。此外，还将有机会管理这些利益相关者，以提高他们的投入，或者在某些情况下限制他们的投入。这就是管理利益相关者的基本原理和挑战。

◎ **本章概述**

项目的出现是有原因的：为某人提供某物。该物有多种名称，但通常被称为可交付成果。它被“制作”出来并交给某人，此人也有各种名称，通常被称为客户、赞助商或企业所有者。

这些人统称为利益相关者（有时也称为项目利益相关者），因为他们在项目的规划和管理中都有利害关系。利益相关者是在项目成功（或不成功）中拥有既得利益的各方，无论是积极的还是消极的。这种利益可以通过两种不同的方式观察到：首先，通过他们（在项目的前端）在驱动决策和相关活动方面施加的影响或权力；其次，通过项目对他们的直接影响（在项目的后端）。明智的做法是记住，并非每个利益相关者都必须积极支持和促进项目的成功。虽然这通常会得到其他利益相关者的赞赏，但工作场所的现实和案例研究表明，每个项目都有自己独特的支持者、员工和主角组合，每个人都由特定的议程驱动。除了他们的议程外，项目利益相关者还带来了组织和/或政治影响力、首要地位、专业知识、影响力、经验、资历、承诺、商业智慧、个性、谈判能力、沟通方式、动机以及人们希望的高水平智力的动态组合。如果他们对项目管理原则、流程和实践有合理的了解，那也是有利的。鉴于利益相关者如此丰富的多样性，与这些人合作并通过与这些人合作所面临的挑战的确切性质现在应该是显而易见的。

积极参与和管理这些不同的（完全不同的）人、团体和实体所涉及的流程是什么？项目管理知识体系（2013）提出了一个四步流程：涉及利益相关者识别；规划利益相关者管理；管理利益相关者的参与情况；以及控制利益相关者的参与情况。所以问题就变成了：你是否有一个正式的流程来识别、规划、管理和控制这些利益相关者，或者他们是否在很大程度上保持自由——广泛的和积极的，或是潜在的分裂和挑战？

一、识别利益相关者

项目管理知识体系（2013）将项目利益相关者定义为“可能从项目中受益，也可能不会从项目中受益，但能对项目结果产生重大影响的个人或实体”。任何项目的利益相关者都是项目内部和外部的利益相关者，他们有不同的名字：企业所有者、投资者、团队成员、赞助商、供应商、委员会和承包商，等等。虽然没有详尽的利益相关者列表（或其正确的头衔），或他们在每个项目中所担负的角色和职能，但表 3.1 应该作为一个有用的（尽管是初步的）指南，可指导母项目组织中的一些主要利益相关者。

表 3.1 主要项目利益相关者

区分标准	策略
赞助商（客户、所有者）	他们有很多名字，通常会识别和/或确认业务需求并启动项目。他们还总是提供种子资金、资源分配和（变更）批准
项目（母）组织	所有的项目都在一个组织结构中进行，该组织结构必须与项目指令保持一致并支持项目指令，特别是那些在整个组织范围和跨职能部门具有影响的项目
项目管理办公室（PMO）	根据其战略位置或运营（管理）位置，他们可以充当所有“事情”项目的中央存储库，包括注册、归档、培训、资源、批准、变更控制和/或审查
项目指导委员会（集团、董事会）	他们通常由组织范围内的高级和/或行政管理层组成，他们“坐”在多个项目中（类似于投资组合经理），担任管理角色，以确保所有项目都与公司目标和战略方向保持一致。他们还可以批准、确定项目的优先级和中止项目
投资组合经理	作为高级管理人员，他们的工作具有战略性，要么监督目前正在完成的所有项目，要么监督其特定职能领域内的项目。他们的关注点更多地在于战略结盟、客户联络和管理、绩效（结果或利益）、衡量和报告
项目经理（Program Manager）	管理一些相关和/或相互依存的项目，协调一系列相关和/或相互依存的项目
项目经理（Project Manager）	被委任管理项目的流程、产出，在某些情况下，管理项目产生的结果（收益）。他们拥有“单点”权限、责任感和可见性，可以从头到尾管理项目。他们还必须识别、影响（有时）和管理所有其他利益相关者不断变化的期望

虽然没有包含在表中，但我们也不排除一些你可能会遇到（可能不得不管理）的其他利益相关者的例子：

- 董事会成员；
- 行政管理；
- 高级和/或职能经理；
- 员工；

- 第三方供应商；
- 外部顾问；
- 联邦政府、州政府和/或地方政府部门；
- 金融机构；
- 承包企业；
- 监管机构；
- 行业协会；
- 保险公司；
- 制造商和商业供应商；
- 工会；
- 客户；
- 媒体；
- 游说团体、社区和/或特殊利益集团；
- 竞争对手。

因此，尽管试图为项目利益相关者“正确地”规定明确的角色可能很困难，但一个有用的工具可能是对各种利益相关者所扮演的传统角色进行细化，如表 3.2 所示。（根据你的项目特定环境，已经为你留出完成表格的空间。）

表 3.2　按角色划分的利益相关者分类

行政	管理	运营	技术	团队
董事会	项目经理	财务经理	主题专家	
董事长	风险管理经理	质量管理经理	法务顾问	
总经理	合同事务组经理	采购经理		
首席财务官		人力资源经理		
赞助商				
客户				
指导委员会				
投资组合经理				
项目经理				

图 3.1 为每个利益相关者可能对任何项目提出的不同挑战增加了另一个维度。虽然每个“挑战”都不应该被视为消极的（需要避免或减少），但它们都需要严格的关注、参与、管理和控制。

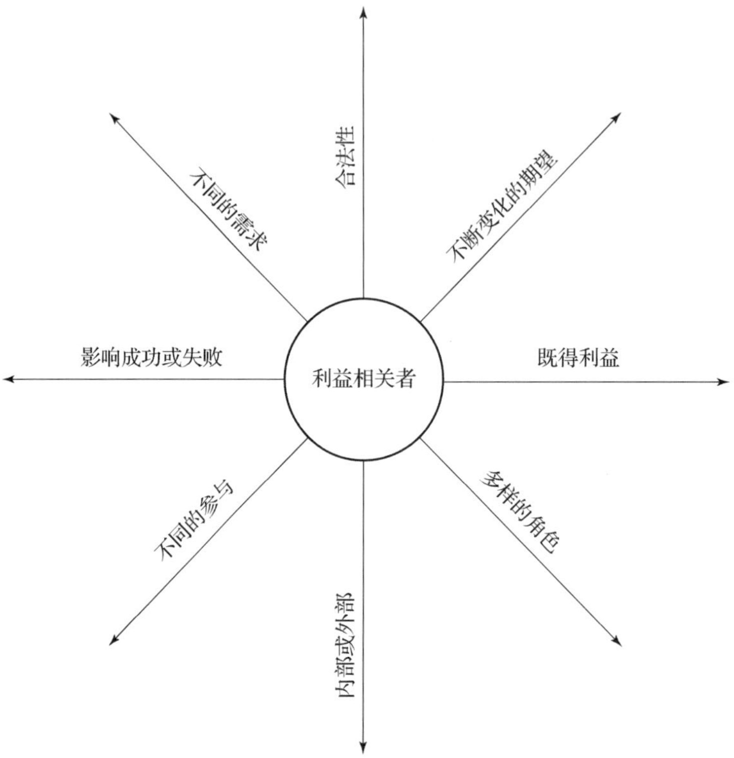

图 3.1　利益相关者管理的挑战

随着项目管理知识体系（2013）现在将利益相关者管理作为规划和管理项目的关键过程之一（重点是每个人之间的持续沟通），项目利益相关者的价值和作用现在已经得到正式承认。我们现在知道，任何项目中潜在利益相关者的名单都可能非常大，但管理层肯定不仅仅是列出一系列利益相关者的名字。它必须进一步利用这些个性、专业知识、贡献、自我和兴趣的集合来做一些事情。

请记住，利益相关者分为两种类型：对项目产出做出贡献的利益相关者（可能是指导、技术建议、专业服务）和受项目产出影响的利益相关者（可能是利益、应用或变更）。在这两种情况下，贡献可以是积极的，也可以是消极的。在检查利益相关者如何参与和管理之前，让我们首先更详细地探讨四个关键利益相关者对项目的独特和个人贡献，这样我们就可以开始对他们是谁以及他们在整个项目中所做的事情有一个“了解”。当你阅读时，思考他们可以建设性或破坏性地施加的影响、权力和方向，以及最终项目会如何影响他们。评估他们的主导地位，他们的战略或运营角色，以及每个人对项目经理和团队所提出的不断变化的期望。

1. 赞助商（客户或企业所有者）

在一些项目中，赞助商、客户和企业所有者很可能是同一个人；在其他情况下，他们将是完全不同的人，扮演着截然不同的角色。项目赞助商代表承担项目的组织对项目拥有最终的权力、责任和义务。他们确定项目的总体业务目标，为项目提供高水平的支持和可见性，并确保项目与项目组织的战略需求和目标一致，并且项目产出和/或结果满足客户组织的需求。

换言之，他们确保在最初构想和计划阶段首先确定的项目商业利益在随后的执行和完成阶段（测量、报告和交付）中真正实现。他们始终有责任在整个项目中获得持续的资金，批准和资助项目范围和可交付成果的变更，并定期监控成本、风险、绩效和合规性。赞助商还在整个项目中确定并维护组织能力（资源）和承诺（可见性）。他们还将建议和批准项目的完成和/或评估。

现在，让我们尝试从这些赞助商那里获取一些关键特性（我们将为此处研究的其他关键利益相关者重复此操作）。表 3.3 描述了（可能的）活动以及这些活动如何反映在项目赞助商的期望中。

表 3.3　赞助商的活动和期望

活动（他们做什么）	期望（他们想要什么）
战略规划	项目将是优先事项
设定目标和目的	绩效将反映计划
进行财务分析［投资回报率（ROI），净现值（NPV）］	解决方案将具有成本效益
协商	变化将很容易适应
领导	人们会倾听并迅速做出反应

2. 项目指导小组（PSG）

这是一个执行和/或高级管理小组或委员会，基本上确保所有项目（通常是项目组合的一部分）的合理理由，以及持续的优先级和战略调整。项目指导小组可能每月召开一次会议，经常提名和批准项目经理的任命、权限和职责。一旦被任命，其成员还可以作为指导和导师来支持项目经理。此外，他们将对所有项目流程和文件提供指导、支持和监督（通常与项目管理办公室人员一起工作，或作为事实上负责采用、部署和统一应用项目管理框架的项目管理办公室）。

项目指导小组在组织范围内的资历使其能够识别影响项目的所有紧急整

体业务问题，并倡导项目的可交付成果、结果和利益。它平衡了项目的竞争优先级、资源、指导和方向，同时还授权每个生命周期阶段结束时的开始和停止。表3.4描述了（可能的）活动以及这些活动如何反映在指导小组的期望中。

表3.4 项目指导小组的活动和期望

活动（他们做什么）	期望（他们想要什么）
优先安排项目进度	整个组织的支持
建立治理协议	遵守所有的规则和程序
提交项目的状态和注册	充分说明项目效益
监控绩效报告	及时准确的数据汇总
监督多个项目	一致的规划和报告

3. 项目经理

如第一章所述，项目经理的角色和职责对于项目的成功是不可或缺的，它确保项目与组织的战略方向和意图保持一致，同时也确保组织有能力满足相关利益相关者的目标、时间表和期望。项目经理自始至终计划、跟踪、报告和控制项目进度、成本和技术绩效。在制订了项目计划之后，项目经理反过来管理和领导项目团队完成所需的工作。

项目经理通常被视为项目团队和客户之间的主要桥梁（并将从一般管理中获得的知识和实践与项目管理的独特知识、工具和技术相结合），他们与指定的利益相关者建立密切的关系，以确保范围、成本和时间等关键约束条件都达到客户可以接受的水平。不幸的是，“项目经理”这个词也越来越普遍地用于描述任何对完成部分或全部项目的负有总体责任的人。然而，鉴于完全项目责任和完全项目权限级别的变化，这些头衔实际上意义不大，在这些情况下，项目经理的概念大多是象征性的。更好的头衔可能是项目管理员、协调员、领导、促进者或催料员。表3.5描述了由项目经理开展的（可能的）活动，以及这些活动如何反映在这些角色的期望中。

表3.5 项目经理的活动和期望

活动（他们做什么）	期望（他们想要什么）
全权负责所有项目工作	希望其他人倾听并做出相应回应
跟踪、报告和控制项目绩效	数据准确、实时、完整

续表

活动（他们做什么）	期望（他们想要什么）
将议题和问题上报给高层	被倾听和认真对待的人
定期召开会议	开放和诚实的更新
启动纠正措施	现实且经批准的改变

4. 项目团队

我们不要忘记项目团队成员——毕竟，他们是始终执行项目所需活动的主题专家。

团队成员（有时被称为主题专家，尽管在不同的项目组织中，他们可能与团队成员完全不同）的主要职能是根据商定的标准、质量定义、法规遵从性和/或其他业务规则和要求，为可交付成果的执行长期提供专业知识。

他们应该乐于识别和报告所有紧急问题和风险，同时也为如何解决相关技术问题提供“合格的”建议。其中大部分信息将通过他们积极参加由项目经理组织的定期项目会议来传达。表 3.6 概述了（可能的）活动，以及这些活动如何反映在项目团队的期望中。

表 3.6 项目团队的活动和期望

活动（他们做什么）	期望（他们想要什么）
回答多个经理的问题	管理层对相互冲突的工作进行优先排序
进行项目工作	将独自一人继续下去
参加项目会议	及时的决策、批准和支持
协助计算预算（时间、预算等）	接受估算往往是不准确的判断
执行纠正措施	“如果你一开始就给我更多的时间……”

批判性反思 3.1

我们已经在大多数项目中发现了一些名义上的通用利益相关者（以及传统的角色和头衔）；然而，这些角色并不能涵盖你在项目中遇到的所有不同的利益相关者。

■ 记录下你当前项目中的所有利益相关者，并思考你对他们的了解程度：他们的角色、专业知识、信息需求以及他们所做的决定。

■ 你能否识别任何关于利益相关者的缺失信息，而这些信息实际上可能对项目组织有益？记录信息和累计收益。

■ 这些信息将如何有助于项目的成功？

二、识别利益相关者就足够了吗？

仅仅识别每个利益相关者是不够的；必须在项目开始之前（以及整个项目）就识别他们的需求（明确的和未明确的）和特殊利益。这使得信息和决策具有相关性，并指向适当的利益相关者，特别是在出现延误、成本超支、变更和其他不断升级的问题时。当涉及利益相关者时，你应该提出以下问题（将始终如此）：

■ 他们拥有多大的权力（或影响力）？

■ 他们有什么（冲突）利益？

■ 他们可能支持还是阻碍这个项目？

■ 他们的参与程度如何？

■ 他们需要什么信息？

■ 他们将如何做决定？

■ 不同的利益相关者之间可能存在哪些相互依存关系？

■ 什么是“正确的”沟通渠道？应该遵守哪些协议？

■ 谁是他们的盟友和敌人？

请记住，项目的成功或失败取决于每个利益相关者的贡献，无论他们的利益、影响力或努力工作有多遥远。忽视他们的角色以及他们在做出直接影响项目的决定时所需要的信息是一个你根本不能犯的错误。毕竟，识别利益相关者并分析他们的期望（过程或可交付成果）的关键好处是识别每个利益相关者在项目执行和决策中参与和管理时的适当重点（项目管理知识体系，2013）。请记住，并不是每个人都像你一样对你的项目感兴趣。一些利益相关者可能是直言不讳和批评的反对者，另一些可能是漠不关心的，还有一些人可能是项目道路上的无辜旁观者，他们看着事件向那些积极推动和支持变更项目活动的人展开。

我们已经知道，各种各样的想法、贡献、支持和挑战都是与项目利益相关者合作的产物。简言之，如果没有他们，项目就无法启动和/或完成，正是通过他们的（可变的）支持、承诺、信心、紧迫性、方向、所有权、决策、问题解决、包容和参与，项目才能随着时间的推移交付产出和/或结果。虽然我们不应该试图狭隘地定义他们支持或阻止项目启动的变更的能力，但项目经理（和其他利益相关者）必须能够在个人和相关的层面上与每个利益相关者进行持续和公开的沟通。

1. 映射潜在力量

现在让我们把重点转向识别、管理和评估利益相关者的权力上。关键在于，每个利益相关者的权力或指令（或者不管我们怎么称呼它）都需要得到积极的管理——尽管每个利益相关者都需要不同的“处理”策略和不同程度的互动。扩大利益相关者权力的优势应该是显而易见的：一种规模并不适合所有人。鉴于触发和挑战项目的等级地位、项目复杂性、风险、收益和其他投资标准，每个利益相关者都需要在可能的情况下得到独特的对待。

- 对项目经理进行政治干预；
- 支持决策程序；
- 支持变更控制流程；
- 模拟适当的行为；
- 支持中小企业和其他团队成员；
- 升级适当的问题；
- 及时回应所有的沟通要求；
- 以协作的方式处理所有绩效差异。

想想积极的能量所产生的自动善意，整个项目的紧迫性、一致性和持续支持，以及项目经理可以从利用所有这些中获得的好处。那么负能量呢？考虑以下消极力量的例子：

- 规避约定程序；
- 绕过变更——控制流程；
- 欺凌其他利益相关者；
- 制造混乱；
- 挑剔和批判；
- 不参加会议；
- 损害项目经理的权威；
- 有提出问题和投诉的记录；
- 工作完成不佳；
- 忽略指令和指示；
- 没有遵守信息请求；
- “反对”（“White—Anting”）项目。

我们不要急于利用这种负面的力量。也许挑战在于以某种方式否定、推翻和/或减轻它。很明显，你永远不会（从任何活动项目或其他方面）完全消除消极情绪，这意味着它将以某种形式在所有项目中保持不变。有些消极情绪是可以克服的，有些会被最小化，而有些则只需要管理或“控制”。表 3.7 提供了一个如何对利益相关者权力进行初始衡量（评分和描述）的例子。

表 3.7　描绘利益相关者权力

评分	描述	利益相关者
5	权力极限	
4	高度的权力	
3	中等程度的权力	
2	轻微程度的权力	
1	未测量的权力	

2. 映射潜在的利益

虽然权力更多地代表了项目计划和执行的一个输入和驱动变量，但利益相关者的利益可能是一个输出变量，因为项目对每个不同的利益相关者都有可衡量的影响。利益可以是过程或输出可交付成果的副产品。(请记住，无论你采用哪种方法，都会将项目可交付成果定义为过程可交付成果——例如，风险登记册、范围文档、问题日志等——或作为输出可交付成果——交错交付和/或最终交付的产品或服务。）项目交付的产出显然会影响利益相关者的利益——他们是用户、支持利益相关者、运营领域、培训部门或流程所有者，更不用说在项目总是创造的新变化环境中工作的任何其他人了。

与权力一样，利益有两种形式：接受利益的人（积极利益）和抵制利益并围绕利益工作的人（消极利益）。一些利益相关者将一直积极参与支持项目，因此将同样支持该项目带来的利益。积极利益的例子包括：

- 坚持新的操作程序；
- 参加培训研讨会；
- 展示能见度和参与度；
- 贡献想法和反馈；
- 阅读移交文件；
- 向其他利益相关者宣传变革；
- 展示适当的变革推动者行为。

消极利益通常可以通过更微妙的方式表现出来，如果不是看不见的话(科尔，2010)。考虑到项目的利益可能涉及以下任何一种情况，我们应该不难（几乎）同情其中一些利益相关者：失去常规；文化、工作实践或团队环境的改变；利益损失；或者失去权力、地位或影响力。

虽然消极情绪可以通过多种方式表现出来，但以下“流行”的行为更需要注意：

- 被动；
- 公众的冷漠和漠不关心；
- 恶意合规；
- 不断挑战和质疑；
- 完全不合规；
- 导致伤害和破坏的有意识的活动；
- 大声、无礼的反抗；
- 暗中煽动和助长异议。

与权力一样，表 3.8 提供了一个如何对利益相关者权力进行初始衡量（评分和描述）的例子。

表 3.8　映射利益相关者的利益

评分	描述	利益相关者
5	极度的利益	
4	高度的利益	
3	适度的利益	
2	轻微的利益	
1	未衡量的利益	

因此，将权力作为一个维度（或度量），将利益作为另一个维度，我们现在可以整合并以图形方式显示分析（如图 3.2 所示）。象限分析只需两个缩放轴，即可创建四个象限，以便进行进一步的分析和标记。

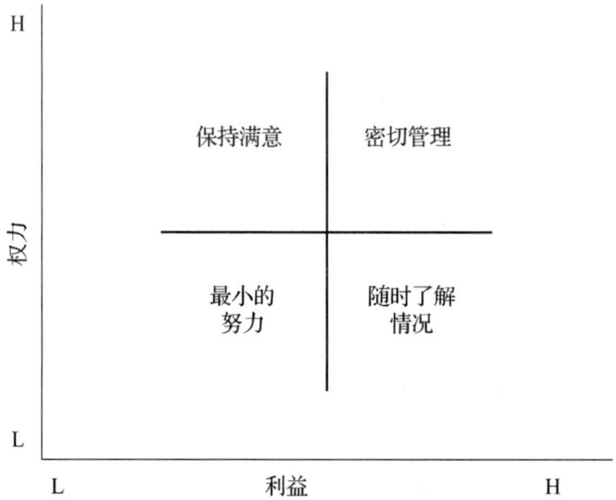

图 3.2　利益相关者权力和利益矩阵

图3.2揭示了权力和利益量表（都是从1～10）如何有助于定位每个项目利益相关者，同时也有助于对四种通用的、但有针对性的利益相关者管理策略进行分组：

- 最小的努力：低利益，低权力——非正式的，非结构化的，按需更新；
- 随时了解情况：高利益，低权力——半正式，结构化，根据需要观察和回应；
- 密切管理：高利益，高权力——正式的、有组织的、有计划的咨询和参与；
- 保持满意：高权力，低利益——定期的、正式的、结构化的沟通，以保持和奖励信心。

现在，让我们通过提供更详细的信息来扩展表3.9中的这四种分类。请记住，没有两个利益相关者是相同的，每个利益相关者都需要受到密切和持续的监控，以确保他们不断变化的期望实际上得到识别、评估和管理。

表3.9　评估利益相关者策略

策略	方法	评估
最少的工作量——非正式的、没有条理的，根据需要进行更新	■ 虽然不需要个人关系，但需要定期联系——也许通过电子邮件分发列表、公告板和其他大众媒体 ■ 用最小的努力进行监控	■ 任何持不同意见或不服从指令的人
随时了解情况——半正式的、有条理的，根据需要进行观察和响应	■ 需要直接联系 ■ 征求他们意见的机会 ■ 反馈机制 ■ 满足他们的需求并保持满意	■ 收到的反馈水平 ■ 共识和认可程度 ■ 所确定的反对意见和挑战的数量
严密管理——正式的、有条理的、定期的咨询和接触	■ 建立密切的关系 ■ 共事 ■ 积极寻找并利用他们的专业知识 ■ 尝试更多的个人接触（面对面的交流） ■ 建立“盟友联盟” ■ 积极用作赞助商 ■ 将其用作榜样 ■ 严密管理 ■ 定期更新	■ 他们展现的领导力 ■ 工作关系 ■ 信息的透明度和质量

续表

策略	方法	评估
保持满意——定期进行正式、结构化的沟通，以保持和奖励信心	■ 随时了解情况 ■ 体贴 ■ 围绕他们可能的防御展开工作 ■ 解决他们的问题 ■ 获取他们的技术专长	■ 继续展现信心 ■ 这种信心带来的好处 ■ 推动变革的信心

正如项目管理知识体系（2013）所倡导的那样，利益相关者识别的目的是定位和确认“可能对项目感兴趣或感兴趣的人、团体和实体，分析利益相关者的期望和他们对项目的兴趣，并制定适当的管理策略，让利益相关者有效参与项目决策和执行”。回顾我咨询过的一些项目，我经常担心进行记录和沟通的利益相关者识别和分析水平低。在许多情况下，获取的唯一信息仅限于利益相关者的姓名、头衔（如果幸运的话）和联系电话，包括电子邮件地址。联系人列表不是利益相关者标识。

批判性反思 3. 2

很明显，以相同的方式参与和管理每一个利益相关者是不可能的（尽管许多人仍在尝试，但惨遭失败）。

■ 针对上述四种策略中的每一种，针对如何与不同的利益相关者打交道，给出自己独特的回应。

■ 在区别对待利益相关者方面，你发现了哪些挑战？这种方法有缺点吗？

■ 你将如何克服你刚刚发现的任何挑战？

三、计划利益相关者管理

现在的挑战是如何制定和记录适当的管理策略，以便与这些人、团体和实体有效地进行沟通，这些人、团体和实体组成了被称为项目利益相关者的移动目标。

鉴于他们对项目的兴趣，现在需要一个清晰的、可操作的计划来达到并与这些利益相关者互动，以支持项目的利益（项目管理知识体系，2013）。通过了解项目将如何影响利益相关者以及利益相关者将如何影响项目，需要在整个项目生命周期中管理个人期望和项目目标。临时沟通不会奏效，标准的操作程序也无法处理所需的每一条信息。是的，利益相关者在与项目及其人员的互动和要求方面可能很困难，但他们同样在整个项目中建立了持久的关系，如果要成功地规划和管理项目，就需要保持这种关系。

关系管理的关键在设计上相对简单，但在执行上略具挑战性。将其称为计划或表格：早期确定的相关利益相关者信息应该以适当的格式记录，以便在项目的进展过程中可以随时向所有需要它的人传播、跟踪和更新。表 3. 10 中的示例数据揭示了从每个利益相关者获取相关信息的其他主动方式，这些方法基于利益相关者的身份和不同职责。当你从左到右浏览表格时，可操作信息的深度和有用性将显著增加。

表 3. 10　利益相关者管理矩阵

利益相关者	职责	所需的信息	形式	频率	谁负责
赞助者	确定总体 业务目标	计划交付 预算 支出 优先级状态	会议	每月	项目经理
项目经理	管理项目绩效	成本超支 延迟 团队的问题	会议	每周	行业专家 （SME）团队
行业专家	设计和安装	技术性能问题	走查	每日	项目经理
合约事务组 经理	合同管理	性能违约 变化	会议	每周	项目经理
质量经理	质量保证	检验数据 缺陷清单 替换	检查测试 结果和报告	每周	项目经理 审计人员

在这种格式中，我们可以跟踪利益相关者是谁，他们的职责是什么，他们需要什么信息，以什么格式以及何时需要这些信息。这些标题是否包含了足够的信息，以使项目团队能够满足利益相关者不断变化的期望？随着项目和期望的变化，是否可以轻松地监控和更新这种格式？

格式化表格时，请考虑以下因素：

■ 通过姓名、职位和头衔识别利益相关者——从而可以准确了解他们是谁，以及他们的权力和利益等级。

■ 通过他们的实际角色和任务职业来确定他们的职责是什么。

■ 识别他们做决定和/或完成工作所需的信息。

■ 确定合适的格式（媒体），包括尝试新技术平台的机会：

◇ 视频会议；

◇ Skype；
◇ 播客；
◇ 博客；
◇ 内部杂志或时事通信；
◇ 问卷、传单及调查；
◇ 备忘录，电子邮件，信件；
◇ 论坛；
◇ 网络研讨会；
◇ 培训课程；
◇ 基于网络的讨论数据库；
◇ 社交活动；
◇ 个人会议；
◇ 电话会议；
◇ 项目简报；
◇ 满意度调查；
◇ 正式发言；
◇ 社交媒体（可能是非正式的；正式的，肯定不是）。

■ 确定使利益相关者了解最新信息所需的频率和时间表。

■ 确定谁将负责执行这些行动（计划）。

表 3.11 是上述方法的一个变体，因为它显示了每个利益相关者在项目中需要做出的主要输入。他们的输入通常被定义为包括许多基本活动，包括所谓的负责、批准、咨询、通知（RACI）。（注：这些数据仅供说明之用。）

表 3.11　负责、批准、咨询、通知（RACI）矩阵

策略	活动		
	最终确定预算	制订项目计划	指定供应商
赞助商	批准（A）	支持（C）、批准（A）	通知（I）
项目经理	支持（C）	负责（R）、批准（A）	批准（A）
行业专家	通知（I）	支持（C）	通知（I）
合约事务组经理	支持（C）	支持（C）	批准（A）
生产经理	通知（I）	支持（C）	通知（I）
供应商	通知（I）	支持（C）	支持（C）

■ 负责（指定负责开展所需活动的利益相关者）；

- 批准（提名需要批准所有决策的利益相关者）；
- 咨询（指定在行动前、期间或之后需要咨询的利益相关者）；
- 通知（指定需要随时了解进展行动的利益相关者）。

另一个首字母缩略词是参与、批准、审查、通知、签核（PARIS），表示利益相关者活动如下：

- 参与（指定负责开展所需活动的利益相关者）；
- 批准（提名需要批准所有决策的利益相关者）；
- 审查（指定负责进行审查的利益相关者）；
- 通知（指定需要被告知进展行动的利益相关者）；
- 签核（指定提供正式签字的利益相关者）。

另一种可能的格式是项目管理知识体系的利益相关者参与评估矩阵（SEAM）。使用一种商定的分类，矩阵将参与度划分为：

- 未意识到——没有意识到项目和潜在影响；
- 有抗拒意识，但抗拒改变；
- 中立意识，但既不支持也不反对；
- 支持意识，并支持改变；
- 具有领导意识，并积极参与项目，为项目成功做出贡献。

不必将你的利益相关者管理计划限制在这些分类中——如果有帮助的话，请创建自己的缩写词和表格。然而，关键是首先要抓住每一个利益相关者，确保他们为信息的汇编做出贡献；其次，也许更重要的是，确保他们同意遵守所记录的活动。请记住，你收集和分析每个利益相关者的信息越多，你就越有可能有效地参与和管理他们。

另一种选择是制作一份更正式和结构化的文件，称为利益相关者管理计划（SMP）。有些人会认为，这接近于其他人所说的沟通计划；但是，两者之间存在一些显著的差异。利益相关者管理计划的格式可以是非常正式和结构化的，包含大量细节，也可以是简单的、半正式的，并且基于项目的需求。

在识别利益相关者那里获取的有价值信息的基础上，考虑在本计划中可以获取的其他信息的范围：

- 使用计划的理由；
- 关于语言、格式、内容和详细程度的支持信息；
- 确认分销成员资格；
- 记录有关项目背景的任何基本假设信息；
- 要求利益相关者参与的项目相关阶段；
- 管理利益相关者所需的参与程度；
- 潜在的重叠和相互关系；

- 分发的时间范围和频率；
- 通过这种参与为项目带来的好处；
- 识别高风险情况；
- 参考项目的进度和预算（及时更新）；
- 确定谁可以接触这些潜在敏感材料；
- 随着项目的进展，更新和重新分发计划的过程；
- 确定上报流程。

四、管理利益相关者参与

恭喜！你现在是利益相关者管理计划的所有者。那么你打算怎么处理呢？选项包括对其采取行动、授权、归档或删除它。

鉴于与利益相关者来回沟通的迭代性质，让我们假设你选择了前两个选项中的任何一个（尽管它也需要归档）。请记住，在整个生命周期中，所有项目进度都会随着时间的推移而发展，所以实际情况是，本文档应该与项目进度表一样“实时”。通过不断的监控和调整，项目经理正在展示他们与影响项目或受项目影响的人、团体和实体合作的真正承诺。此外，由于这是一项计划，在应对利益相关者的抵制和/或支持的实际表现可以被清楚地监控、评估和调整。

然而，管理参与不仅仅意味着在利益相关者管理计划中简单地浏览和勾选项目（尽管这听起来很容易，也很诱人）。这意味着使用计划来增加按计划交付项目的机会，并最终增加项目成功的机会。那么，管理利益相关者的参与会是什么样子呢？考虑以下重要活动：

- 在适当的项目阶段获得持续的承诺，以确保项目的成功；
- 通过谈判和沟通确保项目目标的实现；
- 预测未来可能出现的问题和相关风险；
- 澄清、解决和/或升级问题；
- 预测对不同情况的反应；
- 与项目赞助商联络；
- 审查和重新传达项目目标、目的和收益；
- 更新变更登记册/日志及其对范围、时间、成本和风险的影响；
- 更新项目管理计划；
- 更新其他项目管理文件：项目登记册和经验教训日志。

所有人都应该清楚，本章和其他章前面所确定的技能、知识和能力的范围对于如何有效和高效地管理利益相关者至关重要。从愤怒到顺从、不稳定的期望、围绕权威的问题、不断变化的目标、政治气候、组织结构和适应性的工作场所，这里不是弱者和幼稚者的游乐场。这是一个令人难以置信的机会，可以与不同的利益相关者合作，并将他们聚集在一起，计划和管理一个成功的项目。

五、控制利益相关者的参与

与项目管理（和其他学科）中的许多过程一样，有必要控制“原则上”（许多人）同意并付诸“实践”（由一些人）的内容。与质量管理一样，已经计划和保证的内容仍然需要检查、测试和控制。

显然，利益相关者、计划和战略将需要持续的评估和调整，以确保与这些利益相关者合作的最初理由仍然得到满足。鉴于项目将不断发展，环境会发生变化，利益相关者会出现或消失，对利益相关者参与的有效性和效率必须进行测试（项目管理知识体系，2013）。当你试图控制利益相关者参与时，应注意以下事项：

- 确定生命周期的当前阶段；
- 指定定期审查的时间框架；
- 知道你真正想要衡量的是什么；
- 评估角色、职责或信息需求是否发生了变化；
- 确定工作/项目完成的百分比；
- 决定哪些性能变化（范围、时间、成本）已被批准；
- 确定哪些问题仍然存在；
- 重新查看项目沟通记录/日志；
- 确定导致低/高参与度的原因；
- 建议纠正/加强变更；
- 获得利益相关者的支持；
- 记录并分发修订后的计划。

一旦你采取了这最后一步，预计会带来什么好处？显然，你将在所有项目通信协议中保持一致性；所有计划、进度表、登记册和其他支持性项目管理文件必须是最新的和准确的；持续参与将嵌入项目流程和文化中；职责将继续得到明确界定。

对利益相关者参与的忽视永远不会成为一个可行的辩护。虽然许多人会出现在你的面前，但也有一些被发现（或隐藏）于项目的背景中。随着时间的推移，有些人会随着他们的角色、输入和输出的变化而淡出项目。还有一些人会抓住聚光灯，很难离开舞台。有些可能永远找不到。因此，一个有用的经验法则是：如果你不能识别所有的项目利益相关者，那么就不要启动项目，或者至少在需要时叫“暂停”（Time - Out）。（你采取此行动的权限也可能帮助你确定你实际上是项目经理，而不仅仅是项目或团队“领导者”。）

批判性反思 3.3

你已经了解到利益相关者管理与利益相关者控制并不完全相同，尽管在某些情况下两者之间的区别可能很小（你将在本节中所有的项目管理知识体系和知识领域中找到这种区别）。

- 你有什么证据表明你的项目利益相关者得到了有效的管理？
- 你有什么证据表明你的项目利益相关者受到了有效控制？
- 你的两个答案之间是否有明显的区别（毕竟，控制是管理的一个子集）？
- 你如何看待这种区别：它是合理的还是简单的语义、文字游戏？
- 在管理和控制项目利益相关者方面，你可以做哪些改进？

六、复习题

3.1　定义“利益相关者管理”一词的含义。

3.2　为什么在任何项目中识别利益相关者很重要？

3.3　利益相关者计划应包含哪些信息？

3.4　不同利益相关者参与策略的例子有哪些？

3.5　为什么需要控制利益相关者管理的过程？

七、案例研究

简单的事实是，马蒂（Marty）不喜欢那么多人。

好吧，所以他是一个内向的人——但这并不应该直接影响他与项目利益相关者的关系。毕竟，他可以参加社交活动，认识很多人，而且在参加的会议中贡献自己的力量通常会让他觉得很舒服。

马蒂的一线经验有限，但由于他在政策方面的资历和对细节的关注而被提名参加该项目。作为州政府政策部门的负责人，马蒂确实完成了任务。当然，在一个只有 3 人的稳定团队中，几乎没有异议，因为每个人似乎都相处得很好，这无疑创造了一个富有成效的工作环境。

当马蒂为他的第一次利益相关者会议做准备时，他确切地知道他将如何与这群项目利益相关者接触，并管理和控制他们。他不仅需要与政府部长、顾问、治理委员会、项目委员会、州和行业机构的不同部门负责人合作；还将与来自不同部门的高级管理人员、顾问、中小企业和初级员工打交道——简而言之，这是一个角色、自我、议程和影响力的动态组合。

在前一天的晚宴上，他的搭档艾伦（Ellen）试图帮助马蒂，鼓励他找出这些形形色色的人都是谁，马蒂简短地回答道：“我需要知道的不仅仅是他们是谁。”意识到马蒂没有抓住重点，艾伦礼貌地建议他尝试以下方法：

- 记录他们是谁；
- 了解他们所扮演的角色；
- 确认他们的参与程度；
- 确定他们需要的信息；
- 制定有针对性的沟通策略。

一旦马蒂意识到，他对与这些“有权势”的人打交道的恐惧可以被分解成几个步骤，他感到更轻松了。他所需要的只是在一页纸上写几栏，把艾伦的建议记录下来。在谷歌上快速搜索一下，就能找到无数关于利益相关者管理、沟通管理和利益相关者参与的设计。

带着一点“诗意的许可”，马蒂进行了自己的设计，并在空白栏和空白行中填写了他对每个利益相关者所了解的内容。没过多久，马蒂就发现他其实对这些人并不了解。当然，他可以编造一些东西或试图猜测这些信息，但他知道，如果他这样做，他只是在开玩笑。如果他没有必要的信息来描述这些人，他会怎么做？

> 鉴于一些利益相关者随着项目的进展而出现或消失，大部分信息将在整个项目过程中逐步收集

在与艾伦讨论这一困境时，马蒂意识到大部分信息都可以通过回顾这些利益相关者过去曾经参与的项目文件（项目计划、沟通计划、风险登记册、经验教训日志）、查看他们的职位描述、直接访谈、非正式对话和/或作为他计划的初始和正在进行的项目会议的一部分来收集。毕竟，鉴于一些利益相关者随着项目的进展而出现或消失，大部分信息将在整个项目过程中逐步收集。

随着时间的推移，马蒂知道他实际上可以开始识别、参与、管理和控制这些利益相关者的过程。

问题

(1) 利益相关者管理与项目成功之间的联系是什么？

(2) 为什么马蒂认为仅仅识别项目利益相关者不足以最终参与、管理和控制他们？

(3) 为利益相关者管理制订计划意味着临时沟通无法奏效。证明这一论断的合理性。

(4) 为什么马蒂认为利益相关者管理是一个长期的过程，而不是一个时间点？

(5) 马蒂将在利益相关者管理矩阵中获取什么信息？

第四章

范围管理：满足不断变化的期望

◎ 要点

- 规划项目范围管理
- 收集需求的技术
- 撰写功能性和非功能性需求
- 引导决策过程
- 记录范围包含内容和排除声明
- 将客户期望与项目能力相匹配
- 创建工作分解结构
- 验证批准的范围
- 控制项目范围的蠕变

◎ 实践应用

在日常生活中，许多人都是通过追求任意数量的梦想、战略、目标和任务而被引导，甚至在某些情况下是被驱使的。无论是他们呈现的焦点、他们创造的能量还是他们建立的承诺，人们的生活都在不断发展并被诸如此类的个人行动计划所塑造。

你的项目也是如此。根据某人的想法、提议或变更请求，传达愿景、做出承诺、评估能力以及制订和管理计划。每个项目，无论其约束和/或合理标准如何，都需要一个流程和文档来描述、记录和阐明项目的全部内容——换句话说，项目的初始边界。

在项目术语中，你可能知道这个重点为项目建议书、用户需求、拨款申请、约定函、业务需求、招标书（RFT）、客户简报、商业案例、项目建议书、商业报价、范围、谅解备忘录（MOU）、工作范围、规范，等等。可能的名字不胜枚举。想想这个重点应该给你的项目规划和管理流程带来的价值。它不仅从第一天起就创建了一个基线，用于比较和评估所有后续更改；它还巩固了理解、承诺和能力。此外，它消除了“凭直觉”规划和管理项目、严格捍卫“竖井”心态、守口如瓶，以及随着项目的进展而改变交付方式的诱惑。

无论是什么项目——无论是组织重组、住宅扩建、治理审查、餐厅开业、体育设施翻新、建筑工地、拨款，甚至是下一届奥运会——项目建议书（或其委托书）都是项目概念阶段的决定性文件。为什么不找到你的？把它放在手边，但不要过于依恋它——它会变的（应该会变的）。

◎ 本章概述

项目管理有时被诋毁为官僚主义的过程——被不必要的文书工作所累。在目睹了一些令人震惊的所谓方法论的例子之后，我不得不同意这种说法。同样，更重要的是，我已经看到（并开发）了一些非常简洁和集成的流程与模板，这些流程与模板根本不会给组织或其人员带来沉重的负担。

项目管理知识体系（2013）强调，范围管理计划是一个指南，准确地指导如何在整个项目中处理范围。通过六步流程，为了成功完成项目而需要执行的所有工作都得到了明确的定义、细化和控制。在许多情况下，由于各种有效和不那么有效的原因（从正式和授权的范围变更到不受控制的范围蔓延），看到额外被执行是很常见的。

与所有其他九个项目管理知识体系流程一样，坚持流程本身应该是直接的——毕竟，它只需要流程和匹配的行为。从规划范围管理开始，这些步骤贯穿于收集需求、定义范围、开发工作分解结构（WBS）、验证范围，最后，与所有其他流程一样，制定适当的措施来控制范围。

一、规划范围管理

从操作意义上讲，不存在这样的计划来明确定义、开发、监控、控制和验证我们所完成的工作。毫无疑问，虽然标准操作程序（SOP）、职位描述、关键绩效指标（KPI）、运营计划、行动计划、会议记录和绩效评估可能会提供一些大致的方向感，但它们并不直接等同于范围管理计划（或其他项目管理文件），后者的重点是管理范围所需的协议、行为和批准。

范围管理计划记录了“如何定义、验证和控制项目范围”（项目管理知识体系，2013）。换句话说，它为如何管理范围本身（项目或产品/服务）确定了方向和指导参数。鉴于范围很有可能会随着时间的推移而改变，并且考虑到一些利益相关者将不得不对“他们”提出的变化所产生的技术（如果不是情感）的依恋，需要一些正式的机制在一致和透明的基础上限制、评估和授权这些变化。

在许多项目中，没有正式或非正式的流程或系统来管理范围变更——它们只是付诸行动，任何（客观）评估都被推迟到以后的日期。毕竟，有人认为，我们无须不必要地推迟项目，等待所需的批准。在此实践中，一些利益相关者还享有凌驾于项目经理和团队之上的权力。在这些情况下，当一些利益相关者试图推动他们的变更时（无论他们是否符合项目的利益），控制他们可能非常困难。因此，必须制定一些内容，不仅要建立规则，而且要清晰地传达对范围的变更仅发生在商定的变更控制过程中。

在理想的情况下，通过吸取经验教训、组织范围的历史知识和项目特定要求，范围管理计划可以参考以下基于流程的信息：

- 同意记录范围的格式；
- 指定负责的利益相关者；
- 掌控、管理和控制范围；
- 在工作分解结构中建立分解层次；
- 确保透明的可追溯性和所有权；
- 识别所有必需的信息，这些信息证明任何拟议的变更是合理的；
- 评估优先级冲突；
- 识别所有支持性文件；
- 标记应更新以反映任何范围变化的相关流程和/或文档；
- 规定如何进行正式审查；
- 坚持正式和综合的变更控制；
- 将范围管理作为项目认可和实践的组成部分加以推广。

组织文化也将在如何全面地设计、开发和拍卖这个计划中发挥至关重要的作用，因为它直接影响人们的“做事方式”——并不是每个人都喜欢被告知如何做事！对于一些人来说，一个（任何类型的）计划可能会让他们丧失（实际或想象的）自主权、自由裁量权或管理项目中自己所负责部分的能力。任何类型的计划总是与最好的意图结合在一起，而且往往与现实脱节。因此，范围管理计划被开发为与范围合作的动态蓝图，以确保不同利益相关者的不稳定的期望不会在项目的整个生命周期中衰减或“变形”成未经授权的和正在进行的项目范围蔓延。

二、收集需求

请记住：它始于一个策略，成为一个目标，然后演变成一个更广泛的东西——项目范围。范围基线（第一次消减）也称为需求、规范、工作说明书（SOW）、可交付成果、包括事项或范围陈述，是定义项目初始边界（其他是时间、成本和资源）时采取的关键步骤之一。

项目失败最常见的原因之一是最初（和持续）缺乏战略、期望、进度、绩效、产出和结果之间的清晰度和理解。这是因为许多项目利益相关者忽略了项目管理的基本原则，即在计划解决方案之前识别问题。换句话说，采取措施确保项目得到正确的论证、调查、评估和批准——这些记录最终将对项目的规划、管理和成功至关重要。

知道要收集什么信息是一回事；拥有正确的收集方法数组来发现信息并将其分解为一致的需求又是另一回事。因此，在确定范围基线中收集需求、数据或信息需要的不仅仅是文档。需要足够详细地提出、分析和记录需求，不仅要设定范围基线，还要为工作分解结构提供基础，更不用说对成本、进度、质量、风险和采购流程的潜在影响（项目管理知识体系，2013）。

虽然对于确切的术语似乎没有达成一致，但可以从业务分析领域提供一些帮助，因为需求是业务分析人员的命脉。简单地说，需求是在某些约束（条件或标准）下所需的“能力”（性能）。但是，如果需要在项目后期对需求进行管理和控制，则需要对需求进行适当的分类。

分类可以进一步识别、细化和完善，并可以包括以下任何一项：

- 业务需求（更高层次的需求）；
- 利益相关者要求（人员、团体或实体需求）；
- 功能或技术要求（所需行为）；
- 非功能性要求或服务质量要求（可靠性、支持、安全性、保障等）；
- 过渡要求（如何从当前状态过渡到未来状态）；
- 质量要求（验证标准）。

通常情况下，拥有适当的需求分类可以从一开始就启动需求收集技术，尽管个人偏好将在你最终使用的技术中发挥很大的作用。并且你需要注意只记录客户明确要求的内容（包含内容），而不记录项目团队认为是好主意的其他需求（排除内容）。请记住，需求首先是关于“必须拥有”的，如果客户愿意接受时间、金钱和资源方面的变化，则可能还有一些“应该拥有”的。

无论使用什么分类系统，需求信息都可以通过许多不同的技术（和格式）来收集——口头的、书面的，以及在某些人的头脑中和/或特许经营圈子中通常小心翼翼保护的类型。表4.1展示了这些技术，以及使用它们的原因和反对理由。

表4.1　收集需求的技术

需求收集技术	优势	缺点
访谈	直接访问 私人对话 准备好的和自发的问题 澄清答案	可能很贵 耗时 缺乏保密性 需要有经验的面试官

续表

需求收集技术	优势	缺点
焦点小组	引导式对话 访问大型团体 记录的能力 目标利益相关者	场地和主持人费用 需要训练有素的主持人 从众的同行压力
调查问卷	便宜的 匿名 准备好的问题 传播量大 统计分析	受访者不足 很少有针对性 没有澄清或调查的途径
头脑风暴	高能 让每个人都参与进来	从众的同行压力 漫长、重复的过程 可以排除投票或优先排序吗
研讨会	协调利益相关者的分歧 互动性质 培养人际关系	训练有素的主持人 场地及主持人费用 性格冲突
情节串联板	序列和导航路径的视觉图像	不是每个人都与视觉图像有关 可能会忽略重要的低级细节
观察	与工作场所直接接触 克服在描述事物如何运作时的犹豫 可能会发现隐藏的需求	确保流程和任务“正确”执行的压力 观察到的不同的人可能会有不同的表现
原型	提供工作模型 支持实验 允许逐步细化、反馈和修订	时间和成本的限制可能会限制建模 在快速变化的环境中可能会过时
上下文图	视觉吸引力 描述工艺流程 确定利益相关者（参与者）	极度简化 讨论仅限于抽象表述
文档分析	现有证据 初步研究（案头审计） 生成题库	所用时间 信息的流通 不与利益相关者互动

无论采用哪种技术，需求都需要从高层次开始，逐渐变得更加详细，并且是明确的（可衡量和可测试的）、可追溯的、完整的、一致的，并为关键利益相关者所接受（项目管理知识体系，2013）。其结果应该是只识别那些明确包含在项目范围基线中的需求，以及那些将被明确排除（在此阶段）的需求。

许多人，尤其是那些从事业务分析师工作的人，使用需求可追溯性登记册（或矩阵）将需求来源与满足他们的项目可交付成果联系起来（项目管理知识体系，2013）。如表4.2所示，矩阵不仅对需求进行了编译，还可以使所有需求成为：

- 按功能和非功能标题分组；
- 与组织战略相关联；
- 参考相关目标；
- 分配给所有利益相关者；
- 与工作分解结构活动相匹配；
- 通过版本控制（开发、测试等）进行跟踪；
- 根据状态（临时、已批准、延期等）进行跟踪。

表4.2　需求可追溯性登记册

#	需求	F/NF	利益相关者	目标	工作分解结构	优先事项	状态

如果可以使用所有这些技术，那么收集需求似乎很容易，而且只是一种形式。再想一想。它不仅涉及许多不同的人，他们对项目中的需求有很多不同的想法；它还包括与所有这些利益相关者互动，试图就项目的具体内容做出明确的决定。在提出、讨论、删除或接受多个备选方案的情况下，需要做出的最大决定之一将是对需求进行优先排序。在任何团队中，这些决定可能只是简单地宣布已经做出的决定（这个听起来不太民主），也可能是花所有时间让每个人都站在一边。虽然图4.1展示了这一挑战，但应该说，沿着这个过程的所有样式都是完美的，尽管它们应该是特定于项目的。紧急程度、可用细节的数量和利益相关者的权力也可能对决策的使用产生影响（以及决策的成功程度）。

批判性反思4.1

客户的期望（范围或需求或任何其他合适的术语）是不固定的，精确的定义（规格或可交付成果或结果）有时难以锁定。

- 当确定一个项目范围时，当记录客户的需求时，你是否应该保持一定

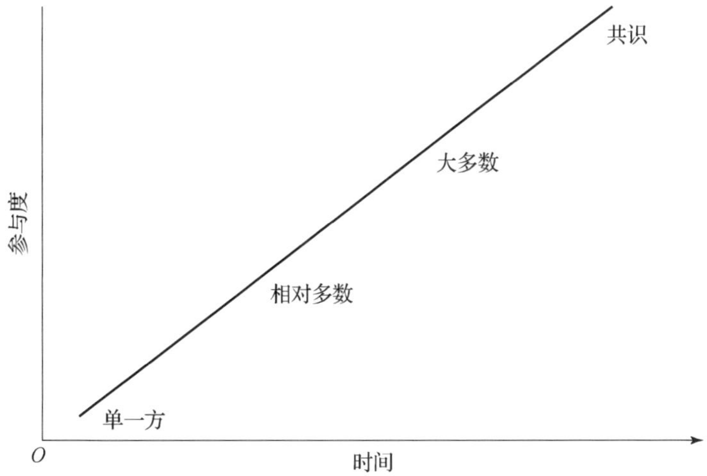

图 4.1　决策过程

程度的怀疑？如果有，为什么？

■ 在不了解需求的情况下开始一个项目有哪些风险？

■ 客户的期望与项目组织的能力之间应该是什么关系？

■ 在整个项目生命周期中，当你的客户可能会在项目的某个时刻改变某些内容，你如何改进你的范围活动？

三、定义范围

根据上面提供的信息，现在完全可以相信并接受这样的观点：收集需求将自动使范围定义过程变得相当简单。然而，Young（1996）认为这并不是那么容易，并列举了以下可能是令人困惑和模糊的启动期的特征：

■ 不同利益相关者的指示不明确；

■ 关于真实和未陈述需求的持续不确定性；

■ 没有明确的方法来实现所需的结果；

■ 多重期望；

■ 无法评估项目成本（无论在早期阶段多么“粗糙”）；

■ 对项目将带来的收益和商业价值的模糊分析；

■ 没有关于所需资源的明确信息（在管理、支持和/或部署能力方面）。

在记录项目范围时，还需要特别注意讨论、决定和记录两条具体信息：

■ 包含：明确的书面确认可交付成果是必需的；

■ 排除：明确书面确认交付成果不是必需的。

如图 4.2 所示，包含和排除在不同的方向上相互影响，如果不能完全控制这两者，可能会对任何项目造成不利影响。包含的内容显然是所有项目的利益相关者都同意，并相应地进行了成本核算、进度安排和资源分配。本质上，客户得到了他们所支付的费用，而时间表反映了这一点。然而，在排除情况下，目前的危险是这些项目被客户“假设”包含在项目中，而实际上它们会产生额外的资金投入时间，并需要做出进一步的资源分配决策。最终，除非你明确表示不考虑这些因素，否则客户会认为它们是包括在内的。

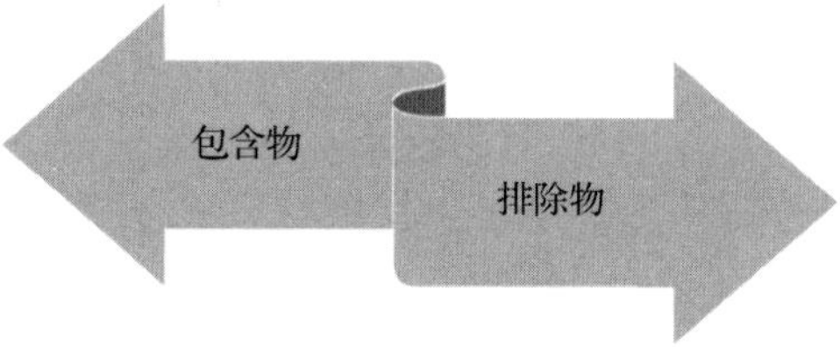

图 4.2　分离包含物和排除物

一个真实的项目示例可能会使这一关键区别更加明显。让我们称该项目为“路边花园更新项目”（你在道路上看到的绿色地带，分隔着充满枯草和植物的车道）。在这个项目中，范围简单地说明了你在上面阅读的内容：路边花园更新项目。那么，作为这个项目的一部分，客户对哪些工作有合理的期望呢？请考虑以下建议：

- 景观设计；
- 种植指南；
- 割草；
- 除草和喷洒；
- 土壤替代；
- 润湿剂和肥料；
- 灌溉维修；
- 重新种植植物（如灌木）；
- 覆盖；
- 线路标记；
- 交通管制。

不胜枚举。

现在，如果客户真的只想喷洒杂草，但承包商把以上所有的价格都算进去，并围绕它制定了一个时间表，该怎么办？那会有多聪明？或者，如果客户希望完成上述所有工作，但承包商只对杂草进行喷洒，只对其进行定价，然后围绕它制订计划，该怎么办？那会有多聪明？在这两种情况下，这个项目都不是很聪明（但它确实发生了）。

另一种清楚地描述需求（借用敏捷）的有效技术被称为 MoSCoW 方法：

- 必须有（Must Have）；
- 应该有（Should Have）；
- 可能有（Could Have）；
- 不会有（Won't Have）。

教训应该是显而易见的：在任何时间点，如果你没有明确地从受时间、金钱和资源限制的范围表中移除，那么你很可能最终会把自己的时间和金钱贡献给客户。然而，现实并不必每次都那么糟糕。如果排除的是非常好的想法、选项或解决方案，请与客户讨论，并相应地改变范围、时间、预算和资源决策。通过这种方式，客户对增加的价值感到满意，并准备全额支付。

那么，在定义范围时，你期望包含哪些内容呢？请考虑下面的建议——尽管与其他章一样，请反思你自己的项目目标并在必要时修改信息。表 4.3 标记了一些应该讨论和记录的信息。

这些初步信息将共同构成项目计划的基础，并据此制订其他相关计划。希望你也注意到上面“初始”（Initial）一词的用法。在任何项目的开始阶段，如果不是不可能的话，要获得 100% 的理解、准确性或承诺是非常困难的，因为前一刻只是另一个想法或提案（而不是一个项目）。也许，随着时间的推移，对其中一些概念组成部分的初步评估可能会变成临时的预测，然后是修正的估计，最后是可以计划、执行和最终确定的实际结果。换句话说，随着项目提案的进一步迭代，高度的不确定性和风险将（应该）随着时间的推移而减少。

在确定了所需的信息（尽管在这个阶段大部分信息可能是临时的）之后，是时候考虑现在可以做出的决策类型了，这些决策最终将构成项目规划、进展、最终确定和评估的一部分。以下决定是强制性的：

- 项目是否与组织使命一致？
- 项目是否补充了其人力资源能力？
- 项目能否为企业带来价值（效益）？
- 项目是否在战略上保持一致性和优先级？
- 是否对结果进行了沟通、商定和记录？
- 项目的时间框架是否可以接受（不要忘记审查风险）？
- 项目预算是否足以实现目标？
- 收益是否超过成本？
- 风险水平是否可以接受？
- 项目能否按时交付？
- 项目是否准备好进入下一阶段了？

表 4.3　初始范围（需求）基线的要素

基本要素	为什么它很重要
初始理由	第一阶段最重要的要素之一是证明项目的合理性 检查的信息、备选方案和期望越多，项目成功的可能性就越大 这可能包括内部驱动（升级用户软件）、外部授权（引入合规立法）、因客户的要求（开发学习材料）、因商业计划（推出新产品）或因外部机会或来自技术、竞争、社会因素、环境等方面的威胁而受到市场驱动 显然，如果你知道项目的起源，你就可以更好地为项目的成功做出贡献和进行管理。如果你没有认识和理解你所面临的问题或机遇，就不要浪费时间去发明和寻求解决方案 识别已陈述的和“未陈述的”问题，激励利益相关者，并提供机会来创建和维护项目的可行和可见的基本原理
目标	无论项目是围绕战略计划还是运营优先级来制定的，它都需要一个或多个简洁而明确的（意图）陈述，作为项目持续的总体参考框架。目标是期望的“移动部分”（或腿）。简单地说，目标通过将战略或优先级分解为必须执行的活动（战术）来完成任务，以实现目标 目标有许多众所周知的特征。这些内容包括在下面，并添加了一些个人改进： ■ 具体的（简明扼要） ■ 可测量的（可量化的） ■ 可实现的（能够执行的） ■ 相关的（与项目相关的） ■ 时间限制（可在规定时间内执行） ■ 把它写下来（不要把它留在记忆中，否则资历总是赢家） ■ 共同商定（两党支持） ■ 定期监控和审查（你是否遵守了这些要求？） ■ 公开交流（没有“秘密松鼠”和“筒仓”）
可交付成果	如果你在项目开始时就知道项目的结局会是什么样子，那不是很好吗？经验法则：如果你不知道，就不要开始这个项目。换言之，如果你不能准确地描述和/或详细地可视化已“建成”或可交付状态下的范围，那就不要插手项目。你要识别、调查、澄清并就“最终期望”达成一致——即赞助商/客户/资产所有者在项目结束时实际支付和获得的东西（不一定是你能够给予他们的）。这必须包括对包含和排除的明确引用
假设	简单地说，这些东西被认为是真实的，但无法被测试。充足的资金，充足的时间，及时的决策，资源的可用性都是可能对项目产生积极或消极影响的假设的例子

续表

基本要素	为什么它很重要
验收标准	这些是客户或资产所有者接受可交付成果时必须满足的预设条件
资源能力	■ 组织是否具备承担项目的资源、成熟度和其他能力？ ■ 需要哪些额外资源（内部或外部）？ ■ 资源分配决策将如何影响组织的日常运作？ ■ 是否需要专业发展机会？ ■ 项目组织是否具有交付范围的内部能力？ ■ 需要什么级别的采购和外包？ ■ 如何管理运营优先级和冲突？ ■ 是否有任何关键（或首选）供应商安排？
约束条件	这些可能影响项目的限制因素包括预先确定的预算、规定的日期、合同条款和资源工作时间
优先级	并非每个项目都同时是紧急和重要的。有些会有内部或外部的依赖关系影响它们何时可以启动，有些会在整个组织中，还有一些会出现在特定部门或部门内
时间表	项目管理是由时间的可用性和进度驱动的，这是一个有限的约束。因此，有必要尽可能多地获取相关信息，以充分了解其对项目的影响 以下问题是很有用的： ■ 项目预计何时开始，是否有自由度（浮动）？ ■ 项目预计何时完成，是否有自由度（浮动）？ ■ 谁确定了时间表？这个时间表是如何确定的？ ■ 哪些风险来源可能影响按时成功地完成项目？ ■ 需要考虑哪些突发事件？ ■ 需要确认哪些里程碑？ ■ 在什么情况下会考虑延期？ ■ 谁将被要求批准这些延期？ ■ 提前完成项目有什么好处吗？ ■ 工作分解结构是否被开发为对项目范围（关键项目阶段、主要决策、批准点和其他重要里程碑）的顶层剖析，而没有对所需的实际工作进行更详细的描述？
预算预测	成本是项目中的另一个有限资源（除非你拥有花不完的钱，是的，有些项目确实如此）。使项目按预算进行也需要信息，而这些信息在你开始项目之前就已经需要了，可以追溯到概念阶段。请考虑以下建议：

续表

基本要素	为什么它很重要
	■ 项目的预算是多少（无论是否为临时预算）？ ■ 估算是如何确定的？ ■ 谁得出了预算估计，他们的置信度是多少？ ■ 是否提供了应急资金？ ■ 在什么情况下可以获得应急资金？ ■ 谁将被要求批准此意外情况？ ■ 预算支出的提起（获取）程序是什么？ ■ 项目的“真实和完整”成本是否已被计入？ ■ 需要遵循哪些会计、报告和控制措施？ ■ 是否需要按进度付款和付定金？ ■ 法定合规成本是什么？ ■ 谁将承担变更（升级）范围的费用？ ■ 如何提出、评估、批准和管理对规范的变更？
风险和问题	很少有项目是从一个单一的想法开始，通过单一的方法实现的。随着想法的形成，应该仔细考虑不同的行动方案，讨论优点和缺点，评估备选方案，并做出最终决定，所有这些都应在识别可能影响项目成功的风险、问题和障碍的范围内进行（正式的风险评估技术将在后面的章节中介绍） 大多数项目（如果不是全部项目的话）都有自己的问题，如果不加以控制和解决，这些问题的严重性会不断提高，可能会升级为破坏性的情况和风险 这些问题通常用黄色、蓝色和红色的旗子来表示其严重程度。虽然没有人能够预测未来并提前识别这些可能的问题，但明智的做法是进行“尽职调查”，以防止在项目后期造成损害
审批流程	定义范围的危险之一是模糊估计、未阐明的假设和模糊信息的固有风险。因此，必须有人负责审查范围基线，以消除尽可能多的垃圾。是项目经理（可能不是，因为他们通常在早期阶段甚至没有被提名）、指导委员会还是执行管理层？
绩效衡量	为什么我们要在第一阶段讨论绩效的衡量？当你进入项目的第三阶段（进度）时，每个利益相关者必须度量项目的相同维度，以获得“真实”的绩效图景。如果一个人正在衡量已投入的资金，下的另一个订单，交付到现场的另一个货物，以及记录的另一张发票，那么这个项目就存在一些真正的结构性问题。完全同意如何衡量绩效

续表

基本要素	为什么它很重要
报告要求	回想一下利益相关者部分，不同的利益相关者在不同的时间需要不同类型的信息。有些人想要进度，有些人想要现状，有些人需要预测信息 现在就确定这些需求，而不是等到报告到期的时候。这样，你可以生成针对特定决策者的信息，而这些信息只会对你的项目有所帮助

如图 4.3 所示，需要的内容和可以交付的内容之间并不总是完美匹配的。期望可以是美好的、模糊的、狂野的或怪异的，所以不要期望总是自动地有能力实现这些。

客户的期望		项目的能力	
期望1	✓	能力1	✓
期待2	✓	能力2	
期待3	✓	能力3	✓
预期4	✓	能力4	
预期5	✓	能力5	
预期6	✓	能力6	✓

图 4.3 期望并不总是与能力相匹配

1. 分解项目范围

在制订范围管理计划、收集需求并定义范围基线后，下一个阶段是计划并抓住项目所需的所有工作，以交付商定的结果。开始此过程的最流行工具是工作分解结构。工作分解结构采取的方法非常简单。从图上看，它几乎可以被误认为是一个组织结构图，因为它显示了项目所需的所有工作包之间的关系，一个阶段一个阶段，一个层次一个层次。

然而，其更实用的“表格”格式被更广泛地采用。工作分解结构首先将整个项目标识为一个顶级活动，然后将项目一级一级分解为几个更小、更易于管理的活动。这种传统的“自上而下”过程一直持续到活动无法再分解为止。在活动分解的最低级别，可以对活动的持续时间、成本和资源需求进行估计。完成工作分解结构的目的是确保可以识别整个项目并将其细分为更详细的组成部分，以支持未来项目管理流程，包括规划、执行、控制、结束和评估。

作为调度工具，工作分解结构开始回答一些基本的项目问题：

- 必须执行哪些工作（确定所有必需的活动）？
- 每项活动需要多长时间（决定活动持续时间）？
- 哪些资源可以完成工作（决定分配哪些资源）？
- 需要多少投资（决定需要多少预算）？

项目管理知识体系（2013）指出，完成工作分解结构背后的意图是确保每个主要项目可交付成果被细分为更小、更易于管理的组成部分，直到可交付成果被足够详细地定义，以支持未来的项目活动（计划、执行、控制和结束）。工作分解结构中的每个详细级别都指的是“分解”或“粒度”的程度。也就是说，项目分解得越深入，你在任务中获得的粒度（或细节）就越大。这里要问的一个明显的问题是：我需要多少层“分解”？答案取决于许多因素，包括：

- 项目的复杂性；
- 捕获的详尽信息（包含和排除）；
- 估算中所需的准确性；
- 质量定义、标准和要求的范围；
- 所需的管理量（例如监督、自主权）；
- 所涉及的风险程度；
- 任何合同履行义务的范围；
- 所需的测量和控制水平；
- 所需的规定细节的数量。

2. 定义和记录活动

虽然工作分解结构足够直观（特别是在图形格式中），但项目经理和团队可能需要访问内部或外部主题专家（SME）和其他人来识别所有这些活动。

需要预先声明的是，这个初始阶段实际上可能是范围扩展的第一个触发因素之一。请考虑一下：这些中小企业很可能是特定活动的专家，尽管他们不是最初界定范围活动和签字的一部分。是的，它可能从一个范围基线开始，随后在此过程中得到了详细的阐述，但是大多数中小企业并不了解这些早期的讨论，现在面临着（也许是意外地）夸大或扭曲所需活动的真正风险。但是，要保持积极的态度。你必须让他们参与进来，除非你自己拥有所有必备的专业知识。

使用工作分解结构格式创建的活动列表可以是工作包、阶段或项目使用的任何其他标题分类的分解子集。关键是不要简单地按数字顺序列出从 1 ~ 100 的活动。我们需要更严格一点，以及更多的想象力和结构。记录这些活动时，应考虑以下建议：

■ 考虑在工作分解结构中按顺序记录活动列表之前进行集思广益。这解放了一些人在完成工作分解结构时可能会陷入的线性思维。头脑风暴也是一种很好的技术，可以将团队聚集在一起、提供活动的所有权和建立对项目的承诺。

■ 尝试将相关活动分组到适当的阶段、章节或其他相关的标题下。这不仅将项目的大部分内容放在一起，而且有助于管理和报告活动绩效。

■ 使用描述性的活动名称，清楚地识别要执行的工作。一项名为“财务”的活动很少提供关于资源要执行的工作类型的线索。尽可能使用动词—名词的惯例（例如撰写报告、准备草案、批准计划等）。关键是要确保项目团队成员能够清楚地了解必须完成的活动。

■ 考虑在活动清单中加入一些里程碑。里程碑是一个标志、一个时间点或项目中的一个重大事件，它可能标志着项目的某些部分的开始和/或完成。里程碑对于安排批准、检查、付款或可能的报告要求非常有用。它们以零持续时间、零资源和零成本显示。

■ 遵守计划的技术要求。忽略资源现实——只需确定所需的活动，无论你是否有可用资源。原因是我们需要在资源现实开始之前看看计划可能是什么样子。换句话说，你最终会得到两个计划：一个是完全由技术工作驱动的乐观计划，另一个可能是基于真实资源能力的悲观计划。

■ 每个阶段、活动和里程碑都应使用参考编号进行唯一标识，参考编号可以是数字、字母或字母数字的组合。这能够准确识别和追溯风险登记册和/或会计科目表。这些代码不需要是连续的——只是唯一的。

■ 考虑可能对制订计划有用的其他活动属性（例如假设、约束、逻辑关系、提前和滞后时间、地理位置或反映工作时间的项目日历）。

■ 在某些情况下，工作分解结构从自下而上的低级别任务聚合演变为高级别任务。

在这种情况下，执行任务的项目人员能够估计任务持续时间和成本，然后将此信息传递给高级项目经理。必须记住，因为工作分解结构包含了项目所需的所有工作，所以没有包含在工作分解结构中的工作就不在项目的范围内。虽然工作分解结构的图形表示在首次处理所有项目工作时是有用的，但更合适（和简单）的表格格式，电子表格或 MS 项目“条目表”在理解项目的所有不同级别方面可能效果更好，如图 4.4、表 4.4 中的两个不同项目所示。

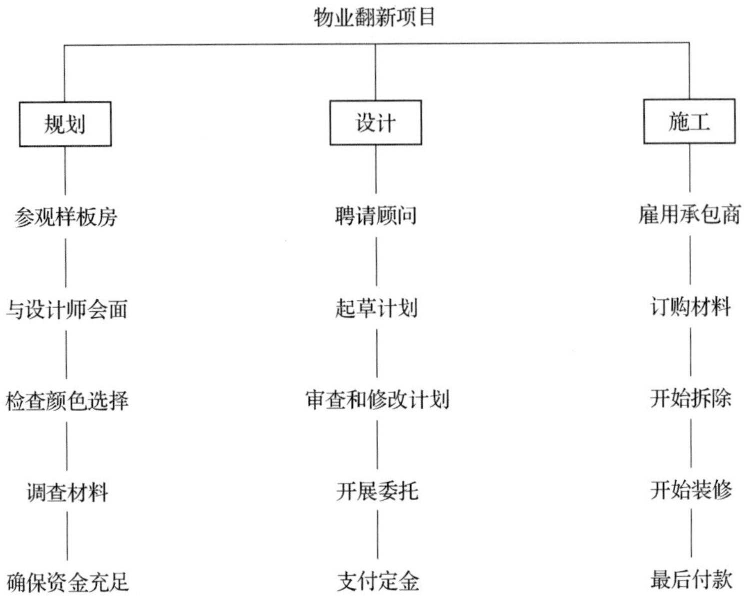

图 4.4　图形化工作分解结构

表 4.4　工作分解结构——表格表示

工作分解结构（WBS）#	活动	持续时间	前身	资源	成本
1.0	购买电脑	这些列故意留空，将在第五章中解释			
1.1	确定需求				
1.2	确定品牌				
1.3	来源供应				
1.4	安排融资				
1.5	购买硬件				
1.6	采购完成				
2.0	安装电脑				
2.1	将文件备份到云				
2.2	安装新电脑				
2.3	加载软件				
2.4	下载文件				
2.5	运行测试				

很明显，一个完整的工作分解结构被格式化以描述：

- 项目范围（视觉描绘）；
- 内部和/或外部依赖关系（强制性和任意排序）；
- 分组的关键阶段（可管理）；

- 层次结构（子工作单元）；
- 不同层次的细节（估计精度）；
- 不对称路径（关系）；
- 自上而下的方法（将项目联系在一起）。

那么，每个人是否都能平等地参与、同意并遵守所有这些范围工作吗？一言以蔽之，不能。鉴于这个最初的基线是考虑和捕捉一个想法或建议的优点（无论它经过多么周到的考虑），利益冲突、不同的经验、立场和问题的可能性很高。项目可以是成就职业生涯的活动，也可以是毁掉职业生涯的活动，这些活动都带有一定程度的影响力、权力、权威和组织范围内的“影响力”。考虑在尝试捕获范围基线时最可能出现的一些问题：

- 政治权宜之计；
- 孤岛的永久化；
- 资源匮乏的项目；
- 利益冲突；
- 从一开始就约束变量；
- 先前的工作量和现有的承诺；
- 松散的承诺；
- 不同的期望；
- 涉及的利益相关者太多；
- 不明确的角色和职责；
- 几乎没有共同点；
- 没有时间正确确定项目范围；
- 缺乏正当程序；
- 缺乏参与；
- 保护圣牛和宠物项目；
- 没有任何替代解决方案；
- 关于优先级的问题；
- 没有明显的正当程序；
- 歧义；
- 会议出席率低；
- 反复开会；
- 文件很少；
- 缺乏透明度；
- 没有单点权威。

鉴于这些潜在问题，将需要采取一些具体行动。以下是一些建议，希望可以帮助我们建设性地应对这种消极情绪：

■ 从执行管理层获得明显的支持；

■ 确定所需的管理流程和支持；

■ 召开信息收集会议；

■ 研究替代方法和解决方案；

■ 将项目收益出售给利益相关者；

■ 专注于项目目标，而不是自身利益；

■ 指定一个单点权威来源；

■ 发布明确定义的角色和职责；

■ 在授权范围发生变更时更新范围基线。

换句话说，范围基线永远不会离开项目。在整个项目中的某个阶段（通常是通过修订或补充），项目中没有任何事情是没有被记录和管理的。请记住，项目建议（或范围基线）是一个“流动的”概念——有点像“移动目标”场景。在这些类型的项目中，范围可能很难确定和控制，这可能导致项目失败。事实上，许多项目中的一个给定条件是在项目生命周期的某个地方，范围很可能发生变化。

批判性反思 4.2

根据工作分解结构（图表工作分解表），不但可对项目涉及范围进行分解；还可利用资源和技术进一步明确客户真正的需求。

■ 将客户的期望分解为离散的工作单元（活动或任务）的好处是什么？

■ 在完成工作分解结构时简单地按顺序列出工作是否存在危险，如果是，你将如何解决这个问题？

■ 鉴于你已将一项活动纳入工作分解结构，它是否应该产生一个可交付成果？解释你的答案。

■ 活动估计应该是有限和准确的，还是应该在可接受的范围内？

■ 如果你被可接受的限值选项吸引，你将如何向你的客户和其他利益相关者“推销”这种可变性？

■ 你将如何确定活动状态和完成情况？它们都能准确测量吗？

四、建立客观的验证标准

现在要解决一个棘手的问题，即实际验证最初计划的需求，然后迭代地引出、分析和记录。这很棘手，因为在那么多项目中，客户不是自动接受的；相反，它可以是一个正式接受已完成项目可交付成果的漫长过程（项目管理知识体系，2013）。这可以采取以下任何标准的形式：

■ 颁发合规证书；

- 衡量工作绩效；
- 分析变更请求；
- 进行方差分析；
- 进行实物检查；
- 进行质量检测；
- 符合质量标准；
- 撰写项目报告；
- 安排独立审计；
- 评估技术可行性；
- 维护可追溯性矩阵；
- 参考外部基准；
- 验证项目文档；
- 记录不符合项；
- 鼓励产品/服务审查；
- 开始测试；
- 获得利益相关者的签字；
- 完成出色的工作。

采用单一步骤或渐进式方法，验证将确定项目在移交前和移交期间的某个时间点是否满足商定的要求。它不应该被视为一个单独的行动，被方便地挤在项目开始和结束之间的时间表的适当间隙中。相反，它应该是项目总体规划和管理职能的一个组成部分。

同样重要的是，项目必须满足要求（即给客户 100% 他们想要的东西），而不是超过他们的要求（即给客户 120% 他们想要的东西）。项目管理与超出利益相关者的期望和要求无关；这一切都与满足他们有关。就像你永远不会选择低于——交付项目，也要避免过度交付项目的真正诱惑。如果你确实进行了检查，那么你总是在你自己的时间和自己的成本（而不是客户的）中这样做，如图 4.5 所示。

不要忘记，每一种验证方法中都可能影响项目进度、资源和成本。所以问题就变成了：在谁的时间和成本下执行所有这些验证？客户很可能期望以委托人的成本和时间进行验证。客观验证标准需要在项目开始时讨论并达成一致，以避免任何潜在的问题影响验收和移交。因此，请花点时间系统地构建这些流程，并将其实施纳入项目文档和计划中。使范围验证成为项目管理和项目管理团队文化的一部分，对任何捷径零容忍。错误是会被发现的，除非它们是无可救药的，否则请改正错误，然后继续前进。我们的目标是获得认可，而不是无休止地指责对方。

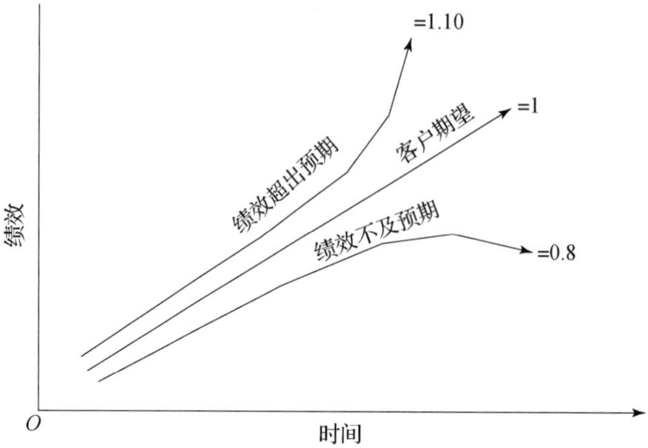

图 4.5　满足客户期望

批判性反思 4.3

图 4.5 经常招致一些人的批评，他们认为项目管理就是在整个项目中尽可能增加价值，换句话说，就是超额交付预期。

■ 对达到或超过客户的预期，你有何看法（假设你试图避免低于客户的预期）?

■ 如果你主张超出客户的预期，你如何确保客户为这一范围的扩大提供资金，并在需要的时候提供额外的时间?

■ 超额交付项目是否有真正的好处? 如果有，你以后如何赎回呢?

五、控制范围

让我们明确一件事：在项目的生命周期中，范围总是会以某种方式扩大。虽然不一定是一件坏事，但范围扩大可能是由许多因素引起的，从误解需求、关键利益相关者的有限投入和缺乏文档到没有任何强制性的正式变更控制流程。

是否应该（积极）鼓励范围扩大吗? 如果是，具体在什么条件下? 像“持续改进”“创造力”和“创新”等术语很可能为正确答案提供线索（顺便说一下，答案是“是”）。当然，范围基线会随着许多项目的生命周期而改变：“金属风暴”（Metal Storm）（一家开发新时代弹丸发射系统的国防公司）的技术不仅旨在取代现代机枪，而且旨在取代大多数可追溯最初加特林机枪（19 世纪 60 年代）的其他弹丸发射系统。利用其独特的电子发射、堆叠的弹丸技术，“金属风暴”的概念是将弹丸从头到尾装载在一个炮管中，并在它们之间填充推进剂，这可能改变游戏规则。还是我们要储备加特林机枪?

随着时间的推移，机动车辆上的鼓式制动器已被防抱死制动系统（ABS）

所取代。另一个例子是计算机显示器，它在屏幕大小、分辨率和刷新时间方面经历了多种配置。现在最新的、现代的计算机屏幕让20世纪70年代末流行的显示器看起来充其量是可怜的。我想你已经明白了。

因此，技术可能会引发一些范围变化（或蠕变）。还有什么可以引发变化？

显然，以下任何一项都会产生立竿见影的影响：

■ 关于利益相关者的变更；

■ 意外的预算削减；

■ 加速交付；

■ 新监管标准；

■ 立法变更；

■ 资源不可用；

■ 规格不完全；

■ 后期设计修订；

■ 原型测试反馈；

■ 附加功能要求；

■ 具有不良后果的风险事件。

然而，成为所有这些的义务警员可能会变得有点令人厌烦和弄巧成拙。也许你的精力应该用于开发和维护一个正式的变更——评估，然后，反过来，行动只批准变更请求的控制过程。这一过程将包括或提及以下“包含事项”：

■ 在项目建议书、项目计划和项目报告文件中插入简洁的变更请求协议；

■ 预先警告利益相关者，范围基线可能会在某个阶段发生变化；

■ 传达这些利益相关者需要采取的行动；

■ 制定所有的变更请求都应遵守的变更请求模板；

■ 编制变更登记簿，以跟踪所有变更请求和批准；

■ 及时编制技术、时间和成本变化报告；

■ 根据计划的实际数据定期更新所有计划；

■ 将所有提议的变更传达给相关利益相关者进行评估；

■ 将提议的变更映射到项目进度、预算、资源池、风险登记、质量计划和合同中，以进行彻底的影响分析；

■ 规定所有范围变更请求（和指令）均采用书面形式；

■ 确保所有范围变更都识别（并由发起变更的利益相关者签署）；

■ 在修订后的项目进度表、预算、风险登记表和其他相关文件中反映所有成功的范围变更。

现在让我们回顾一下管理范围蔓延的四个明显挑战。它们是：

（1）寻找范围蔓延的真正原因，包括理由；

(2) 评估所提议的变更对项目的影响；

(3) 获得对变更和影响的认可；

(4) 通过适当的策略管理由此产生的变化。

表4.5提供了范围蔓延的一些示例以及它们的影响和可能的策略。

表4.5 在“蔓延”的范围内生存

原因	影响	战略
描述工作时语言不准确，缺乏细节	■ 工作质量差，包括不完整的工作和返工 ■ 在澄清意图方面的延迟 ■ 开放的解读 ■ 所做的假设 ■ 任何结果都会是好的结果 ■ 做出的主观选择	■ 术语表 ■ 图纸 ■ 详细规范 ■ 合同 ■ 第三方审查 ■ 用普通英语书写 ■ 范围草案 ■ 技术专家审查进度
估计普遍不准确（时间和成本）	■ 总是出现进度延误和成本超支的情况 ■ 来自利益相关者的压力，要求他们坚持原始估算（被认为是准确的）	■ 认识到早期估计正是那个估计 ■ 修改和微调进度与成本核算的时间 ■ 能够接触具有评估经验的技术专家
未能获得第三方审核	■ 细节不足 ■ 省略关键部分 ■ 没有来自外部各方的见解	■ 分发给合格的项目人员进行审核
没有模式、结构或时间顺序	■ 混乱的时间表 ■ 返工概率高 ■ 资源分配冲突 ■ 不可能的交货时间表	■ 有逻辑地安排工作顺序 ■ 倒推检查逻辑 ■ 制定时间表原型 ■ 识别调度错误
省略和/或忽略特殊说明	■ 不合规 ■ 工作场所健康和安全问题 ■ 返工的可能性 ■ 快速跟踪完成时间 ■ 不合规 ■ 成本变化	■ 详细的技术规格 ■ 提交所有支持文件 ■ 法定要求 ■ 第三方审核

续表

原因	影响	战略
缺乏用户参与	■ 要求不精确 ■ 因返工而延迟 ■ 延迟签发竣工证书	■ 让用户参与范围界定阶段 ■ 确保所有用户参加所有的项目会议 ■ 让用户经常测试可交付产品（而不仅仅是在最后）
计划时间不足	■ 制订临时计划 ■ 受意想不到的变化支配	■ 支持规划过程和所需时间 ■ 考虑不良规划的后果 ■ 审查早期规划不良的项目
资源不可用	■ 工作延误 ■ 劣质资源替代 ■ 成本变化 ■ 对士气和动力的影响	■ 确保直线经理的书面承诺 ■ 确定替代资源 ■ 建立足够的浮动

范围蔓延既是不可避免的，也是可以处理的。它的必然性是由于利益相关者多样性给项目带来的不断变化的期望。当然，随着技术和其他变革驱动因素变得明显，利益相关者会改变他们的想法，发现新的选项，并希望获得更多功能和增强。毕竟，这种持续的创新应该从头到尾滋养项目。而且，从初始范围基线角度和持续的变更控制来看，它也是完全可以处理的。范围被创建、商定、修改、修订等。它们不是一旦创建就会叠加的静态文档。充其量，它们在意图上是战略性的，在准确性上是临时的，在执行上是精细化的。与范围基线（提案）密切合作是范围变更的基础——在整个项目中评估和评估范围变更请求的批准与控制的过程。

批判性反思 4.4

范围蔓延（未经授权的包含和/或后续更改——授权与否）在不同程度上在大多数项目中都是常见的。

■ 回想一下你在过去项目甚至当前项目中遇到的不同类型的范围蔓延。

■ 鉴于项目管理涉及高度的常识，这种“蔓延”怎么可能发生呢？

■ 除了范围基线、变更记录等，你还能采取什么措施来确保范围在整个项目中都得到控制（这并不意味着它永远不会变化，因为变化可以带来创造力和创新）？

六、复习题

4.1 “范围管理计划”一词是什么意思？它涉及哪些内容？

4.2　用于获取范围基线的一些工具和技术是什么？

4.3　在支持范围管理的过程中，包含和排除扮演什么角色？

4.4　范围管理与范围控制有何不同？

七、案例研究

几个月来，会议一直处于规划阶段。然而，尽管这是该学会举办的第六次国际会议，但组委会在筹办活动方面却越来越落后。问题不在于缺乏承诺、缺乏时间或缺乏愿意参加的代表（鉴于以往的会议在历史上产生了数量惊人的演讲者和代表人数）。组委会主席伊恩·基南（Ian Keenan）坐在他的办公室里重写了他想在周五会议前发表的议程。当他重读他的笔记时，他意识到他和委员会都错过了一些关于他们如何进行会议规划和管理的关键信息，如果他们要让这次会议取得成功，他们必须从头开始。虽然委员会从去年开始就可以接触到规划文件，但伊恩一直不愿意仅仅依靠这些信息，因为过去并不总能很好地预测未来。然而，他现在知道委员会正是这样做的：它照搬了去年的简要模板，只是在需要的地方更新了信息。

显然，他的委员会需要整理出某种类型的文件（和流程），不仅要了解会议的实际内容，更重要的是了解董事会和首席执行官的期望，以及在项目启动后，如何主动管理和控制这些期望。虽然他相信活动协调员会确保会议时间表按计划进行（一旦确定），但伊恩仍然对他的团队成员是否完全了解他们正在承担的任务持保留态度。伊恩决定他需要一个范围管理计划，该计划不仅包含项目范围是什么、不是什么，而且包括如何在整个项目中收集、验证、管理和控制这些信息。范围的包含和排除显然很重要，因为有效地限制会议项目实际交付的内容至关重要。伊恩发现，过去的会议在参与的发言者的专业知识、分组会议的形式和登记程序方面都没有达到一些利益相关者的期望。即使是像免费会员券这样简单的东西，在本应作为奖品提供的时候，却被放在会议包中，也令人沮丧和失望。

> 显然，他的委员会需要整理出某种类型的文件（和流程），不仅要了解会议的实际内容，更重要的是了解董事会和首席执行官的期望是什么，以及在项目启动后，如何主动管理和控制这些期望。

鉴于很难联系到首席执行官、会员经理和营销协调员，伊恩知道与这些人长时间面对面的会议很难安排。他需要的是一系列不同的技术来收集他们实际需要的所有重要细节，然后将其锁定。遗憾的是，让客户和其他利益相关者接受任何项目的移交，永远不会自动完成，更不用说国际会议了。

基于先前与这些会议利益相关者的工作经历，伊恩意识到他需要在项目开始之前制定一个正式的、有文件记录的变更控制流程。虽然这并不是为了限制任何创新或持续改进的机会，但伊恩最不希望看到的就是在项目后期引发激烈的争论，这可能会导致预算暴增、延期（EOT）和其他在没有咨询、文件或授权的情况下改变范围时被拒绝的变化。

问题

（1）为什么记录范围管理计划对伊恩和委员会来说是决定项目总体目标和最终成功的一个重要问题？

（2）为什么在所有范围界定文档中引用排除是很重要的？

（3）在他的利益相关者可用性的背景下，伊恩可以使用哪些需求收集技术？

（4）伊恩和他的委员会如何在整个项目中与客户和利益相关者在一起工作，以确保交付不会受到影响？

（5）在整个会议项目中，伊恩应该注意哪些范围蔓延的触发因素？

（6）鉴于项目（应该）随着时间的推移会产生创新和持续改进，为什么需要控制范围？

（7）当范围变更首次出现时，伊恩如何管理和控制它们？

第五章
时间管理——制定和控制进度表

◎ 要点

- 计划进度管理（时间管理）方法
- 定义项目活动
- 计算活动工期的估算技术
- 估算准确度和置信水平
- 根据估计建立资源现实
- 了解活动相关性
- 提前和滞后时间的构建
- 创建网络（节点上的活动）图
- 制定进度时间表
- 使用关键路径
- 控制现实进度

◎ 实践应用

在缺少模板和软件的情况下，一些项目时间线（进度表）是在某个人的头脑中直观地规划和管理的。虽然这种“技术”可能很容易学会，但它几乎无法嵌入彻底的理解、所有权、承诺和能力，更不用说用来做绩效规划了。

一个想法和主意不能算作一个进度表，充其量是一个建议或提案。Word或Excel中的一个广泛（令人印象深刻）的活动列表也不是一个进度表。进度表是随着时间制定的，而不仅仅是“列”和“行”。通常只是一个简单的条形图，创建它们的目的是传达意图、推动交付、衡量绩效，并根据预算在商定的资源参数范围内评估完成情况。此外，有效的进度表提供了一个明确的意图基线（想象一个主副本），最终绩效、偏差和（或）现实成就随后可以根据该基线进行测量、评估、报告和管理。

记住，意图和现实之间可能存在巨大差异。这就是为什么在起草、发布、更新和控制项目进度时需要充分披露，以证明和保持项目绩效、问责制、透明度、沟通和客户满意度。

◎ 本章概述

为了管理项目中的时间，你需要证明，在任何给定的时间，项目都是为了及时完成而管理的（项目管理知识体系，2013）。对项目的时间进行管理意味着在一个利益相关者可以接受的上下浮动变化的情况下，按时交付项目。

但时间管理实际上可能意味着更多。虽然及时完工很重要，但你根本无法完成你没有做计划的事情，在某些情况下，计划需要非常详细。时间管理不仅仅是一个时间表或条形图，它是一个确定不同进度表的所有组成部分的过程，项目将在整个项目生命周期内生成基线、当前和实际进度表。

与项目管理的每一部分一样，需要政策、流程和文件来支持如何制定、执行、管理和控制项目进度。这包括制订某种形式的进度管理计划，然后是项目管理知识体系（2013）建议的一些步骤，包括定义活动及其顺序、估计活动工期和资源单位、制定和控制基线与实际进度等。如果要以现实的方式及时完成，则需要对进度表进行监测、报告、更新和控制。

记住这些迭代是多么重要，因为计划的每一次迭代都应该（至少）解决以下突发事件或问题：

■ 反映利益相关者对项目需求增加或减少的基于范围的变化；

■ 基于时间的变化，可能包括对所需时间的“平衡”现实的、悲观的和最可能的估计；

■ 可能涉及预测项目资金可能增加或减少的基于成本的变化；

■ 基于资源的变化反映了资源技能集、收费率和可用性的潜在变化。

一、计划进度管理方法

与范围管理一样，编制一份文件需要协调一致的努力，以引领和指导如何在整个项目中最终管理项目进度。在内部政策、程序和文件的支持下，进度（时间）管理并非自然发生的现象，如果“打印一次”且明显过时的甘特图被经常看到的次数算作某种迹象的话。正如项目管理知识体系（2013）所指出的，管理一个不断发展的进度需要具体的行动，这些行动将清楚地表明进度计划、开发、执行、管理和控制从开始到结束都是项目中的一个完全嵌套的过程。

作为项目管理计划的一部分（请记住，这不仅仅是一个简单的进度表或草图），该计划可能包括以下任何内容：

- 管理计划的基本原理；
- 任何感知到的障碍或限制的影响；
- 负责不同流程和文件的利益相关者；
- 触发干预的适当控制阈值；
- 进度报告的时间和格式（根据计划）；
- 更新进度表所需的流程；
- 向利益相关者提供不同风险、成本、质量和范围决策的建议，以及对进度的影响；
- 制订进度计划的项目管理软件；
- 使用的首选工具（如工作分解结构图、里程碑图、甘特图）；
- 估算技术；
- 变更控制程序；
- 会议格式和日期；
- 计算完成百分比的规则；
- 实际绩效衡量的定义，例如挣值（EV）、变更流程、延期（EOT）。

我们已经知道范围会改变，项目进度也会随之改变。随着进度的变化（例如，落后于进度或提前于进度），项目经理和团队（以及其他利益相关者）都需要提前知道如何应对。时间线的每一个变化都需要立即做出回应吗？挣值是唯一可以使用的性能指标吗？习惯如何影响项目报告？利益相关者想要什么样的准确度？这些问题为正式或非正式的进度管理计划（协议）所能供给的价值提供了一些概念。

二、定义项目活动

如第四章所示，项目范围所需并反映在工作分解结构中的活动也需要用于制定进度基准。

回想一下，工作分解结构更像一个活动列表，列出了整个项目中必须完成的工作。按照阶段、层级或工作内容（或其他适当的分类）进行分类，这些活动将推动整个项目中进度表的编制、排序和修改。当记录得足够详细时，所有相关利益相关者都会准确地知道在什么时间需要做什么工作。显然，这些属性和其他属性会因项目而异，以及因利益相关者所需的详细程度而异。然而，以下属性或支持信息（项目管理知识体系，2013）也应纳入考虑：

- 有意义的描述（考虑动词—名词格式）；
- 唯一标识符，例如活动代码、工作分解结构编号；

■ 活动工期；
■ 所有逻辑关系，例如前任和继任者；
■ 提前和（或）延迟时间规定；
■ 资源要求；
■ 基本假设；
■ 相关约束；
■ 参考标准；
■ 规定日期；
■ 所需资源；
■ 地理位置；
■ 项目进度表。

“里程碑”也将在此活动列表中发挥作用。“里程碑”是计划中的重要事件或时刻。它们与工期无关，而且往往没有直接归因于它们的资源或成本。此外，它们对于标记关键事件（项目授权）、发出一系列相关任务的结束信号（筑底最终完成）或作为计划中的合并（多条路径合并为一条路径）或突发（单条路径分解为多条路径）点非常有用。

三、估算活动工期

确定了活动（和“里程碑”）后，下一步是开始估算完成活动所需的工期或工作周期。在这里，“估计”是一个关键词，它不同于绝对或确定的工期。

估算活动工期可能很困难，特别是如果你对活动、先前的经验和（或）估计技术知之甚少的话。对许多人来说，渐进式的细化过程在你能够获得更准确和详细的设计、技术规范或质量要求的情况下最为有效。随着这些输入随时间的推移而变化，估计值可以逐步得以修正并提高精度。

值得注意的是，一旦项目正在进行，评估结果可能会在委托人、客户或买方与承包商（供应商）之间产生具有法律约束力的合同义务。第六章所述的成本估算也是如此。

公认的估算技术有许多，包括以下内容：

■ 预先确定：由高级管理层宣布估算值（通常与其他变量及约束条件无关）；

■ 专家判断：依靠具有特殊知识（或培训）的个人或团体的专业知识；

■ 类似参考：访问作为参考框架的类似活动的历史数据；

■ 小组决策：一种交互式方法，涉及团队成员集思广益，提高准确度和承诺度；

■ 单位费率：可以准确定义离散工作单位的商业费率；

■ 公布的商业数据：订阅服务，提供当前单位成本、生产率和劳动力、材料和设备的其他费率；

■ 参数估计：统计结合历史信息和其他项目变量（每平方米、每升、每小时等）；

■ 供应商投标分析：通过意向书（EOI）、招标书（RFT）和其他市场邀约来依赖市场；

■ 准备金分析：用于说明已知或未知的进度不确定性和风险的应急准备金；

■ 三点估计（宽带德尔菲方法）：需要乐观（最佳情况）、悲观（最坏情况）和最有可能（可能情况）估计的加权平均值，定义预期工期的大致范围。此计算有两个公式：

$$tE=(tO+tM+tP)/3(\text{三角形分布})$$

$$tE=(tO+4tM+tP)/6(\text{贝塔分布})$$

根据你所处的项目生命周期阶段，估计值的准确性可能非常低（例如±70%），特别是如果团队对此类项目的经验有限。在这些情况下，估算的准确度可能很低。要详细说明这一点，请考虑表5.1中的示例。

表5.1　细化整个生命周期的估算精度

项目	概念	计划	执行	关闭
预估/天	1	1	1	1
信心/%	50	25	10	5
最佳情况/天	0.5	0.75	0.9	0.95
最坏情况/天	1.5	1.25	1.1	1.05

显然，考虑到概念阶段的工期范围从0.5~1.5天的高度可变性，项目经理和团队可能会花费更多的时间来修改该估算结果，或者承认在规划阶段需要进一步修改，以提高所需估算的准确性和可信度。太多的新专案计划（Greenfield Projects）对开始时的工期估计值充其量只是略微有信心，尽管由于某些原因，随着项目实际开始，这些估计被“锁定”，几乎没有变化的空间。图5.1说明了渐进准确性的概念。

无论使用何种估算技术，重要的是记住，估算并不是一门精确的科学（尽管一些高级管理人员和客户另有假设）。考虑到整个项目中不确定性和风险的持续影响，每当你被要求提供活动工期（以及成本）的估计值时，请考虑以下“指南”。估计精度时，请执行以下操作：

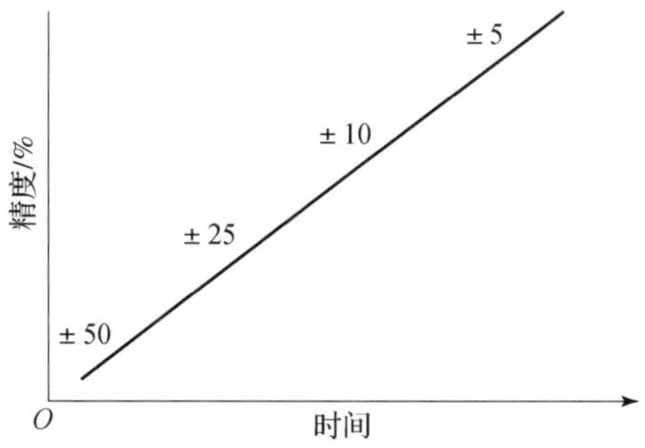

图 5.1　估算精度

- 记录你的信心水平（合适的话，用加减号表示）；
- 记录如何确定计算；
- 记录广泛的、暂时的或绝对的性质；
- 记录所有基本假设；
- 记录所有影响约束条件；
- 记录任何意外开支金额；
- 记录乐观的、悲观的和可能的范围；
- 记录所有源数据；
- 记录所有相关利益相关者的详细信息。

在这些评估的早期迭代中，尝试抵制诱惑（或要求），使你的估算与提案（指示性的、临时的或初始的估算）完全匹配。毕竟你现在有了活动细节、行业专家和人们期望的时间来更准确地估计所需的工期。在这个阶段，最好有两个不同的项目窗口，让你有进一步转圜的空间，而不是试图将所有的工作都与其他人不切实际和过时的期望相适应。

这并不是说，这些估计最终不必与其他人已经为你确定的估计相匹配。重点是，鉴于工期估计更多地受到所需工作的技术性质的影响，而较少受到其他人设定的潜在、无关、人为的限制（原因只有他们自己知道）影响，你应该期待有更多的信心和谈判能力。

尽量避免让那些最终可能完成工作的资源影响你的初步估计。关注所需的工作，而不是资源可用性、熟练程度、收费率、所需的监督或培训。是的，这些事情将变得重要，但它们现在不是应主要关注的问题。活动必须在估计的任何工期内进行，换句话说，活动的技术性质是驱动因素。这包括你做这项工作需要多长时间，而不是谁能做，或者这可能会对评估产生什么影响。这一决定（称为资源现实）将在稍后做出。

批判性反思 5.1

谁知道这一系列活动需耗时多长？谁知道向客户交付他们想要的东西需要多长时间？

■ 鉴于评估的很大一部分涉及展望未来、立足当前和基于过去发生的事情，你如何在活动和（或）进度评估中传达任何真实的准确性度量？

■ 本书充分体现了项目管理中的共同责任意识。这与时间估算有何关联？

■ 除了本书提供的内容之外，你还有哪些其他途径可以提高你的估算准确性？

■ 除了显而易见的益处之外，改进的评估还将为项目带来哪些其他益处？

四、确定资源能力

在记录了工作的技术性质并根据相关的可量化标准或质量标准预估了执行该活动所需的工期之后，现在需要为该活动提供资源（不仅仅是人力资源）。考虑表 5.2 中潜在项目的物理、系统和人力资源范围的示例（科尔，2010）。

表 5.2　潜在项目的物理、系统和人力资源

资源	描　述
人员	具有执行活动的技术技能的内部或外部人员、相关支持人员、工程师、顾问、设计师、行业、管理人员等
材料	耗材、供应品、电缆、混凝土、纸张等
资金	可能需要的应急资金
设施	建筑、基础设施、办公室、会议室、交通等
设备	计算机、软件、打印机等
空间	工作区可能需要增加或改造
时间	需要管理人员的双重职责（项目和运营）
培训	可能需要进一步开发
技术	智能手机、远程访问等
知识	熟悉建筑规范、施工技术、装配步骤、定价模型等
组织	历史信息、政策和流程等

显然，所需人力资源的类型、数量、特征和可用性最终将影响活动工期和活动成本的准确性，因为项目的成功或失败最终可能取决于资源的技术能力、可用性、承诺、动机、责任感和参与程度，以及它们如何协同工作。

那么，在评估所需资源能力时，还需要获取哪些其他信息？考虑以下广泛的建议，这些建议可以很容易地记录在资源矩阵中（微软 Project 软件称之为“资源列表”）：

- 资源名称：个人名称或通用标签（例如水管工）。
- 资源类型：劳动力、材料等。
- 资源组：资源所属的组。
- 资源位置：资源的物理（地理）位置。
- 资源能力：技能、专业知识、先前经验等。
- 资源量：需要多少？
- 资源可用性：他们必须分配给项目活动的实际“自由”时间（与他们的运营工作量不同）。
- 资源进度表：整个项目不包括哪些日期（复活节、圣诞节或其他指定日期）？
- 资源费率：他们的正常小时费率、加班费或其他固定及可变成本是多少？
- 资源报告：资源目前的运营能力向谁报告？
- 资源开发：是否需要额外培训？
- 资源评估：过去项目的绩效评估。

请记住，鉴于这些信息的敏感性质，其中一些信息将不准确、不及时或不方便被公开。尽管如此，资源实际情况在最终进度表（在独立估计活动及其工期之后）以及项目后期的任何后续修订中都起着重要作用。

关于估计开展活动所需资源数量的挑战，前面提到的估计技术将适用，生产力指标、资源位置、项目管理软件和经验教训也将适用。然而在评估、分配和评估资源对计划的影响时，另一种有用的技术是生成一个资源图（或负荷图），将该图和计划结合来看或与计划进行比较。由此可以看到直接的影响，并指出如果资源分配过多或不可用，需要采取的必要更改措施。就像场景分析一样，项目经理和团队可以在整个项目中完成任务后，逐个评估资源的实施情况。图 5.2 显示了资源加载随时间变化的情况。

在日程中的从属活动之前执行的前一活动和在前一活动之后执行的后续活动。

项目管理知识体系（2013）确定了四个不同的特征或属性，这些特征或

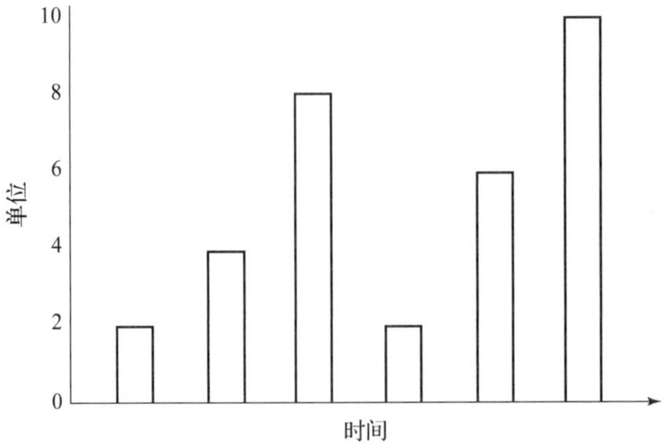

图 5.2　资源加载图

属性在启用或禁用计划中的灵活性时会反映出来。换言之，与仅由实际日期（必须开始，必须结束）驱动的时间表不同，进度表可以基于此逻辑构建。四个依赖项分别是：

（1）强制性：由物理限制、法规遵从性、合同义务或技术性能驱动的固定（硬）依赖性，这是由于所执行工作的性质（例如，仅在基础开挖后浇筑混凝土板）。

（2）自由裁量权：由最佳实践、本地知识、过去经验或特定应用程序驱动的首选（软）依赖性，其中顺序变化是可接受的（例如，在整理所有信息之前准备演示文稿草稿）。

（3）内部关系：项目团队控制范围内的活动之间的依赖关系（例如，在测试软件之前等待代码定稿）。

（4）外部关系：不受项目团队控制的依赖关系，因为它们与项目和外部各方之间的关系有关（例如，等待政府机构的资金批准）。

当然，会有依赖关系被降级到“后台”的情况，因为特定的日期会推动一些计划的活动。示例包括批准、定期检查、测试、报告或会议，每一项都按照商定的时间安排，而不管（在某些情况下）在这些日期之前计划发生了什么变化。显然，你越是允许依赖项确定计划顺序，你就越能灵活地适应生命周期后期的变化。

很少有项目享受同时开始或结束所有活动的奢侈。在实践中，许多活动是相互依存的，并与其他活动相关。虽然许多项目将包含许多与项目中任何其他活动无关的独立活动，即它们可以开始和（或）结束，而不会对任何其他活动产生任何影响，但大多数项目包含的活动在很大程度上受到其他活动的约束。

在项目管理中确定了四种活动关系类型，每种类型都提供了额外的灵活性和对项目进度的控制。工期以图形方式表示为与时间刻度重叠的水平条，关系类型为：

完成—开始关系：当其他活动完成时，活动将开始；

完成—完成关系：当其他活动完成时，活动将完成；

开始—开始关系：当其他活动开始时，活动将开始；

开始—结束关系：当其他活动开始时，活动将结束。

1. 完成—开始关系

活动（任务 B）在其前一个活动（任务 A）完成之前无法开始的关系称为完成—开始（FS）关系。这些活动是按并行安排的。任务 A 必须在任务 B 开始之前完全完成。如果任务 A 在开始和（或）结束时被延迟，它将有效地延迟等待它完成的任务 B。如图 5.3 所示，任务 A 可以挖掘地基，任务 B 可以插入围栏柱。显然，项目经理和团队成员必须监控任务 A，以确保没有（不可接受的）延迟。否则这个可能最终会传递到整个计划中，从而影响计划完成。

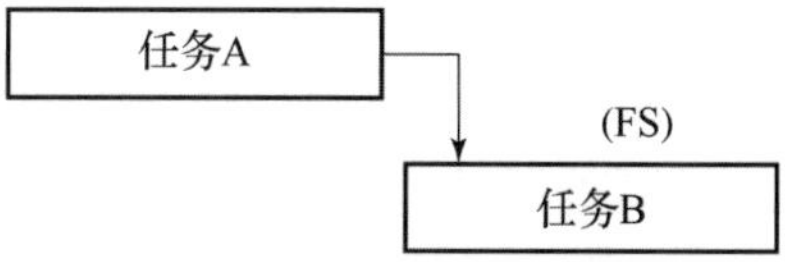

图 5.3　完成—开始关系

2. 完成—完成关系

活动（任务 B）在其前一个活动（任务 A）完成之前无法完成的关系称为完成—完成（FF）关系。这些活动安排为“并行”。任务 A 必须在任务 B 完成之前完全完成。这里的重点是两项活动的结束时间，他们的起步时间并不重要。如果任务 A 延迟完成，它将有效地延迟需等待任务 A 完成的任务 B 的完成。如图 5.4 所示，消防演习疏散（任务 A）完成后，安全官员可以完成对演习的监控（任务 B）。显然，项目经理和团队成员必须监控任务 A，以确保完成任务时没有（不可接受的）延迟，否则会导致任务 B 的完成延迟。同样，这些可能会延迟整个项目的完成。

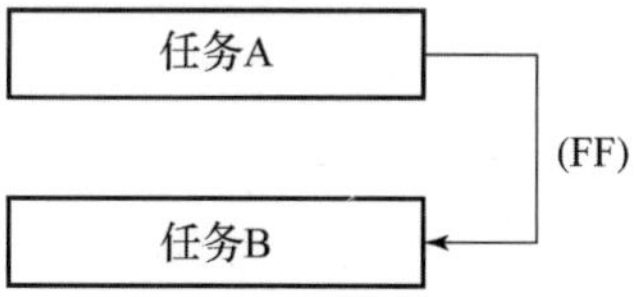

图 5.4　完成—完成关系

3. 开始—开始关系

活动（任务B）在其前身活动（任务A）开始之前无法开始的关系称为开始—开始（SS）关系。这些活动是并行安排的。任务A必须先启动，任务B才能启动。这里的重点是任务A开始（而不是结束）作为启动任务B的触发器，它们的结束时间互不相干。如果任务A延迟启动，它将有效地延迟等待任务A启动的任务B的启动。如图5.5所示，会议开始（任务A）允许开始记录（任务B）。显然，项目经理和团队成员必须监控任务A，以确保启动过程中没有（不可接受的）延迟，否则将导致任务B的启动延迟。同样，这些可能会延迟整个项目的完成。

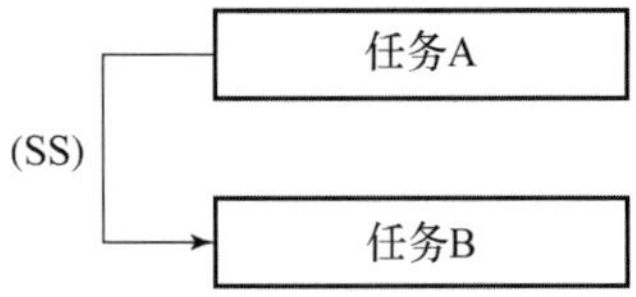

图5.5　开始—开始关系

4. 开始—结束关系

活动（任务B）在其前一个活动（任务A）开始之前无法完成的关系称为开始—结束（SF）关系。这些活动是并行安排的。任务A必须已开始才能完成任务B。这里，重点是A只是开始（而不是结束）作为完成任务B的触发器。如果任务A延迟开始，它将有效地延迟等待任务A开始的任务B的完成。如图5.6所示，早晨白班安保团队（任务A）开始上岗才能使夜班安保团队的成员能够完成他们的轮班（任务B）。显然，项目经理和团队成员必须监控任务A，以确保启动过程中没有（不可接受的）延迟，否则将导致任务B的完成延迟。同样，这些可能会延迟整个项目的完成。

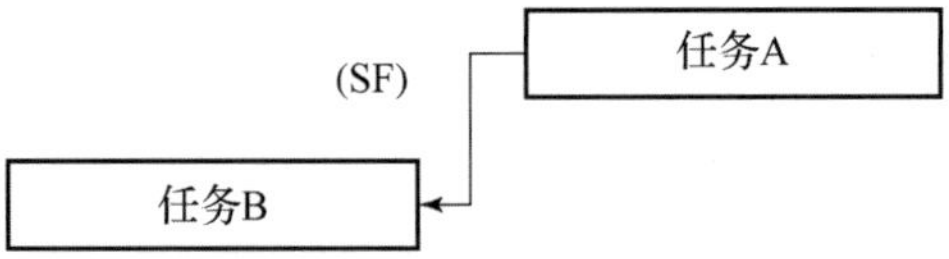

图5.6　开始—结束关系

五、加速或延迟交付

进度表允许的另一个灵活性领域是选择使用提前时间和（或）延迟时间。但是请注意，上述四种关系类型中的任何一种都可以安排提前或延迟时间，无论这种关系变得多么奇怪或不合逻辑（例如，开始—提前开始）。任何事情都是可能的：这只是你必须面对并进行的（对进度的）权衡。（注意：软件程序可以给你安排出不合逻辑的任务关系，所以要小心。这些程序只不过是图形数据库，而不是智能生命形式，它能批判性地评估你逻辑的有效性。）

1. 提前时间

这有时被称为加速或压缩，两者都可能会占用项目时间。参照先前确定的传统完成—开始关系，任务 B 可以利用提前期提前于任务 A 的完成。基本上，任务 B 将在任务 A 部分完成（完成某一点）之后开始。“串联”活动采用“并联”形式，重叠表示提前期或有效从计划中抽出的时间。提前期（有意加速）如图 5.7 所示。请注意，上述关系类型中的任何活动都可以提前或延迟安排。

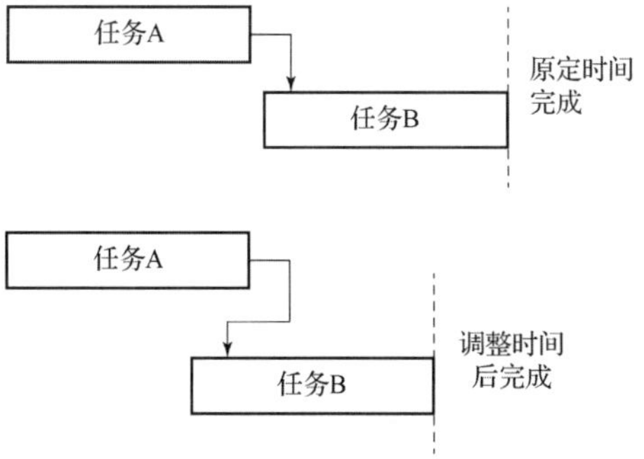

图 5.7　提前期（有意加速）

2. 滞后时间

这有时被称为延迟或延期，两者都可能给项目增加时间。根据前面确定的完成—开始关系，任务 B 可以利用延迟时间在任务 A 的完成之后晚些再开始。基本上，任务 B 将在任务 A 完成后开始，且不止于此。也就是说，任务 B 的开始被延迟了，即使它可以在任务 A 完成后立即开始。在这种情况下，“串联”活动保持“原样”，条形图之间的空格表示延迟时间，或故意添加到进度表中的时间。图 5.8 提供了一个示例。

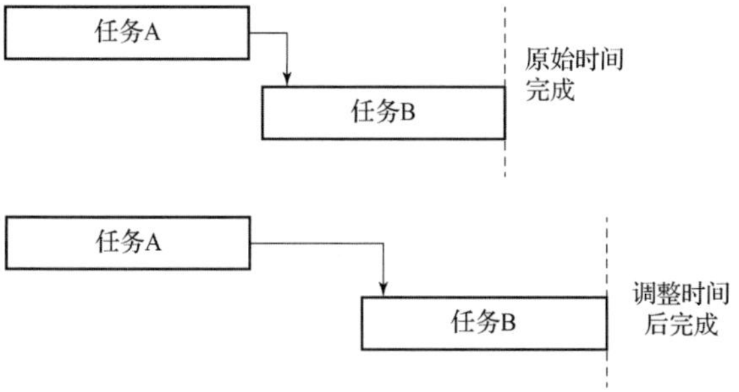

图 5.8　延迟时间（有意延迟）

也许现在是讨论工作分解结构的一些优点和缺点的时候了，我们第一次尝试使用特定的调度工具（参见表 5.3）。请记住，工作分解结构是提案文档更清晰（或粒度或分解）的扩展。如果活动没有在工作分解结构中得以体现，它们将不会在项目中被完成。

表 5.3　工作分解结构图的优缺点

优　点	缺　点
它包含了完成项目所需的所有活动	完成它可能很耗时，特别是对于经验有限的人来说
它标识了各活动之间的关系	信息的“表格”不一定能描述进度表
它的表格形式很易读（列出了需要完成的事项）	由于信息通常按顺序、数字或线性列出，因此可能出现逻辑错误
它确认了对项目范围的共同理解，因为不在工作分解结构中列出的工作即超出了项目范围	资源在编制时可能无法识别
它提供了项目进度表关键方面的表格检查	它可能没有记录活动足够详细的描述
它可以由项目的相关资源来填写	一些活动可能会受到前人以外的因素的限制
所示的级别足以达到估计的准确性，因为每个降序级别都显示了对活动的日益详细的描述	瓶颈、调度、资源冲突和浮动无法轻易识别
它显示了项目元素中面向交付的分组	自上而下的方法可能不适用于所有类型的项目
它是自上而下绘制的	通过检查需要执行的详细工作清单，很难激发对项目的主人意识、承诺和干劲
它将项目联系在一起	它鼓励在类似项目中使用过去的模板
它使一个复杂（大型）项目易于管理	它可能会限制捕获的属性（取决于格式）
它经常可以在其他类似项目中重复使用	很难全面了解该项目

批判性反思 5.2

似乎项目管理已经简化为长和短的水平任务条、菱形里程碑和连接线，这表明在整个计划中可能存在多种关系。

■ 考虑收集的信息、参与的利益相关者、召开的会议、提出的问题、所做的决定、所需的时间以及为使你进入本阶段安排项目而编制的文件。

■ 想想，如果没有采取上述行动，你的进度安排可能会多么贫乏和不完整。

六、先别急着赶工

到目前为止，在计划阶段，工作分解结构为我们提供了很好的服务。它已经捕获了项目所需的活动、工期预测、前任关系（这也生成了开始及结束日期）和资源分配首选方案（尽管我们将在后面的章节中更详细地讨论资源分配）。

然而，现在工作分解结构图在这一点上的有用性变得有限。工作分解结构图更像是一个工作列表，或者微软 Project 软件所称的“入口表”。现在需要的是一幅我们项目的状态图，更重要的是，需要一张能够展示我们项目逻辑的状态图，我们希望能用工作分解结构来准确地记录这幅图。提供这些信息的工具被称为网络图（以前称为项目评估审查技术），网络图能展示以下内容：

■ 项目逻辑；
■ 所有所需活动之间存在的关系；
■ 整个项目的工作流程；
■ 项目的关键路径（稍后将介绍）；
■ 潜在瓶颈的确切位置；
■ 项目如何“捆绑”在一起；
■ 如何完成项目所需的各项活动。

图 5.9、图 5.10 显示，网络图非常类似于描述完成项目所需活动序列的流程图。绘制时，网络由一系列活动（有时称为节点）以及连接线和箭头组成，表示活动与项目方向之间的关系。该图可以称为“逻辑网络”“项目评估审查技术图”或“优先图”，并包含“串联”路径或“并联”路径的混合绘制方式。

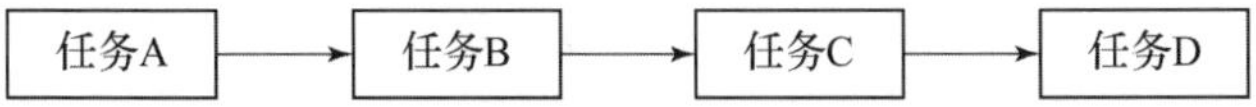

图 5.9　网络图（线性路径）

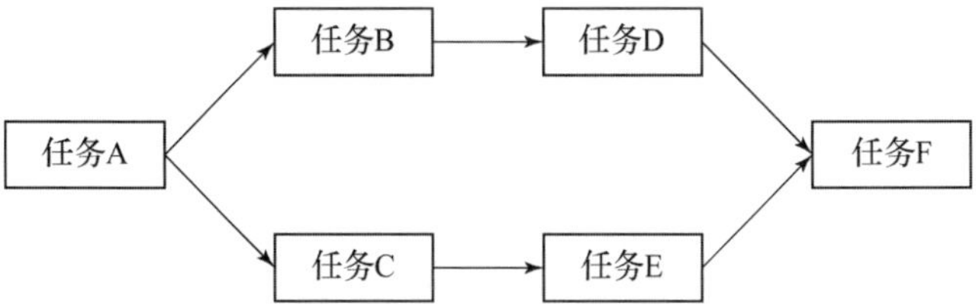

图 5.10　网络图（并行路径）

绘制网络图的一些简单规则

在绘制网络图时，一些简单的规则不仅有助于确保网络图在技术上正确，更重要的是，确保你可以将网络图最大化，以改善你的进度安排（最终提高项目成功率）。我们一般考虑以下事项：

■ 没有绘制时间线（这是甘特图比网络图具有的后发优势之一）。

■ 时间从左到右流经图表（比喻的说法）。

■ 每个活动都按照工作分解结构规定的依存顺序进行定位。

■ 应用铅笔画线记录连接，确保所有活动都连接到网络（即它们在一条路径上）。

■ 网络可以“串联”绘制，这是一个直线或线性网络，其中一个活动直接跟随在其连接的前一个活动之后，也可以“并联”绘制，其中从开始到结束，网络中有两条或多条连接活动的路径。

■ 进度表方向由连接线和箭头指示。

■ 每个活动至少有一条连接线进出（项目开工活动和项目竣工活动除外）。

■ 尽可能避免交叉（这会使网络图更难阅读和解释）。

■ 别忘了回溯检查逻辑错误。有两个常见的错误：一个是悬挂活动，这些活动不是项目中任何其他活动的前身（此类活动在网络中有效悬挂，而不连接到项目路径或项目结束），第二个是在网络图中形成无休止循环的周期或循环错误。

虽然在技术上来讲不算是一个规则，但在绘制网络图时，最后一个建议是考虑使用白板来绘制活动。这样，你可以轻松地擦除和重新绘制活动和（或）关系。这个主题的一个变体是使用 Post－It 报事贴，并在每张报事贴纸上写下活动细节（包括“里程碑”）。然后将报事贴纸贴在黑板上，创建项目进度表。这样，逻辑中的任何错误都可以通过移除报事贴纸轻松快速地解决。如果项目团队成员参与其中，这也是非常有益的，因为他们参与“创建”了进度表，并在项目逻辑展开时共同做出相关决策。

现在让我们来看看工作分解结构和网络图是如何结合在一起的。回想一下，工作分解结构包含了项目需要完成的所有活动——涉及所有阶段、活动和（或）里程碑的活动。网络图显示了这些活动的逻辑和顺序调度。图 5.11 将这些工具结合在一起，展示工作分解结构是如何转化为网络图的。

当第一次绘制网络图时，请集中精力检查你的进度逻辑，即你在活动之间建立的关系，如前一列所示。工作分解结构上看似有逻辑和可管理的东西，在绘制成网络图时往往会变得复杂和不合逻辑。在这个阶段，在我们引入关键路径分析的概念之前，请将网络图视为检查计划是否可行、完成范围的所有活动是否都已捕获，以及所有活动是否没有计划错误（悬空和循环错误）的好方法。

ID	任务	持续时间	前身	资源	成本
1	A		–		
2	B		1		
3	C		1		
4	D		2		
5	E		3.4		

（a）

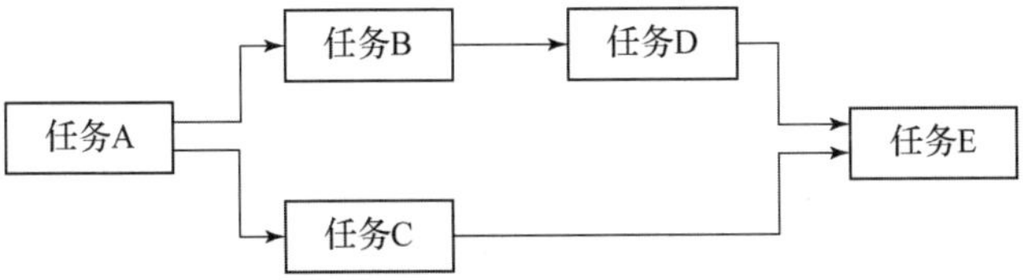

（b）

图 5.11　从工作分解结构迁移到网络图

（a）WBS 图表；（b）网络图

现在，随着对网络图的深入了解，是时候反思一下这个工具可能的优点和缺点了。表 5.4 总结了这些优缺点。

表 5.4　网络图的优缺点

优　点	缺　点
展示日程进度的视觉效果极佳	不是每个人都能理解
在绘制网络图时，如果团队参与，它可以是一个交互式工具	如果项目比较大，网络图阅读起来可能会变得困难
能提供计划的更多概念视图，或者是计划的整体视图	连接线可能会变得混乱，特别是当它们开始重叠时
通过让团队参与，可增加他们参与决策的机会	增加了制定进度表的额外时间（另一个步骤）。有些人绕过网络图，直接使用甘特图
使用团队的“仿生智慧程序”（大脑）	缺少时间线可能会限制网络图提供的分析
能够用来检验工作分解结构的逻辑性和准确性	可以显示的信息量（无论是在报事贴上还是在软件程序的节点上）都是有限的

续表

优　点	缺　点
可用以评估进度逻辑变更的影响	过于简单和图形化的琐碎
可识别造成项目瓶颈的活动	不传递条件路径和（或）备用路径
能够将悬挂的活动（没有其他活动依赖于它们的完成）标识出来	难以监控和报告绩效

让我们回顾一下迄今为止我们的项目旅程：

■ 这个项目是由某人出于某种原因发起的——一个问题、一个机会、市场压力或政府要求等。

■ 制定并同意范围基线或提案文件，所有（关键）利益相关者在文件上签字。

■ 制定工作分解结构以开始捕获交付范围所需的所有活动以及相关属性的过程。

■ 绘制网络图，以测试工作分解结构的逻辑性和完整性。

七、制定进度表

甘特图是最早也是最流行的进度安排工具之一。由亨利·甘特（Henry Gantt）于1917年绘制的图表，通过将工作活动列为水平轴上的离散活动，并根据垂直轴上的时间线绘制每个活动（网络图没有时间线，尽管可以使用软件添加它们）。活动的工期在时间刻度上显示为矩形（或任何其他形状）。通过这种方式，图表（相关或独立）活动条可以快速传达总体计划、已完成的工作和项目状态。图5.12描绘了一个（条形）甘特图。

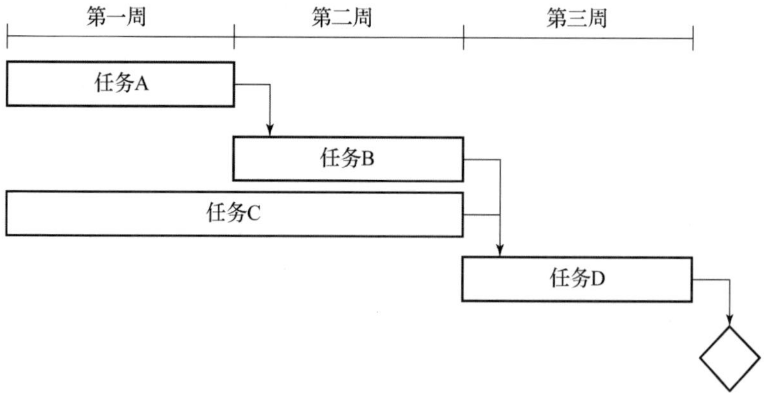

图5.12　甘特图（线性和并行路径）

绘制甘特图的基本原则

对许多人来说，甘特图是直观且对用户友好的；但对其他人来说，它代表了一组看起来太像反映辛苦工作的条形图。在现实中，甘特图比网络图更容易组合，它可以参考以下指南来构建：

■ 记录工作分解结构（软件程序通常将其列在计划日程的左侧），确保你能够识别并记录所需的活动、它们的工期和它们的前项。

■ 确定项目的适当时间线。这是在拟议图表（时间线）的顶部绘制的。

■ 每个活动现在都绘制在时间线下的甘特图上，作为绘制活动工期长度的甘特条形图，并与显示的时间线一致。

■ 每个后续条形图都绘制在自己的水平线上，其在时间线上的位置由其前面的活动确定。

■ 在每个栏之间留出足够的空间，以便在相关活动之间和周围设置关系线。

■ 用铅笔记录链接，确保所有活动都连接到网络上（它们在一条路径上）。

■ 每项活动都应与时间表相联系（从开始到结束）。

■ 进度表可以“串联”绘制，这是一个直线或线性网络，其中一个活动直接跟随在其链接的前一个活动之后，也可以“并联”绘制，其中从开始到结束，网络中有两个或多个链接的平行活动路径。

■ 进度表方向从左到右，由连接线和箭头指示。

■ 每个活动至少有一条连接线进出。

■ 尽可能避免交叉线（这会使甘特图更难阅读和解释）。

■ 开始活动（也许里程碑更合适）至少有一条线。

■ 收尾活动（也许里程碑更合适）至少有一条线。

■ 回溯检查逻辑错误。与网络图一样，有两个常见的错误，一个是悬挂活动（影响另一个活动或项目完成的活动），另一个是循环活动（一组在重复性基础上相互依赖的活动）。

这里需要强调的一个重点（与网络图同样相关）是安排活动以“尽可能快”开始（预先加载），而不是“尽可能晚”完成（后加载）。对于预先加载的时间表，未能按时开始的活动可以选择在稍后的时间段（取决于现有的依赖关系和关键路径）重新安排进度表。在不延长交付日期的情况下，后加载进度表可能会为完成活动的延迟和（或）时间延长留出很小的空间。

与此相关的是通过确定“最早可以开始”来安排活动的概念，而不是询问“接下来会发生什么?”这种差异可能看起来很细微，尽管现实情况是，受资源和其他限制，前者总是试图快速跟踪（预先加载）活动的开始，并可能创建多条路径来实现这一点，这不同于以线性方式增加时间（和延迟）。

在这里，很多人会问，如果甘特图显示了所有必需的细节，为什么你会使用网络图或工作分解结构工具。如果你是这些人中的一员，请回顾每种工具的优点和缺点，以便更好地理解。每个工具都有其用途，你只需要知道它是什么以及何时使用。现在让我们看看甘特图的优点和缺点，如表5.5所示。

表5.5 甘特图的优点和缺点

优点	缺点
清楚地说明了每个活动的工期	显示的信息量（基线、当前和实际数据）可能难以读取
阐明了四种不同类型的活动关系	需要使用软件，以避免将过多的时间花在绘制和审查时间表上
阐述了超前和滞后时间的应用	往往与现实相差甚远
非常适合监控迄今为止的实际进度	持续更新和报告非常耗时
易于从上到下和从左到右阅读	考虑到范围变化和修订的频率，内容很容易过时
确定哪些活动可以浮动以及浮动幅度	关注只能及时维持单维度
标识了关键路径	把时间和精力从“做”项目上转移开
易于分配资源	在信息质量和时效性方面可能毫无意义
易于解决资源过度分配问题	版本控制可能出现的问题
很容易查看项目的不同迭代版本	需要一个在整个项目团队中格式化的协议
很容易查看项目的不同迭代	如果使用不同的格式，逐个项目进行比较会遇到困难
很容易查看网络分析对项目的影响	可能会推断“按进度来”实际上是项目可以按进度进行的唯一方式

批判性反思5.3

逻辑图、项目评估审查技术图、网络图、甘特图、时间线和其他基于时间活动的图形显示很可能会产生不现实的、但视觉上很吸引人的项目进度表示。

■ 你是否同意或不同意上述声明以及为什么？

■ 如果你被要求制订一个项目计划，你会简单地准备一个甘特图或类似的图表吗？（这里的错误答案是同意这个问题。）

■ 如果一个项目计划实际上涉及的不仅仅是一个时间表，那么它还应该获取哪些其他信息？（在你阅读本书时，将会看到关于此主题的详细讨论。）

八、使用关键路径

下一个挑战是分析进度，并关注关键路径方法（CPM）。从进度安排的意义上来说，进度安排中的某些内容将是关键性的。也许下面这个例子将有助于解释这一重要区别：

对大多数人来说，吃午饭似乎是一天中的重要活动。从营养角度和平衡的生活方式角度来看，这将是一项至关重要的活动，也是走出办公室的绝佳方式。然而，如果午餐活动的开始时间可以推迟（即延迟），而不会延迟工作日最初商定的结束时间，那么午餐就不是关键活动。午餐很重要？是的。午餐对你的个人健康至关重要？是的。但午餐对于按原定计划完成你的工作日来说并不具有关键意义。事实上，如果午餐可以重新安排到一天中的任何时间，而不会延迟你的工作结束时间，那么它就并不属于“关键活动”。

需要注意的是，术语“关键活动”可适用于以下任何一项：

■ 称为关键活动的单个活动；

■ 称为关键活动的多个（独立）活动；

■ 称为关键路径的多个（相关）活动；

■ 称为关键里程碑的里程碑活动。

确定计划中的关键活动、路径或里程碑，你需要确定符合以下关键（路径）分析要素的计划组成部分：

■ 整个计划表中最长的路径：路径由前一关系连接在一起的活动表示。总的来说，该路径上的活动代表了项目完成计划的最长工期；

■ 零浮动时间差的路径或活动：在不延迟项目计划完成时间的情况下，路径或活动的开始不能晚于路径上每个活动的计划开始日期；

■ 推动项目结束日期的活动或里程碑：其中结束日期即项目的计划完成日期；

■ 项目的最短完成时间：在当前进度计划内，项目无法在更短的时间内完成。

注意，上述四条实际上所表达的意思大体一致。

关键路径首先通过识别网络中的不同活动、路径和（或）里程碑来找到，然后通过确定两条信息：活动顺序和每个活动的工期。活动本身的技术性质或身份无关紧要，因为重点仅是基于时间的分析。你还需要考虑到，在某些项目中，如果活动可以在指定的结束日期之前完成，则不会有关键路径、活动或里程碑。接下来，确定从项目开始到最终活动的所有不同方式（路径、路线、方向等）。将每个路径的工期相加（单个活动的总和），得出最长的路径将是关键路径，即计划活动必须按进度按时开始和完成的路径。遵从这条路径，项目才能按进度准时完成。

该路径非常关键，因为它代表了网络中最长的路径，从而确定了必须按时完成的重要活动，以避免项目延迟完成。任何一项关键活动的延迟都意味着项目本身的延迟。实际上，关键路径显示出更大的“约束”和“控制”，因为这些活动必须按计划开始和完成。关键路径中的任何不可预见的延迟将立即延迟其他关键活动和项目。然而，值得注意的是，关键路径并不总是需要从项目开始到结束，它可能是进度表中的最后一项活动，也可能是最后一个里程碑，也可能在进度表的任何时间点开始，这取决于在不影响完成日期的情况下延迟或延长活动的浮动时间，以及该浮动发生的位置。

在线性计划中，活动总是至关重要的，因为每个连续的活动都会有效地给整个计划的完成增加额外的时间，从而使这些时间的总和构成整个计划的用时。每项活动都需要花费时间并增加总时间，这实际上变得非常关键。请注意，在进行此关键路径分析时，你需要将计划分析为“给定”，即不要修改工期，不要修改计划，不要通过删除活动降低范围。利用你所拥有的工具，经过你的分析，你可能需要以上所有建议。然而它们是在你分析后确定的。图 5.13 显示了网络图中的关键路径，而图 5.14 显示了甘特图中的关键路径。

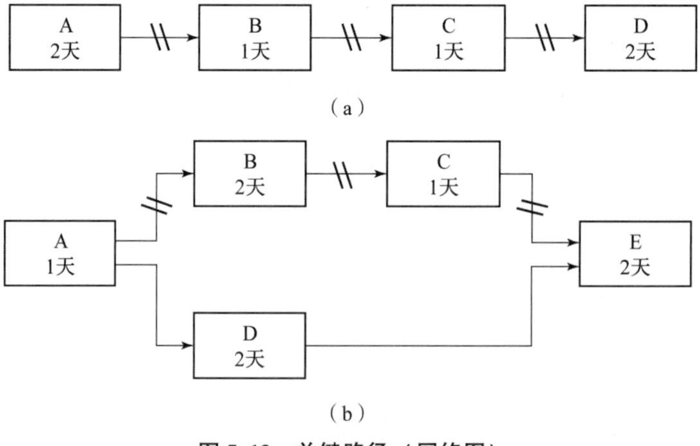

图 5.13　关键路径（网络图）

(a) 序号内关键路径—PERT 样本；(b) 平行的关键路径—PERT 样本

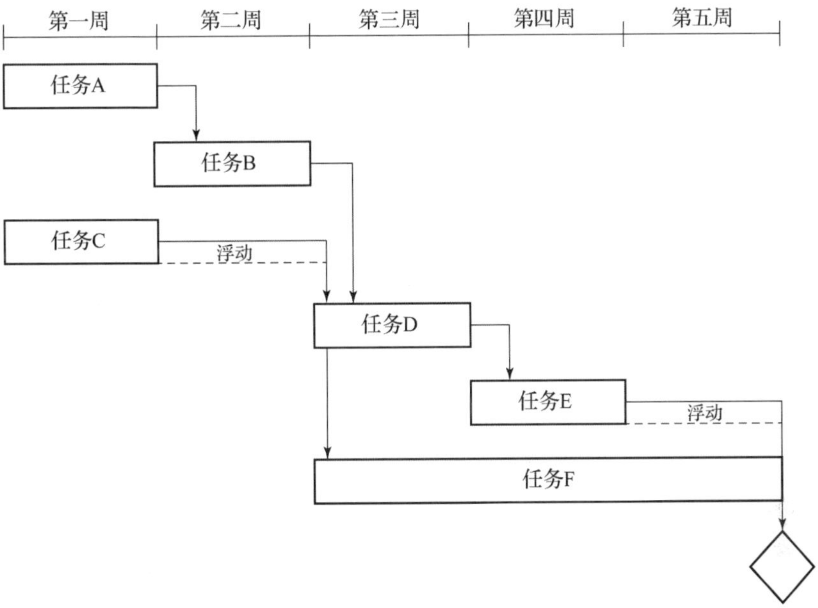

图 5.14　关键路径（甘特图）

然而，你的项目可能有多条关键路径，在这种情况下，每条路径加起来的工期相同。在这些情况下，任何一条关键路径的延迟都会延长项目时间。在需要缩短项目完成时间的情况下，两条关键路径都必须缩短相同的长度。正如尼古拉斯和斯泰恩在 2008 年的著作中所警告的那样，拥有多条关键路径可能会稀释管理重点，因为实际上项目中还有其他事情也非常重要，尽管在这些情况下，“关键”的定义会发生变化。

批判性反思 5.4

在你的项目中，有些事情总是关键性的，即使它是你要做的最后一件事。

■ 上述关于关键路径的信息是否改变了你对项目中关键内容的理解？如果有，为什么？

■ 你将如何平衡所需工作的技术性质（技术人员会认为他们的工作是关键的）和项目的约定时间？换句话说，你能忽视其中一个而偏爱另一个吗？

■ 在时间轴不断延长的情况下，为什么还要费心进行关键路径分析呢？（仔细想想这个问题。）

关键路径还是关键链？

在规划和执行过程中，关键路径分析将表明进度是否可实现，目标是否现实，以及在平衡活动和资源决策时是否需要任何更改。稍后，在“展开”（Roll – Out）期间，关键路径将指示进度表中的关注领域，哪些地方出现了问题，哪些地方可以采取行动，以便实现总体项目目标。事实上，表 5.6 中的任何优点都是确保密切监视关键路径的充分理由，而缺点则需要谨慎对待。

表 5.6 关键路径分析的优缺点

优　点	缺　点
它包含必须密切管理的活动	手动计算可能很耗时
这是一条不可能延迟的路径	可能忽略其他非关键路径
路径需要精确的估计	这不是一个容易传达的概念
关键路径需要定期报告性能	字典意义上的关键性和进度安排意义上的关键性之间存在混淆
及时采取纠正措施至关重要	不必然保证估算和（或）管理层之间的一致性
它可能触发并指导必要的应急行动	只能强调特定活动，而不是所有项目活动
该路径需要严格的变化分析和控制	在复杂的网络图中难以定位
计算项目完成时间	将进度分析简化为仅基于时间线的决策
将注意力集中在会随着活动本身被延迟而相应延迟的项目活动上	如果所有项目路径都同样重要，则基本上变得无关紧要
确认关键活动路径	项目的完成可能会受到关键路径的不当控制
在多个活动之间过度分配资源时，帮助确定资源分配的优先级	
确认浮动存在的位置	

但是，在任何给定的时间段内，没有更多的资源可供分配的情况又如何呢？这会影响关键路径吗？正如项目管理知识体系（2013）所建议的，资源受限的关键路径被称为关键链，并考虑了资源分配、资源优化、资源均衡和活动工期不确定性对关键路径的影响。根据约束理论（TOC），关键链具有资源焦点，而关键路径具有时间焦点。通过缓冲区利用和缓冲区管理，关键链以资源可用性为目标，并尽可能提高生产率。通过考虑个人绩效（更不用说帕金森定律，因为工作会扩展以填补可用时间），关键链将活动中的意外情况排除在外，并在进度表中创建缓冲，以适应可能出现的超支，从而有效地为项目组提供更为严格的期限（项目管理培训和咨询服务提供商 Velopi：改编自在线资源）。通常使用两种缓冲区类型：

项目缓冲区：该缓冲区位于项目计划的末尾，保护项目完成日期不受关键链的影响。

回馈缓冲区：添加到所有非关键链，增加这些路径的长度，以保持其和关键路径的一致性。

当使用关键路径方法时，错误、遗漏和返工问题通常会延迟进度，因为重点仍然是项目完成日期。因此早期完工很少被公布，也很少对项目有益（除非结束日期提前）。通过明确计划内的应急情况，鼓励项目团队快速完成直接的活动，并标记任何延期，以便访问指定的缓冲区。因此，与关键路径相比，关键链是一个更积极的（如果不是那么准确的话）计划。对于项目经理来说，明显的优势是，意外事件的使用是可见的和可跟踪的，并且其使用是合理的（Velopi 公司：改编自在线资源）。

然而，不要被误导，以为关键路径或关键链是“按时”完成计划的唯一重要因素。显然，每一项活动都必须完成才能完成整个项目，无论它们是关键的还是资源受限的。因此，虽然关键活动会延迟项目，但如果项目要正确管理（时间和资源决策）直到成功完成，任何活动都不能被忽略。图 5.15 反映了将约束理论应用于项目所涉及的顺序步骤。

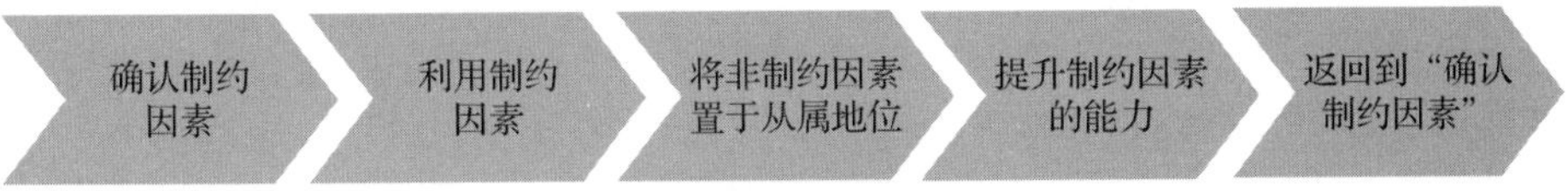

图 5.15　关键链法

九、控制进度

项目进度表充其量是纯粹意图的图形显示。也许将项目进度表称为“虚构作品”有点苛刻。然而，在办公室里用项目规划软件进行的有意义的工作在项目的执行环境中可能并不明显。计划就是计划，不多也不少。

然而，如果存在一个计划，就可以衡量和报告该计划的实际绩效、进度和完成情况。换句话说，可以根据需要跟踪、报告、管理、更新和/或控制时间、成本和范围变化。请记住，任何数量的事情都会改变进度基准，这些偏差需要被识别为轻微或重大偏差，并采取相关的预防或纠正措施，以将这些变化的风险降至最低（项目管理知识体系，2013）。

为有效控制项目进度，应考虑以下措施：

- 公布已商定的进度表；
- 在计划发生变化时更新进度表；
- 确定项目的当前报告日期；
- 根据已发布的计划评估项目的当前状态，以确定进度（已完成、实际工期）、状态（当前、实际完成百分比）和预测（未完成、剩余工期）绩效；
- 重新安排剩余活动；

■ 重新分发商定的进度修订；

■ 进行回顾性审查和演练，以记录经验教训。

图 5.16 显示了同一项目的三个版本：基线、当前进度和迄今为止的实际绩效，以展示进度控制的实践成果。

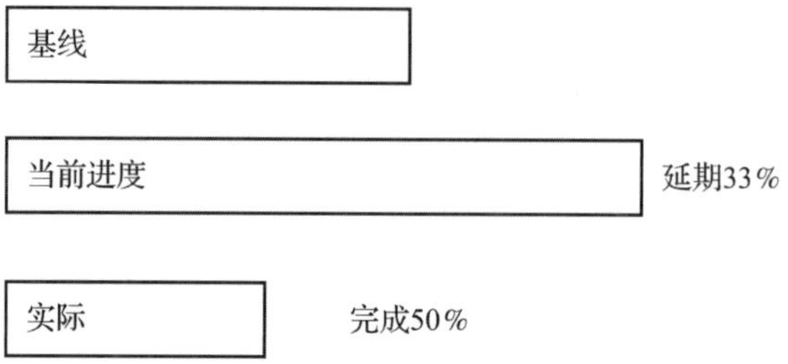

图 5.16　根据基线和当前进度跟踪实际绩效

提到你可以用来控制进度的各种工具，趋势分析将映射绩效，以鉴别项目绩效的改善或恶化；挣值分析（EVA）将研究成本和进度差异，以反映项目累计或在单个时间点交付的计划、挣值和实际价值。对超前和滞后时间进行检验也可以确定备选方案，就像建模技术一样，以最小的增量成本压缩项目进度（项目管理知识体系，2013）。

也许进度控制的真正关键是报告信息的及时性，以及所包含的细节和理由。例如，如果没有项目进度表（以及状态日期）报告，那么简单地报告项目在任何给定日期完成 40% 是没有意义的。根据你所测量的具体内容以及你所包含的时间线的哪一部分，40% 可能表示只需完成迄今为止的工作，也可能表示项目落后于进度或项目提前完成，或者干脆无从得知项目是否按进度进行。你真的不应该总是依赖那些做报告的人的诚实和正直。他们有自己的议程、报告要求和协议，这些都可以提高或降低他们的绩效，而且这可能与项目的需求不一致，尽管合同中有明确要求。

批判性反思 5.5

基线、当前进度和实际绩效听起来都像是一堆纷繁的进度安排术语。然而，与其他主题一样，对它们做出区分是必要的——尤其是在衡量“绩效”与“承诺”时。

■ 考虑到项目范围可能在整个项目的某个阶段发生变化，掌握进度基线的意义是什么？

■ 按进度安排（按交付计划）是更好的方法吗？为什么？（简短的回答是不或不是。）

■ 鉴于进度表通常由长条形图和短条形图（以及列中的一些表格数据）组成，你如何在时间线或甘特图上直观地表示当前进度和实际绩效（除了基准进度表之外)?

■ 你认为在整个项目中，所有三个进度表（基准、当前和实际）的最新情况如何？为什么？(这听起来对某些人来说需要做很多工作，但也许有关键的好处。)

十、复习题

5.1　制订进度管理计划的价值是什么?

5.2　工作分解结构捕获了哪些信息，以及这些信息如何助力进度?

5.3　活动工期和资源估算通常不是精确的计算。有哪些技术可用，你将如何为你的技术选择辩护?

5.4　关键路径和关键链方法之间的区别是什么?

5.5　为什么必须在整个项目中制定、跟踪、报告和控制项目进度?

十一、案例研究

三个月后，布莱克伍德煤炭公司（Blackwood Coal）的负责人迈克·米勒隐约觉得该公司耗资1亿美元的燃煤电厂项目建设正落后于进度。随着项目在糟糕的进度安排、糟糕的工作表现和糟糕的管理下举步维艰，迈克担忧的情况很快就得到了证实。

该项目于2016年11月中标，2017年2月现场开工，各方最初同意于2018年2月实际竣工。即使布莱克伍德煤炭公司将开工日期提前至2016年12月，承包商DWI矿产和采矿公司（Mineral&Mining）也接受了提前开工日期，更不用说他们要求的用来支付开工前和进场费用的1 800万美元预付款。实际竣工日期也修改为2017年12月。虽然承包商似乎很高兴能早点开工，并获得一些急需的现金流，但迈克几乎看不到任何证据表明他们在三个月后的合同绩效方面进行了投资（达到25%进度，18%的预算支出)。当迈克盯着承包商在合同签订时发布的高水平、基线甘特图时，他的担忧并没有得到缓解(这实际上已经过时三个月了)。

承包商DWI公司只发布了未来两周展望的时间表更新（且没有包含关键路径)，这使问题变得更加复杂。这一切让迈克感到困惑，他想知道发生了什么，为什么会这样以及工程到底能否按期竣工。根据设计和施工（D&C）合同，他意识到他对“工作”的技术交付和专业管理有保留意见。

由于聘请的是一家信誉良好的承包商，迈克认为，至少在某种程度上，作为公司的代表，他将参与对进度的持续监测、报告、调整和控制（除了管理变更协议)。在承认DWI公司在定制合同（D&C）下的权利和义务的同时，迈克继续仔细阅读合同和他在授标前谈判中的文件记录，试图找到任何有意义的、实际的参考，以确定他在进度中积极“管理”的角色和参与。作为一名合格的工程师，迈克一直知道与“工作”相关的条款非常简短和开放，特别是那些与绩效报告相关的条款。

由于承包商 DWI 公司难以满足关键日期，并且在对所有项目文件的案头审计中找不到任何解决方案，迈克将他的团队成员召集到自己的办公室，试图制定一份蓝图，以确保在不被视为给承包商提供协助的情况下满足实际竣工（PC）要求。三个小时后，团队提出了如下建议：

- 利用通用项目管理软件平台来改进进度诊断。
- 指定工作分解结构使用的详细程度。
- 甘特图中列出可见的所有逻辑关系。
- 所有甘特图和报告中必须包含关键路径。
- 确定谁拥有进度浮动权（客户还是承包商）。
- 确定触发报告和干预的基于时间的控制阈值。
- 将实际绩效与基线绩效做比较。
- 评估项目进度、状态和预测信息。
- 在所有甘特图和报告中包含实际竣工日期。
- 会议前审查的更新的进度表。

当迈克回顾这些很不错的主意时，他仍然致力于与 DWI 公司项目经理保持良好关系，以图对布莱克伍德公司收到的信息的“有用性”施加影响。

问题

（1）进度管理计划如何从最开始就帮助迈克的项目？

（2）迈克有权在向布莱克伍德提交报告时向承包商 DWI 公司规定分解级别吗？

（3）迈克是否应该采纳将关键路径和实际竣工日期纳入所有甘特图和报告中的建议，为什么？

（4）更新甘特图并将其重新分发给所有利益相关者有什么价值？

（5）对进度、状态进行评估并对数据进行预测是否有助于迈克更主动地实施“共同管理”计划？

第六章

成本管理——结束对预算偏差的依赖

◎ 要点

- 了解成本管理计划
- 估算项目成本
- 成本分类的类型
- 项目成本估算技术
- 估算准确度和置信水平
- 统筹项目预算
- 预算编制方法
- 公布项目现金流
- 比较预算和实际结果
- 用挣值分析演示预算控制
- 打乱项目进度的成本

◎ 实践应用

“成本管理”（Cost Managing）通常被认为是“成本控制”（Cost Controlling），尽管有些人也使用“成本报告”（Cost Reporting）一词。虽然这些词可以互换使用，但在执行过程中却有很大不同。成本报告是在发生成本后汇总和沟通成本的行为。也就是说，如果你只是简单地报告过去一段时间内已经花掉的费用，那么就无法进行控制。你的信用卡账单就是一个很好的例子。每个月月底，你的账单会到达，报告你当月的花销。钱已经花掉，乐趣已经得到了，购买的东西已经被打开并使用了，这里面没有什么可控制的，对吗？报告里只有关于你的生活方式和消费模式的令人沮丧的消息，你可以从中了解你花了哪些钱，都花在了哪里。

另一方面，成本控制要求积极关注成本，以确保资金的支出符合预算预测，并在需要过多的成本修订之前发现并纠正与预算预测的偏差。对你的计划购买和由此产生的剩余银行余额进行每日预批准检查可以被视为成本控制。它们的概念截然不同，不是吗？一种是报告历史数据，另一种则试图控制当前和未来的数据。

如此多的项目财务报告都在关注预算偏差（预算成本减去实际成本）的几乎神圣不可侵犯的重要性，这常常令人惊讶甚至失望。好吧，所以他们会在报告里加入一个迄今为止花费的百分比，似乎这将提高报告的严谨性和他们的决策能力。

在管理项目预算时，了解你的支出与计划支出之间的关系当然是值得的，这对于确保你有足够的预算来完成项目尤为重要，其间的逻辑是无可挑剔的。然而，如果组织不知道项目所回报的工作的价值，那么他们就缺少了等式的第二部分。挣值分析将在本章后面进一步讨论。

◎ 本章概述

成本管理是计划、估算、预算、融资、筹资、管理和控制成本的过程，以使项目能够在预算内完成（项目管理知识体系，2013）。

成本（Cost）是一个四个字母的单词，绝对不能低估。考虑到一些项目预算通常是在知道项目的真实成本之前制定的，而且资金将按照进度时间表进行支出，因此对这些支出进行监管就需要支付承包商索赔和发票。利益相关者不想仅仅承担成本，而是希望这项投资获得真正的回报。

成本管理计划（或至少拟定草案）从资金的注资、分配、管理和控制开始，项目经理和团队面临的挑战在于估算项目的真实成本，最终确定涵盖计划费用的预算，并能够衡量、报告和控制整个项目的成本。由于分配给项目活动的各种资源类型构成了成本的主要组成部分，利益相关者需要确保项目不会出现资金过度使用（可能会鼓励浪费、范围扩大、账目膨胀或不切实际的期望）的情况。但项目也不应注资不足（可能会导致质量低劣的工作、进度延误、范围遗漏、技术不合规或合同违约）。因此，在这两个异常值之间的某个地方，项目预算需要下调，以满足项目交付的成本。

正如范围变化和进度变化一样，项目也会经历成本变化。估算成本、确定预算和控制支出模式永远不会完全由精确的计算、会计准则、合同条件和绩效管理来决定和驱动（尽管所有的出发点都是好的）。最终将取决于项目利益相关者的期望，我们知道这些期望可能会发生变化。当它们发生变化时，成本控制为评估变化的影响和任何后续决策（不仅仅是财务决策）提供了必要的引领和指导。

一、成本管理规划

到目前为止，你应该已经习惯了这样一个概念，即项目管理知识体系非常重视制订某种计划或文件，概述管理项目管理不同知识领域（范围、时间、成本等）所采取的方法。虽然在概述（正式或非正式地）所需的管理方法时，所有这些都是至关重要的，但成本管理计划占据了一个特殊的位置，因为它考虑了利益相关者对成本管理的要求。

换句话说，正是计划过程建立了规划、管理、支出和控制项目成本的政策、程序和文件（项目管理知识体系，2013）。不仅不同的利益相关者将为项目提供不同数额的资金，他们还将以不同的方式衡量成本，以不同的方法报告成本，并在不同的时间控制成本。

在引领和指导如何处理成本时，成本管理计划应参考以下信息：

■ 资金来源（以及关联情况）；

■ 报告格式、频率和分布详情；

■ 内部组织财务协议和会计系统；

■ 确定触发行动的百分比变化阈值；

■ 应急资金的提供（及相关获取规则）规定；

■ 批准程序；

■ 确定实际成本估算的可接受的准确度水平；

■ 为每个资源定义的已知计量单位；

■ 要求的精确程度；

■ 一种确定的性能测量技术。

与任何计划一样，成本管理计划建立了框架，以确保所有成本估算、预算编制和成本控制流程都设计到项目中，并按要求执行。

显然，成本管理计划为支出提供了一个商定的途径。它消除了关于整个项目中的财务参与规则的任何潜在歧义（本应如此）。有了如此耀眼的资格，它会一直由项目经理和团队创建吗？可能不会。原因包括准备该文件所需的时间、项目组织内部财务和会计部门设定的限制以及一些关键利益相关者的首要地位和主导地位。在一些项目中，资金的发现和支付都是在没有太多宣传、透明度和问责制的情况下进行的。在很多情况下，整个计划中任何进度点的真实成本都不准确。在其他情况下，承包商发票是在未提及必要事实、合同条款或证据的情况下授权和支付的。

关键反思 6.1

项目管理知识体系在其 10 个知识领域中的每一个领域的规划活动中都有所涉及，作为它所认可的后续活动的前导。

■ 你是否参与了项目的离散成本管理（规划）活动，或只是采用或调整了标准操作程序？

■ 规划和管理项目成本与操作方法有什么特殊的区别？

■ 就像在范围管理和时间管理中一样，你能看出分散责任的意识在项目成本管理中是多么重要吗？

二、项目成本估算

一旦确定了资源，这些成本（可能是以美元或小时计）将需要从项目中收取。成本估算将包括人员、材料、设备、设施、服务、空间和（或）技术。

为了开始了解项目成本的过程，项目经理和团队（或评估人员）可以获得一系列明显的信息，每一项都提供了最终汇总项目预算所需的进一步的拼图。让我们首先检查项目经理和其他利益相关者在做出重要和及时的成本决策时所需的大量财务（和相关）信息。首先考虑以下示例（改编自项目管理知识体系，2013）：

- 项目建议书，不仅引用了范围包含的内容，而且引用了影响项目的基本假设、验收标准、检查制度、感知风险和其他约束条件（有限的预算、固定的完工日期、内部政策和程序等），这两者同样重要；
- 工作分解结构，逐级分解项目活动；
- 合同条件，规定具体工作、健康和安全、安保、政策、绩效、知识产权、执照和许可内容；
- 反映计划活动顺序的项目进度表；
- 账户表，跟踪所有现金流出和流入；
- 要求的质量标准和特殊条件；
- 反映整个生命周期成本的资产登记；
- 与降低风险敞口相关的成本；
- 历史文件，确定发生成本超支和（或）节约的地方；
- 市场条件，标记获取某些资源的条款和条件；
- 分配资源的数量和费率（人员、设备和材料）；
- 组织政策及其与控制财务数据的兼容性；
- 从以前的项目现金流和预算措施中吸取的经验教训；
- 绩效报告，将绩效与进度付款联系起来；
- 修订的成本估算和预算更新。

遗憾的是，没有一条信息能包含整个项目的所有相关成本信息。事实上，在许多情况下，项目的“真实”成本可能永远不会被知道、跟踪或报告，例如，当运营工资转移到项目管理费用中时。始终记住，所依据的信息只有在用于获取、报告和控制该信息的财务系统、流程和文件的完整性时才有效——这是保持完整、及时和准确的项目成本记录的另一个极好的理由。

为了进一步助力关于哪些是包括在成本之内，哪些不包括在内的辩论，可能有必要重新审视一些在组织和项目中使用的更常见的成本术语。不用说，没有哪个术语是完全正确的，尽管我强烈主张在项目生命周期的早期采用以下所有术语的更普遍的理解和应用，这样就不会出现后续的分类错误。根据克洛彭博格（Klopeppenborg，2015）的观点，成本可按以下方式分类：

■ 固定成本：随着规模变化保持不变；
■ 变量成本：直接随规模变化；
■ 直接成本：与特定项目相关；
■ 间接成本：与特定项目无关，但是保持项目运行的需要；
■ 重复成本：随着项目进展重复开支；
■ 非经常性成本：一次性支付；
■ 常规成本：在正常工作时间内发生；
■ 加急成本：在正常工作时间之外发生；
■ 内部成本：项目内发生；
■ 外部成本：项目外发生；
■ 租赁成本：因获得资产而产生；
■ 购买成本：在获得所有权时发生；
■ 劳动力成本：项目所需的人力资源；
■ 材料成本：项目所需的物理资源；
■ 估算成本：成本的量化评估；
■ 准备金成本：分配用于处理可接受风险的成本。

三、估算技术

与估算活动工期一样，如果你对资源专业知识和费率、活动本身、先前经验和/或各种不同估算技术的知识知之甚少，估算成本也会带来类似的难题。对某些人来说，渐进式的详细设计过程在你能够获得更准确和详细的设计、技术规范或质量要求的情况下最为有效。随着这些投入本身的变化，成本估算值可以逐步修正，提高准确性。

值得注意的是，一旦项目开始，估算结果可能会在委托人（业主）和承包商（供应商）之间产生具有法律约束力的合同义务。

与时间估算一样，有许多普遍认可的成本估算技术可用，包括：

■ 预先确定：由高级管理层宣布估算值（通常与其他变量、约束条件无关）；
■ 专家判断：依靠具有特殊知识（或培训）的个人或团体的专业知识；
■ 类比估算：访问作为参考框架的类似活动的历史数据；
■ 小组决策：一种交互式方法，涉及团队成员集思广益，提高准确度和承诺度；
■ 单位费率：可以准确定义离散工作单位的商业费率；
■ 公布的商业数据：订阅服务，提供当前单位成本、生产率和劳动力、材料和设备的其他费率；

■ 参数估计：统计结合历史信息和其他项目变量（每平方米、每升、每小时等）；

■ 价值工程：努力降低项目（生命周期）成本、节约时间、增加利润和（或）提高质量；

■ 生命周期成本计算：包括项目的创建成本及其使用寿命内的结果；

■ 供应商投标分析：通过意向书、招标书和其他市场邀请依赖市场；

■ 准备金分析：用于说明进度不确定性和风险（“已知未知”）的应急准备金；

■ 三点估计（宽带德尔菲方法）：一种加权平均值，需要定义预期工期范围的最优（最佳情况）、最保守（最坏情况）和最可能（可能情况）估计。此计算有两个公式：$tE=(tO+tM+tP)/3$（三角形分布）和 $tE=(tO+4tM+tP)/6$（贝塔分布）。图 6.1 和图 6.2 对这一概念进行了说明。

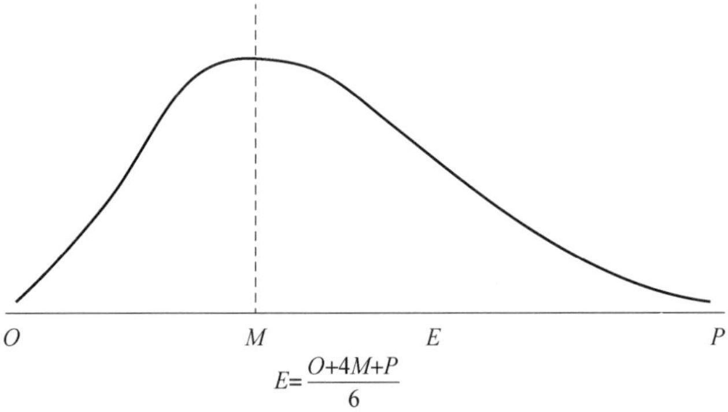

图 6.1　三点估计法

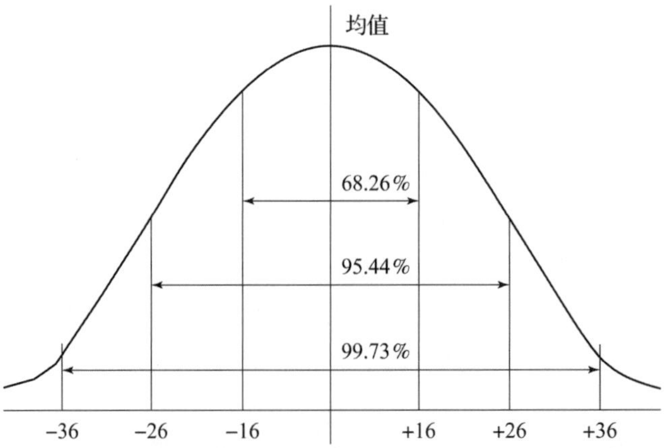

图 6.2　钟形曲线和标准差

正如我们在第五章中看到的，根据你所处的项目生命周期的阶段，估算的准确性可能非常低（例如±70%），特别是如果团队对特定类型的项目经验有限的话。在这些情况下，你在评估中的准确性可能非常低。为了进一步说明这一点，请参考表6.1中的示例。

表6.1 在整个生命周期内提高成本估算的准确性

项目	概念	计划	执行	收尾
预估	$1	$1	$1	$1
信心(+/-)/%	50	25	10	5
最佳情况	$0.50	$0.75	$0.90	$0.95
最坏情况	$1.50	$1.25	$1.10	$1.05

显然，考虑到概念阶段成本范围的高可变性，从$1.50下降到$0.50，项目经理及其团队可能会花更多的时间修改这个估计，或者承认在计划阶段需要进一步的修改以增加所需估计的准确性。许多新专案计划开始时的成本估算最多只能算作勉强有信心，而且由于某种原因，许多成本估算被“锁定”了，随着项目的实际启动，几乎没有变动的空间。正如我们在第五章中看到的，精确度是一个非常先进的概念，如图6.3所示。

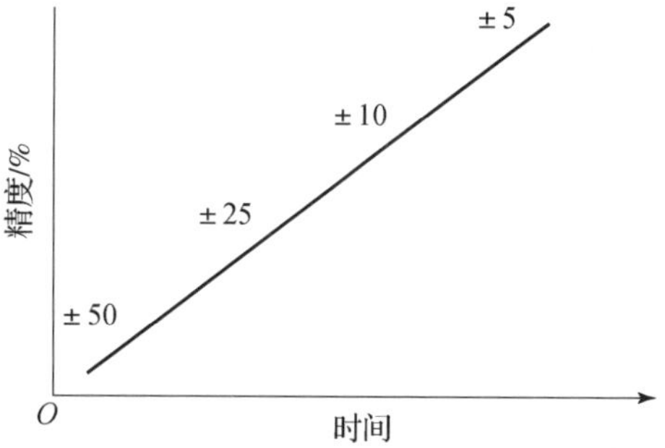

图6.3 估算精度

无论使用何种评估技术，重要的是记住，评估并不是一门精确的科学(尽管一些高级管理人员和客户可能希望如此)。考虑到不确定性和风险在整个项目中的持续影响，当你被要求提供活动成本估计时，请考虑以下“指导方针”(与工期类似)：

- 记录你的信心水平（并在适当时增减）；
- 记录如何确定计算的方式；

- 记录广义、临时性或绝对的特性；
- 记录所有基本假设；
- 记录所有影响约束条件；
- 记录任何意外开支金额；
- 记录乐观、保守和可能的范围。
- 记录所有源数据。

记录所有相关利益相关者的详细信息。在这些评估的早期迭代中，尝试抵制诱惑（或要求），在进行指示性、临时或初始评估的情况下，使你的评估与提案中的评估完全匹配。毕竟你现在有了活动细节、行业专家和人们希望的时间来更准确地估计所需的成本。在这一阶段，最好有两个不同的项目窗口，为自己留下进一步谈判的空间，而不是试图将所有成本与其他人不切实际和过时的期望相匹配。

这并不是说，这些估计值最终不会与其他人已经为你确定的值相匹配。关键是你应该有更多的信心（和谈判能力），因为成本估计是由所需工作的技术性质和资源能力驱动的，而不应该被由其他人设置的潜在的无关的人为限制（原因只有他们自己知道）影响。

四、共同制定预算

每个项目资源分配都会产生项目成本，包括固定（租赁、管理费）和可变（材料和其他消耗品）成本。项目成本管理的目标是在批准的预算内完成项目。毕竟，在许多情况下，预算分配是一种有限的资源——尽管你可能足够幸运，已经考虑到了可以帮助抵消意外和计划外的偏差的应急或储备基金。

1. 预算在成本管理中的作用

财务方面的项目未来活动规划是预算的全部内容。从项目的角度来看，预算包括设定一个目标；从财务角度来说，该目标反映了你需要多少资金来资助项目，以及如何控制支出的内容、何时支出以及为什么支出。它还通过帮助协调和控制所有资源及其活动，提供了一个工作基准。最后，预算编制是一个财务规划和控制过程，它提高了管理层对各种利益相关者和外部利益（银行、投资者、股东和其他利益相关者）的可信度。

尽管得到了这些支持，但并不是每个项目都有有限的（或已知的）预算。在某些情况下（如时间限制），预算将在完全理解最终范围之前锁定。例如，在财政年度即将结束时，一些政府部门的补助金和剩余资金就是这种做法的例子，他们认为预算池将为组织通过项目交付所需的资金提供准确的资金

（也许他们有一个能预测未来的水晶球）。

是的，预算（也称为授权成本基线）可以建立财务目标或约束。然而，如表 6.2 所示，它们也有一系列优点和缺点，这些优点和缺点会影响预算编制过程背后的决策。

表 6.2　预算：支持和反对的令人信服的理由

优　点	缺　点
改进决策制定	仅将决策成本降低
提供初始成本基线	限制创新、灵活性和变化
实现成本控制	应急准备金不足
结合操作程序	依赖内部财务程序
获取专家判断	使用历史过时信息
提高管理可信度	涉及高度不确定性
制定长期目标	忽略周期性波动
识别和诊断问题	传达不切实际的目标
需要建设性投入	基于“推测”和不可靠的估计
支持跟踪成本偏差	无法设置成本阈值

2. 预算方法

编制项目预算没有完美的方法。每个项目的利益相关者似乎经常坚持他们所知道的并感到满意的内容，尽管他们有一系列的预算格式可以使用，具体包括以下内容：

■ 传统方式：将上一年的表现水平作为来年数据的基础。

■ 零基础方式：忽略之前的结果，因为每个活动和支出都是合理的；每项活动都从零支出开始记录。

■ 项目方式：将活动一起分组，以预测每个项目或主要活动产生的成本。

■ 自上而下方式：基于汇总高级管理人员的见解和过去的结果。对项目成本进行估算，然后将其传递给较低级别的经理，由他们继续细分为进一步的估算。

■ 自下而上方式：个人任务预算由直接负责执行或管理工作的人员详细估算。对估算进行汇总，得出项目总成本。

关键反思 6.2

许多人会认为，预算显然提高了管理的可信度，同时限制了决策（主要是成本因素）的自由度。你的项目中还存在哪些成本矛盾？

- 你的运营预算流程是否与项目预算流程相对应（无缝对应还是相反）？
- 预算活动如何帮助或阻碍你计划和管理项目的能力？
- 你的预算活动能否以任何方式改善从而减轻任何潜在的限制？

3. 在现金流中公布你的预算

把预算做成电子表格看起来很不错：漂亮的格式、很棒的公式、高级的计算方法和加下画线的粗体总数。那又怎样？

不幸的是，预算并不是按列花费的（尽管它们可以很好地按列追踪）。在一个项目中，成本是随着时间的推移而产生的，所以在整个项目计划的任何给定时间点准确地看到需要多少资金是很重要的。

从严格的会计意义上讲，现金流预测能预估一个组织在不同时期（每天、每周或每月）的资金流入和流出。为什么项目会有所不同呢？通常称为分阶段预算，项目需要将预算转换为有意义的时间段，在该时间段内，整个项目都需要资金（工资、材料、发票、差旅费等）。

吉多（Gido）和克莱门茨（Clements）在2015年的著述中提醒我们，来自客户的资金应该受到合同或协议中规定的付款条款的控制，你需要确保你的资金流入比流出快。原因很简单：如果你没有足够的钱，你就需要借足够的钱来支付你的费用，然后从客户那里把费用报销回来（他们很可能会付钱）。所以你越早收到客户的钱，就能越早用客户的钱完成项目的一部分。你还需要非常仔细地阅读客户与你的交易条款中关于他们何时支付发票的约定——不会在7天之内，很可能是30天或更长时间。

虽然项目管理软件能够自动叠加进度表和现金流数字，但让我们回顾一下技术，看一个简单的例子。表6.3列出了5个期间内若干活动的预算费用以及工作的总预算费用。

表6.3 分阶段预算

阶段	第1周	第2周	第3周	第4周	后续
设计	3	5	2		10
建造		12	20	35	67
全部	3	17	22	35	77
累计	3	20	42	77	

那么这个表格揭示了什么呢？请思考以下问题：

■ 关于这个项目每周所需的资金，你现在有哪些信息？这些信息如何帮助你交付项目？

■ 如何解释第 2 周、第 3 周和第 4 周的成本突然飙升？

■ 在第 2 周结束时，如果你只花了 15 美元，你能推断出这笔预算内支出的原因和潜在影响？

■ 第 2 周的现实是否会对在第 4 周结束前完成项目产生影响？

关键反思 6.3

对于一些项目组织和财务标准操作程序来说，能够随时间的现金流（合并进度和预算）将项目可视化并不是优先考虑的问题。

■ 想象一下，如果你能在这个表格上加上一张甘特图（或类似的图），你就能准确地看到整个项目中需要多少资金来资助预定的活动。这种格式对你计划和管理项目的能力有什么好处？

■ 你觉得这种格式的标准化有什么困难吗？如果有，你会如何克服挑战？

4. 预算与实际结果的比较

如果不将计划活动的成本与实际取得和报告的结果进行比较，预算就没有什么意义。当实际结果与预算数字相符（并且可以被验证为准确）时，财务绩效可以被视为与预测或基准成本相符。如果两个结果之间存在显著偏差，则可能需要调查差异或偏差，并在可能的情况下和/或在需要的情况下采取措施对造成这种结果的原因进行纠正，具体取决于已设定的上限（超出预算）和下限（低于预算）阈值水平。

任何数量的“有效”理由都可以解释偏差，包括：

■ 原始估算未修订；

■ 市场和（或）供应商价格的变化；

■ 计算成本时的数学错误；

■ 需要返工的任务；

■ 替代资源之间的成本偏差；

■ 高于预期的检验和测试成本；

■ 规范修订（向上或向下）；

■ 重新安排正常工作时间以外的工作（加班、罚款率等）。

也许现在是时候回顾一下前面提到的一些估算时间或成本的“经验法则”了。始终陈述评估的假设，显示利益相关者可以接受的容忍程度，陈述影响评估有效性的关键因素，最后指出评估是如何得出的。

这样，你的数据可以得到保护。无论实际使用的预算格式如何，都可以包含以下信息，以真正构建你的预算编制、报告、分析和控制活动。是的，一切都可以在一个文件或电子表格中实现，将项目贯穿概念、规划、执行和收尾和（或）评估阶段（如表 6.4 所示）。

表 6.4　项目预算样例

建议包含内容	说　明
预算成本	原核准成本
估算技术	预算是如何确定的
置信水平	估计的置信度和（或）准确性
假设	被认为是真实但尚未得到证实的事情（资金充足可用，供应商有能力等）
限制条件	可能影响估算的限制条件（外汇汇率，30 天有效时限等）
应急准备金	额外储备资金的金额、来源和所需批准
工作已完成百分比	迄今为止实际完成的工作量
实际成本	迄今为止执行活动的报告成本
实际成本百分比	开支占预算的百分比
偏差百分比	预算与实际成本之间的偏差
可接受公差	预算和实际之间不会触发纠正措施的可接受偏差
纠正措施	使预算恢复“黑色”所需的行动
剩余预算	完成项目剩余的预算金额

虽然该表看起来相当广泛和有价值，就像项目管理中依赖的大多数预算一样，但它有一个致命的缺陷。是的，它跟踪项目在完成状态报告日期之前的活动时预算支出（计划值）和实际支出（实际成本），然后依次计算偏差。太好了，那么缺少什么？项目成本管理仅仅是跟踪和报告资金吗？答案在于挣值管理（EVM）的概念。

5. 控制项目成本

当气象局告诉我们每天的温度时，它是根据历史天气模式和当前条件进行预测的。所以它只是报告温度信息，而不是在试图控制温度。正如我们在范围和时间管理中所看到的，报告利益相关者当前的范围期望值（范围基线）以及进度基线，对控制后续变化（除了用于比较的初始基线）几乎没有任何作用。在据称控制项目成本的过程中，传统上对实际成本报告预算的忠诚无法有效控制成本，更不用说项目绩效了。

是的，它能告诉我们我们的预算是多少，我们花了多少，还剩了多少。但它是否能告诉我们，我们从支出中获得了多少价值（以进度绩效的美元计算）？答案是不能，这是项目成本控制中的缺失环节。表 6.5 显示了通过预算控制项目成本的传统方法的样本值。

表 6.5　传统项目预算分析

预算成本	500 美元
实际成本	600 美元
分析	超出预算 100 美元

在本例中，如果项目全部完成，则预算超出了 100 美元。但更重要的是，可能出现这种情况，即项目只完成 20%，该项目就会出现实际成本超过预算金额的财务问题。显然，如果这一趋势继续下去，在匆忙去寻求并获得应急资金之前，需要问自己一些问题，包括：

- 预算基线数字有多准确？
- 实际成本报告的准确性如何？
- 是否有任何批准的范围修订？
- 是否存在任何未经授权的范围蔓延？
- 动员、存款、大宗购买或其他条件是否需要提前付款？
- 这仅仅是一个暂时的小插曲吗？
- 什么是可接受的变化阈值，这种偏差是否会触发纠正措施？
- 预算是否有资金来覆盖这些超额部分？

当然，知道你计划花多少和你已经花了多少是很重要的。但是在上面的例子中，我们不知道已完成的工作的挣值。图 6.4 突出显示了许多按照传统预算做法运作的项目往往会遇到的情况。很明显，这个数字揭示了我们在某一特定时间段内以百分比表示的计划支出和实际支出，在需要预算报告的特定时间段内，这是非常标准的操作。

如果你现在加上项目中至关重要的部分，即相关的成本信息，那么从项目绩效（已完成的工作）的角度来看，你可以推断出项目落后于计划，但成本更高。可以尝试从偏差报告中得到分析，虽然这些明显的偏差可能有许多合理的原因，但详细的成本和时间分析无疑有助于缓解局势的恶化。是的，过去的趋势不一定能用来预测未来的趋势。然而，历史确实会重演，所以无论何时将钱花在项目上，都要保持警惕，要问自己：这些钱为计划的进度表现带来了什么？

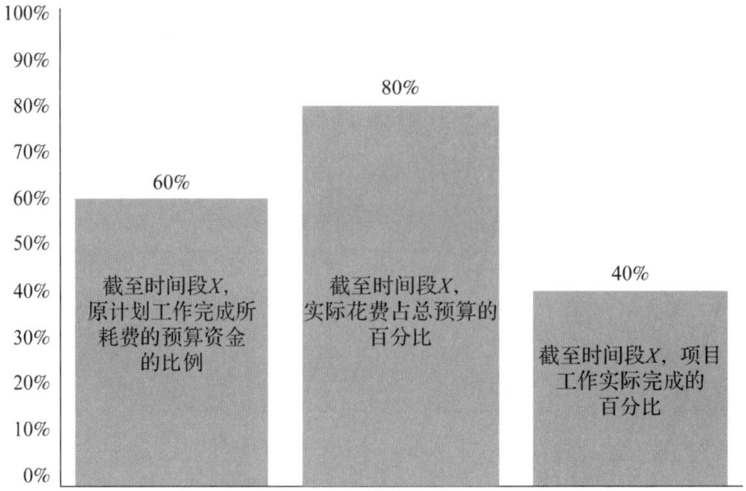

图 6.4　揭示项目预算中缺少的成本

关键反思 6.4

预算、实际开支和偏差报告未能对项目绩效提供有意义的分析，这一论点仍然受到一些从事项目工作的财务人员的争议（如果没有被拒绝的话）。

■ 显然，预算、实际开支和偏差报告传达了有意义的信息，因为它是财务管理的铁腕基石。那么它传达的信息是什么？

■ 在衡量和报告项目绩效时，这些信息与你的相关性如何？

■ 也许问题应该是：你实际上试图从项目绩效方面衡量什么？你的答案是什么？

■ 更多地考虑四个项目限制因素、时间、成本和资源，并问问自己传统预算是如何衡量和报告这些要素的。

■ 你能否意识到，仅仅关注你拥有多少和花费多少（而不知道它在进度和绩效方面实际上为你带来了什么）是一份非常狭隘和不完整的绩效报告吗？

■ 现在阅读挣值部分，看看你是否同意我对传统预算的看法。

6. 挣值管理

除了传统的预算到实际报告的重要方面之外，成本控制的真正衡量标准是挣值管理的实践。项目管理知识体系指南（2013）指出，挣值管理是一种结合范围、进度和资源度量来评估项目进度和绩效的方法。换句话说，挣值是范围、进度、预算度量（及其影响）方面的绩效（进度）度量。参照范围基线、进度基线和成本基线，不断地（以成本而不是以时间单位）衡量、评估和控制这三个独立变量的进度和绩效。

使用挣值分析的一个令人信服的原因是我们往往错误地依赖于将实际成本与预算成本进行简单的比较。在这种情况下，对于实际完成的工作以及在时间流逝中所花费的金钱没有度量。换言之，从业绩角度来看，这些钱实际上买了什么？想象一下，如果有人报告该项目花费了90%。这可能意味着预算仍处于盈余状态，仍有10%的资金可供使用。但如果你发现实际工作只完成了总量的25%，而这已经花费了你90%的预算，那该怎么办？你感觉如何？在这个项目结束时，是否还有预算盈余？或者你可能需要额外的注资（以及丢掉这份工作）？

挣值管理的基础计算从以下三个指标开始：

（1）计划价值（PV）是计划工作的估计成本：

■ 每个活动都有自己的计划价值。

■ 它定义了应在整个项目的任何时间点和任何状态日期完成的物理活动。

■ 整个项目中所有计划值的总和给出了完工预算（BAC）。

（2）挣值（EV）是指迄今为止完成的工作的价值，表示“挣”了多少预算：

■ 需要确定反映截至状态日期已完成工作的报告部分的进度度量。

■ 它根据该工作量的授权预算评估进度度量。

（3）实际成本（AC）是指迄今为止完成工作所产生的发票成本。他们衡量交付完成的工作量所产生的成本。

表6.6用一些有意义的挣值术语和样本分析更新了早期的“传统”示例。

表6.6　挣值示例

计划价值	500美元（预算成本）
挣值	300美元（在状态日期，报告了价值300美元的挣值）
实际成本	600美元
分析	该项目不仅明显超出预算100美元，且只交付了300美元的范围价值，与计划500美元的范围价值相比，该项目落后于计划200美元的范围价值

显然，传统预算与表6.5中的实际示例及表6.6中的挣值示例都表明了管理层报告和控制其范围、进度和成本的尝试。然而，随着挣值的增加，管理层现在可以看到在状态日期执行的工作的价值。图6.5显示了这三个随时间绘制的反映了进度和成本数据的测量值（实际成本超过计划价值和挣值）。

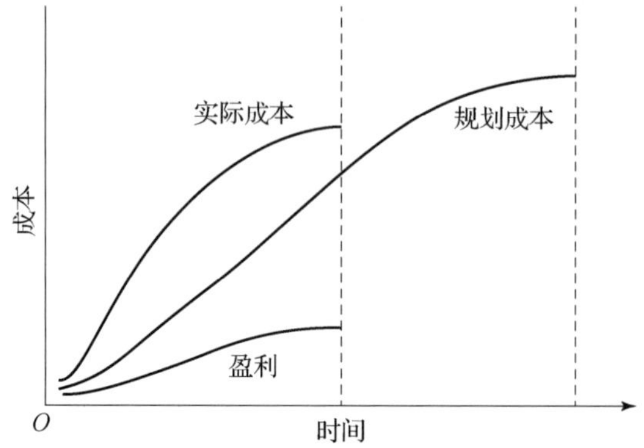

图 6.5　计划价值、挣值和实际成本

这一分析精确地模拟了早期的超预算现实，并强调了项目落后于计划的事实。有人要回答一些严肃的问题：

- 为什么没有交付所有计划价值（预算范围）？
- 完成工作的报告（完成百分比）准确性如何？
- 是否有任何未经授权的范围变更？
- 迄今为止完成的所有工作是否符合要求的技术和质量标准？
- 是否延长了进度计划，使范围基线和进度计划基线不再准确？
- 是否存在供应商问题（缺货、货运延误等）？

还需要考虑所报告的每项活动（在每个状态日期）的收入规则。解决这一问题的方法之一是将指定的挣值百分比分配给活动的各个部分，以便在该部分完成后报告挣值。因此，收入规则可以基于 35/65、25/75 或 20/80 的计算，有效地表明正在进行的工作。或者，0/100 规则反映的是在计划活动完成之前没有收益，或者 50/50 规则，即在活动开始时分配 50% 的收益值，剩余的 50% 在活动完成后分配。同样，完成的工作时间也可以是适当的衡量标准，而不是百分位数模型。

此外，完成或花费的百分比计算可能包括：

- 计划完成百分比 = 挣值 ×100/完工预算（BAC）；
- 计划支出百分比 = 实际成本 ×100/完工预算；
- 完工时估计花费的百分比 = 实际成本 ×100/完工估算（EAC）。

现在让我们回到前面的计算。从这三个初始值（计划价值、挣值和实际成本）可以计算出两个方差。进度偏差（SV）衡量进度绩效（在某个时间点或累计），作为挣值和计划价值之间的偏差，以评估项目是否提前或落后于商定的进度。成本偏差（CV）将成本绩效衡量为挣值和实际成本之间的偏差，并显示预算盈余或赤字。表 6.7 记录了这些计算结果，而图 6.6 展示了一个示例，说明了如何绘制这些偏差，以及每个偏差随时间产生的分析结果。

表 6.7　进度和成本偏差计算

进度偏差	进度偏差 = 挣值 - 计划价值
成本偏差	成本偏差 = 挣值 - 实际成本

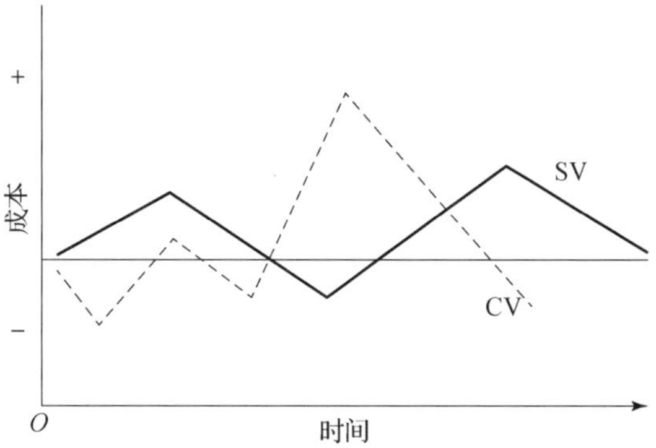

图 6.6　进度和成本偏差

回顾我们之前的预算示例数据，我们现在有了挣值管理（EVM）信息，如表 6.8 所示。

表 6.8　增加挣值分析

计划价值	500 美元的计划价值（PV）
挣值价值	300 美元的挣值（EV）
实际成本价值	600 美元的实际成本（AC）
进度偏差（SV）	进度落后于计划 -200 美元（-表示落后于计划，+表示超前于计划）
成本偏差（CV）	成本超出预算 -300 美元的价值（-表示超出预算，+表示低于预算）

现在，我们还可以进一步分析，以查看进度效率和成本效率比率。这些比率（称为绩效指数）为项目经理和团队利用时间的情况以及完成工作所花费的资金情况提供了宝贵的见解。也许可以从以下方面来考虑：对于每一天的预定任务，需要完成多少天？花出去的每一美元，得到了多少回报？（两者都应该用比率表示）。表 6.9 显示了这些是如何计算的。

表 6.9　进度和性价比指数

进度绩效指数（SPI）	进度绩效指数 = 挣值/计划价值
成本绩效指数（CPI）	成本绩效指数 = 挣值/实际成本

显然，这些指数不仅提供了用于确定项目状态的信息，而且更重要的是，提供了预测任何项目最终进度和成本结果的基础（如以下早期预算示例数据所示）。

图 6.7 显示了如何绘制这些指数以及每个指数随时间产生的分析示例。

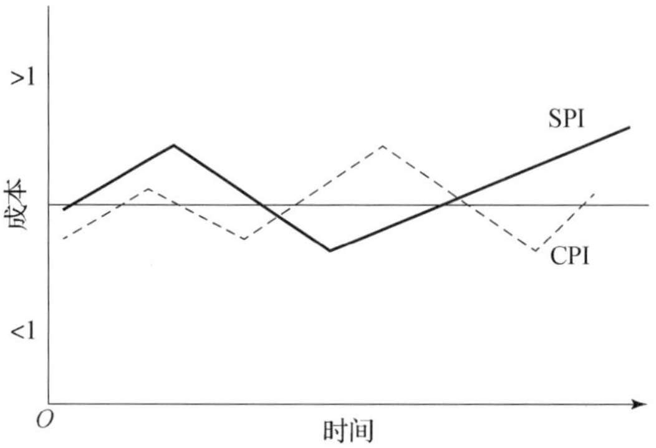

图 6.7　进度和成本绩效指数

■ 进度绩效指数(SPI)＝挣值/计划价值(300/500)＝0.6：

○ 值小于 1 表示完成的工作少于计划。

○ 值大于 1 表示完成的工作比计划的多。

■ 成本绩效指数(CPI)＝挣值/实际成本(300/600)＝0.5：

○ 值小于 1 表示已完成工作的成本超支。

○ 值大于 1 表示完成工作的成本未超支。

现在的分析再次证实，在这个样本项目中，时间和资金都没有得到有效利用。该结果现在可以与组织投资的其他项目进行比较，以评估这些项目在其项目登记簿或投资组合中的效率，从而能够对其范围、进度和成本基线的管理做出关键决策。

再计算几次，我们就完成了。回想一下完工预算的缩写词 BAC。通过将项目的所有计划价值金额相加，你可以获得项目的完工预算值，即项目的总预算。根据我们之前的预算示例数据，使用相同的 500 美元价值：

■ 完工预算＝500 美元。

■ 完工估算＝实际成本＋(完工预算－挣值)＝600＋(500－300)＝800 美元。

■ 完工偏差(VAC)＝完工预算－完工估算＝500－800＝－300 美元(超出预算)。

■ 预计完成(ETC)＝完工估算－实际成本＝800－600＝200 美元(完成项目)。

那么，分析的结果是什么？根据我们迄今为止的支出，如果支出率继续保持下去，修订预算估计可能至少为 800 美元，而不是原来的 500 美元。

我们还需要在完成该项目实际花费的基础上再增加200美元（正如我们所知，这是基于先前示例中的单个时间段，这实际上可能需要延长时间，以完成未完成的工作）。此外，挣值计算允许确定剩余的工作和资金，以及两个额外的绩效指标，进一步揭示了该项目面临的问题（特别是因为它基于一个时间段）：

■ 剩余工时 = 完工预算 - 挣值。

■ 剩余资金 = 完工预算 - 实际成本。

■ 待完成绩效指数(TCPI) = 完工预算 - 挣值/完工预算 - 实际成本(使用目标预算) = 500 - 300/500 - 600 = 200/ - 100 = - 2.00。

■ TCPI = 完工预算 - 挣值/完工估算 - 实际成本(使用目标估计值) = 500 - 300/800 - 600 = 200/200 = 1.00。

这意味着该项目必须以每投资1美元就有2美元的预算效率进行，以恢复原始预算，这显然是不可能的。新的完成预算（800美元）得出的结论是，只要绩效完成指数（CPI）保持在1.0，项目就可以在新的预算内完成。这假设范围或实际成本不会发生进一步变化。

作为项目进度和成本绩效的统一和综合衡量标准，挣值实际上通过从根本上改善在整个项目中用离散或累积的方式分析进度和成本性能数据的机会来增加自身价值。对支出的资金进行衡量和报告是很重要的。在成就、生产力和资源使用方面，这些钱实际购买到的绩效也应与计划一致。

有效的项目管理需要有衡量项目绩效的能力（和流程），然后做出适当的管理决策和干预措施。其作为成本控制机制的整合将最终实现：

■ 限制或防止范围蠕变；

■ 建模利益相关者之间的客观沟通；

■ 促进主动风险管理；

■ 支持未来成本和进度结果的绩效审查；

■ 鼓励持续的透明度和问责制；

■ 根据范围和进度基线跟踪定期绩效；

■ 应用单一管理控制系统，使用工作分解结构整合工作、进度和成本；

■ 允许使用非成本数据衡量绩效（例如工作时间）。

挣值分析不仅是帮助编写状态报告的重要工具，它还可以计算未来的工作，以及在范围、进度和性价比方面进行预测。

挣值确实有其批评者，但特别是考虑到其对历史信息的依赖，这些信息随后被用于预测修订的完工估算和预算支出。它确实也给项目带来了较重的管理负担，其中负担的轻重取决于工作方案跟踪和报告的准确性如何。

与任何统计测量方式一样，阈值水平确实需要设置，以标记触发纠正措施的任何重大偏差。因此，挣值分析是否可以被推广为灵丹妙药（万能药方），在不排除质量、人力资源、风险、沟通、利益相关者和采购职能的情况下，取代在项目的所有过程（尤其是范围、进度和成本）中主动管理和领导的需求？最后，挣值没有确定和衡量项目质量或其他定性绩效问题的规定，因此对于进度或预算发生变化的项目，客户是否会最终接受无法保证。

关键反思 6.5

挣值分析在这个过程中能做的有很多，但它是否适合每个或大或小、或简单或复杂的项目？

■ 考虑挣值是否适合你当前的项目，并证明其包含或省略的合理性。

■ 考虑到过去的业绩被嵌入最终预测完工信息的计算中，那么挣值的准确程度如何，它是否被高估了？

五、进度赶工（Crash）

通常，客户会要求赶工或压缩项目（或任务）的工期。在这些情况下，他们希望完成的工作量完全相同——尽管时间更短，而且通常不情愿增加成本。那么，你会怎么想？取消一些工作？降低质量还是走一些捷径？

另一种（更积极的）方式是分配额外的资源，以适应此计划修订。这些资源可能比正常资源更昂贵，例如，加班或周末工作、雇用分包商和动用更强大的设备，每完成一个单位的工作的成本都可能变得更昂贵。举个例子，让我们假设通过分配更多资源可以缩短项目的工期（回想一下，这在前文中被称为“资源驱动”调度）。由于工期的缩短，将推动项目成本的增加。在这种情况下，必须评估四个时间和成本变量：

（1）正常工期：最初商定的预期工期；

（2）赶工工期：指定的修订（经压缩）时间；

（3）正常成本：原计划工期的约定成本；

（4）进度赶工后的成本：为日程压缩提供资源的修订成本。

在图6.8中，成本斜率通过以下公式计算，该公式计算了压缩或赶工的每个指定时间单位的数字（以美元为单位）：

$$\text{成本斜率}=\frac{[\text{赶工成本}-\text{正常成本}]}{[\text{正常工期}-\text{赶工工期}]}$$

通过应用成本斜率公式并检查项目进度，可以根据修订后的预期，计算出减少项目一天、两天等的成本。这被称为“赶工”（Crashing）或者加快交付日期。当然，赶工也有一个限度，低于这个限度，项目工期的缩短就可能影响其他方面，比如质量、规格和资源可用性。如果管理成本和机会成本是合理准确的，并且每天减少项目时间的成本是已知的，那么当减少一天项目

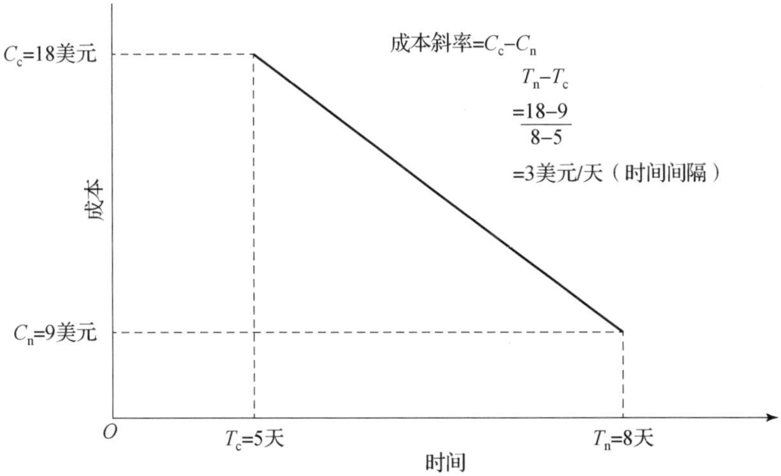

图 6.8　正常和赶工情况下的时间和成本

的边际成本等于工期成本时，将出现最小总成本。如果成本最小化，这也将提供最佳的项目工期。

然而，尽管这种赶工成本看起来很诱人，但也要考虑“风险”因素：

■ 并非每个项目都可以赶工（更不用说可能造成严重后果）。

■ 通常很难获得工期变化导致的成本变化的准确数字。

■ 时间和成本之间的关系往往是阶梯函数，而不是线性或曲线函数。

■ 赶工费用并不总是由发起人或客户支付，可能需要承包方自行承担。这样做显然利润率将受到影响。

■ 加速交付带来了额外的复杂性，更不用说随之而来的苦恼、沮丧和（或许）不切实际的期望。

显然，在试图控制成本时，任何数量的技术都是可以使用的。你越早发现并实施成本控制，项目后期的成本支出就越少，如图 6.9 所示。

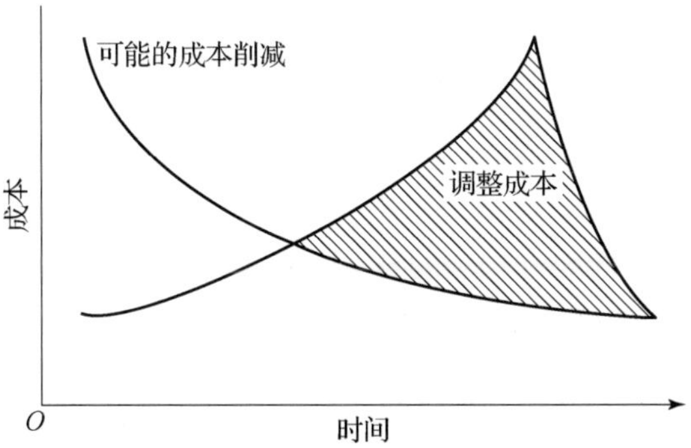

图 6.9　超出原始成本的变更成本

因此，虽然进度赶工可能会导致成本和风险增加，但如果施加了这种压力，加快推进进度表会产生什么影响？你不仅需要考虑更改某些任务之间的依赖关系，通过将路径更改为并行（在技术上可行的情况下）来缩短项目工期，这样做还可能招致更多的返工、增加的成本和更大的风险（以及其他影响）。

六、复习题

6.1　成本管理计划如何应对组织内部财务程序和会计准则中管理项目成本的挑战？

6.2　估算项目（资源）成本时涉及哪些挑战，以及如何克服这些挑战？

6.3　预算编制流程给项目带来了哪些好处，它们有哪些弱点？

6.4　在项目管理中，传统预算无法报告和控制什么？

6.5　挣值管理如何提供进度和成本绩效报告、分析和预测？

七、案例研究

海伦喜欢她承袭的电子表格。她的上一任在担任公司财务官的几个月里开发了这个软件。它不仅能跟踪所有运营成本，还能显示原始估计数据、截至目前的月度实际（和百分比）数据以及截至目前的合并数据。

她认为最棒的部分是图表，这些图表让每页里一排排无聊的数字展示生动了起来。颜色编码的图例和标签全部组合在一起，以显示超出预算、低于预算或超出预算的结果。当她仔细阅读文件时，海伦确信自己不会被要求改变项目财务官的角色——毕竟，项目是要花钱的，就像业务的运营方面一样。

在第一次项目启动会议上，她的项目经理罗恩问海伦如何追踪所有项目成本。海伦准备好回答这个问题，并很快展示了电子表格的 PPT 演示。

她以为罗恩也会像她一样满怀热情，但她却感到非常意外——她惊讶地发现罗恩一点也不高兴，而且她显然对一连串关于衡量项目长期表现（不管这意味着什么）的问题感到不舒服，而不仅仅是预算和花费的钱。

罗恩曾在以前的项目中工作，在这些项目中他遇到了相当大的延误和成本超支。虽然了解可用资金以及在任何给定时间点花费了多少是很重要的，但罗恩已经开始意识到了解在项目交付方面“实际”花了多少钱的重要性。虽然这类信息是历史性的（因为它是基于截至报告日期之前的业绩），但罗恩也意识到业绩预测窗口的价值，以帮助他从报告日期到计划完成日期完成项目。

随着会议的进行，罗恩知道他需要调整海伦的电子表格，以构建缺失的项目特定财务信息，并且他需要就信息的计算、分析和应用对团队进行教育。

会议进行的时间越长，罗恩越开始意识到，他的团队在估算时也有严重依赖历史数据的习惯，几乎没有将每个项目的成本基线进行情境化和更新的动力。通过始终使用自上而下的预算方式来启动和运行项目的公认做法，罗恩很快理解了他的团队在项目中依赖传统预算跟踪和分析的特有固定思维。

在一个由公共部门和私营部门员工组成的团队中，罗恩在听取演讲过程中收到的反馈和论点时变得越来越困惑。他的团队中的一些人只对他们的支出进行了衡量，因为他们的预算中没有充分考虑的任何部分都可能在接下来的一年中减少。其他人几乎没有（如果有的话）按时或按预算完成项目的经验，因为最终总是会得到额外的时间和额外的资金。其他人则对从开始到结束都要对成本和进度进行跟踪、报告和控制，从而增加透明度表示担心。

罗恩很清楚，范围、进度和成本的概念，以及这三者之间错综复杂的相互依赖关系，在很大程度上都没有被他的项目团队了解。罗恩再次主持会议时，指出了以下要点：

- 成本管理不仅仅是报告花费的资金。
- 报告格式需要达成一致。
- 挣值将成为项目的成本控制标准。

罗恩也知道，在这次会议之外，他将面临另一场战斗，因为他需要说服财务部门，这个项目和未来的项目将需要一个不同的成本管理程序和工具，而不仅仅是继续采用现有的操作方式。

问题

(1) 为什么罗恩相信成本管理不同于运营成本管理？

(2) 罗恩希望探索哪些额外的评估技术？为什么？

(3) 在每个报告日期简单比较预算与实际成本的主要缺点是什么？

(4) 罗恩想了解进度偏差和成本偏差的背后是什么？

(5) 挣值是否是替代主动计划和成本管理的灵丹妙药？如果不是，为什么？

第七章

质量管理——实现技术卓越和客户满意

◎ 要点

- 个人对质量的定义
- 质量管理规划
- 国际标准化组织（ISO）
- 展示质量保证
- 质量控制方面的工具
- 质量控制流程
- 质量的真实成本
- 接受持续改进

◎ 实践应用

对于这样一个客观的话题，质量有令人难以置信的主观谱系。那么，质量意味着什么？它指的是一种商定的工作标准、一种规范、一种需求还是一种业务规则？是指完成的工作是什么样子或者某个功能执行得如何？它是否只与质量管理体系有关，还是与整个管理体系有关？它会是项目管理的主导领域吗？

现实地说，所有以上这些可能都对。每一种对质量的解释（或衡量）听起来都是基于输出而言的。换言之，它们各自描述了成品和服务，或者用我们的术语来说，描述了项目的输出或结果（记住这是两个完全不同的概念）与某种度量（理想情况下是某种性能度量、验收标准或其他项目目标的完成情况）的符合程度。

但从更广泛的角度来看，事实上，我们对质量的理解可以扩展到包括所谓的“基于过程的”质量检查标准，换句话说，支持（业务或项目）过程，通过这些过程定期（或随机）监控商定的质量标准，检查并报告，以确保自始至终保持合规性。

那么这算是一种衡量标准吗？这算是一个过程吗？它（无论是什么）是否能够通过目标管理责任、绩效提升、员工激励、客户满意度和持续改进，使项目组织取得成功？

◎ 本章概述

项目质量管理体系（2013）将项目质量管理定义为“确定有助于实现项目目标质量方针、目标和责任……的过程和活动”。通过基于持续改进的过程，质量管理确保满足项目的实质要求（范围、进度和成本）和过程要求（文件）。

项目管理质量流程包括记录质量管理计划（这点与所有其他项目管理流程一致），确保制定适当的质量标准、技术标准、业务规则、操作程序和定义，监测和评估记录结果（符合性或不符合性）的绩效，从而触发所需的变更和控制。

在许多情况下，项目质量是一项个人维度，由个人经验、期望、价值观和态度构成。对一些人来说，质量意味着可靠性；对其他人来说，它意味着物有所值、符合期待、比早期产品或服务有所改进或增强；对有的人来说，这仍然是产品在市场上的形象和地位的反映。然而，作为一个如此个性化和多功能的维度，它的最终测量变得更加困难。质量本质上意味着（也许是决定了）度量。如果你无法度量某件事，那么就很难确保业绩和改进。

显然，不同类型的项目（及其母组织）将遵循不同的质量流程、度量和技术标准。有些人将寻求国际标准化组织 ISO 9000 系列的指导；一些将遵守工程本身的技术要求和商定的验收标准；而其他人可能遵循基准测试或最佳实践的其他专有方面。无论所遵循的理念是什么，质量管理过程在交付满足（不超过）客户要求的经过验证的结果的同时，寻求通过最小化变化（无论其来源如何）来产生预防性红利。（请记住，尽管超出客户的期望可能会显得高尚，但问题仍然是谁为它买单，在谁要求的时间内完成——显然不是客户的。）

关键反思 7.1

质量对不同的人意味着不同的东西，因为他们每个人都赋予了质量一些主观属性或衡量价值的标准。

- 在进一步阅读之前，确定当前项目的质量要求是什么。
- 这只是你个人的看法，还是质量在某个地方有明确的定义？
- 你认为谁将最终决定整个项目是否能按质量交付？

一、质量管理策划

质量和全面质量管理（TQM）的概念已经伴随了我们几十年，也许可以追溯到第二次世界大战的军事项目以及公认的质量革命之父休哈特（Shewhart）、德明（Deming）、克罗斯比（Crosby）、尤兰（Juran）、石川（Ishikawa）和费根鲍姆（Feigenbaum）的集体作品。在传统意义上，全面质量管理是一个包含管理和员工参与的过程，旨在持续改进生产力、质量和工作场所和谐度。

质量管理在项目组织内部和整个项目组织中也是更具战略性和中心性的存在，如下所示：

■ 从客户的角度外部定义（请记住，客户总是正确的）：

○ 性能（基本操作属性）；

○ 功能（次要操作属性）；

○ 可靠性（故障频率）；

○ 符合性（符合要求的规范）；

○ 耐用性（后续产品或使用寿命）；

○ 可用性（维修速度、便利性和维修能力）；

○ 美观性（外观、光洁度和贴合度）；

○ 感知度（敏锐度、感受或声誉）。

■ 与三重底线（TBL）相联系：

○ 社会意义；

○ 生态环境；

○ 经济发展。

■ 与展示的、全组织范围的承诺相关。

无论是从管理角度还是从产品、服务或可交付结果的角度来看，“质量”这个词的真正含义以及它如何影响项目，仍然有待广泛地讨论、解释和应用。麦考瑞词典（Macquarie Dictionary）将质量定义为一种特征、属性或特性，该特征、属性或特性在优秀、适合或成就方面属于或区别于某事物。如果我们现在将这个定义应用到一个项目中，每个项目的创建和管理都是根据一些定义基准来衡量的，最显著的是时间完成度（进度），范围遵守（技术规范）和成本控制（预算）。然而，项目的成功以及（由此推断）它的质量也是根据客户确定和同意的需求，以及他们在项目结束时无条件的接受来衡量的。

在讨论投资或概念、提出替代方案、制定暂定进度表、确定预算基线以及签署最终推动项目成功的承诺时，对质量的考虑主要属于项目的前端任务。这并不是说在后期阶段就可以忽略质量。它的意思是，一旦从一开始就构建了质量（从流程管理和技术遵从性的角度）体系，就可以对质量进行监视、管理、审查和控制。换句话说，早期的错误、遗漏、返工和其他需要纠正的例子可以被识别出来，越早发现，纠正它们的成本可能越低，因为识别和纠正的真实成本在项目的生命周期中总是会呈指数级增长。

很明显，质量规划不是一夜之间就能完成的，也不是一次就能完成的。与大多数项目管理过程一样，质量规划是渐进的、迭代的和需要经过不断审查的。也不应该因为所涉及的时间而忽视或加快进行。通常困难在于获得每个人的认可。与大多数计划一样，它只会与它所包含的信息一样好。最终，质量计划（或其组成部分）将有助于描述项目管理团队如何在整个项目中实施、监控和评审项目——质量方针和结果。最后，质量计划需要得到所有项目利益相关者的认可、沟通和维护。

理想情况下，质量管理计划将正式整理项目组织在实现项目目标时所遵循的“正确”方法。捕获相关的质量要求、标准和其他可度量的期望，该计划将记录如何在整个项目生命周期内证明和验证合规性。计划中的关键要素应参考以下内容：

- 管理项目时应遵循的质量方式方法；
- 执行工作时应采用的相关标准、规则或指导方针；
- 审查产品说明；
- 监督和检查制度；
- 确认验收标准；
- 处理授权变更、事件和问题的商定流程（变更控制）；
- 风险缓解的流程；
- 确认角色和职责；
- 现有的运营治理程序；
- 范围、进度和成本基准；
- 外部机构条例；
- 可能影响项目的相关工作和（或）操作条件；
- 反馈的机会（会议和其他论坛）。

用于保证和控制质量的工具和技术——例如，数据流图、过程流程图、因果图、故事板、检查表、甘特图、散点图、控制图和其他质量工具。

支撑这些计划活动的是质量项目管理的核心原则——质量总是从一开始就计划到项目中，而不是简单地按要求随机检查。虽然便利红利（正式忽视质量的重要性）通常是一些项目组织的决策选择，但质量管理计划能够“更清晰地关注项目的价值主张和降低成本以及返工造成的进度超支频率”（项目管理知识体系，2013）。显然，项目组织的挑战是真正理解和管理不同的质量透镜，通过这些透镜可以创建和满足可测量的和定性的期望。

图尔纳（Turner）1997 年的著述中建议用六个先决条件来确保项目遵循质量体系——表 7.1 中总结了这些条件以及附加的“流程”建议。

表 7.1 质量建设

确保质量的手段	具体做法建议
预算成本	项目不会产生作为偶然结果或副产品的质量。因此，需要不断记录、审查和修改的持续计划，以确保所有相关的成本和质量管理的实际情况已被捕捉和传达
明确的规范	将计划文件化意味着项目被分解（通过工作分解结构）到精确识别客户需求的最低层次。显然，需要在太精细和不够精细之间找到平衡。克服这个问题的一种方法是不仅在技术领域定义规范，而且在性能和（或）功能领域定义规范
定义的标准	许多项目的可交付成果已经建立了公认的标准，这些标准是可以公开交流的，但如果没有可能的不利因素，就不可解释且无法避免。在可能的情况下，应提供这些信息并取得一致意见
历史经验	历史孕育着经验和信息，在确定适当的标准时（在可能没有“官方”标准的情况下），可以很好地利用这两者
合格的资源	唯一比没有明确的规范更糟糕的事情是拥有不合格和（或）未经培训的资源来按照要求的标准执行工作（这可能是你最糟糕的项目噩梦）。在如今的精简和所有流行的“消耗资源”的商业理念和实践中，规范必须是书面的（对违反规定的处罚条款）
公正的审查	第二层次或第三层次的认证是确保质量被构建到可交付成果中的两种方法。虽然获取（和维持）成本相对较高，但可以将其视为另一种预防成本
有效的变更控制	任何项目中唯一不变的是变化，那么为什么不通过设计适当的控制来计划变化呢？范围变更请求就是这样一种控制；更新的风险评估是另一种变更控制，修订的项目进度也是如此
全组织承诺	质量是每个人的责任，而不仅仅是一个人或一个部门的责任
综合流程	像其他项目管理过程一样，质量需要评估，并与所有其他流程保持一致——时间、成本、人力资源等，寻找重叠、交互和依赖
文件化计划	虽然计划一开始可能是一个心理过程，但它必须“实时”地落实在纸上笔端，因为计划总是在变化，需要实时更新

二、执行品质保证

请记住，质量通常就是客户所声称的那个样子，并且它的定义将随着涉众的变化而变化。尽管质量以这种流动性和主观形式为特征，它也涉及组织的文化、心态和方法，并由组织支配，以推动质量要求得到满足（科尔，2010）。确保这样一项命令得以执行，即使不是难以捉摸的话，也绝非易事。

项目管理知识体系（2013）将质量保证绩效定义为“审核质量要求和质量控制措施结果的过程，以确保使用适当的质量标准和操作定义”。该方法与国际标准化组织（ISO）兼容，如 ISO 9000 标准和支持的 10000 系列标准和指南以及其他相关的专有和非专有质量管理方法（国际标准化组织已制定了 17 000 多个标准，主要与产品和工艺相关）。

就像定期评估整体工程项目表现和结果的声明或保证，让所有利益相关者对工程项目能达到有关的质量标准有信心，保证包括：

■ 采用国际认证程序。

■ ISO 9000 系列引用的八项质量管理原则，反映了管理最佳实践：

（1）以客户为中心；

（2）领导力；

（3）人的参与；

（4）过程方法；

（5）系统管理方法；

（6）实事求是的决策方法；

（7）不断改进；

（8）互利的供应商关系。

■ 一种“质量就是我们应该做好的”的固有和公共文化。

■ 实验精神和创新氛围。

■ 在项目开始时建立质量的内部系统、流程和实践。

■ 消除浪费、变化和过剩的过程：

○ 完成工作的资源过剩或不足；

○ 在执行工作时使用不适当的方法（例如，在自动化可以节省时间的情况下使用劳动密集型方法）；

○ 计划表中的浮动幅度过大，鼓励工作扩大以填补可用时间；

○ 设施的位置和（或）标准，造成出入、储存或物流问题；

○ 糟糕的行政和管理基础设施导致沟通瓶颈、决策延迟或官僚（和不必要的）行政框架；

○ 访问和验证进度、状态和预测完成报告等信息的延迟。

- 公开、诚实和建设性反馈的途径。
- 持续改进的机会。
- 内部和外部客户与供应商之间的透明关系。

1. 获取正确的质量文档

质量保证可参考三种不同类型的文件：列出了组织的质量目标和方针的详细的质量手册、特定业务部门要求的操作流程以及指定某项特定活动需要如何执行的具体工作指示。与任何形式的文档一样，常见的、耗时的并且对项目的质量有不利影响的问题可能会很常见，这些问题可能包括：

- 缺乏标准化流程；
- 省略了一些必要的流程；
- 不熟悉流程；
- 顺序不良的流程；
- 过时的流程；
- 无法映射端到端流程；
- 歧义语言；
- 详细程度不一致；
- 过度依赖口头解释；
- 未能说明变化；
- 文件不准确；
- 不同的格式样式；
- 无法衡量和传达结果；
- 未能让所有关键利益相关者参与。

尽管所有这些点都会影响通过改进质量过程（从物理和基于流程的角度）确保项目质量的能力，但直接参与、全面支持和明确承诺对于消除不增加价值的活动至关重要。质量不是一项仅由质量圈内部成员、质量检查员、审计团队或统计人员执行的兼职活动。当每个人都努力公开沟通、减少错误、提高质量、共同合作、促进参与、改进问题解决和增强动力时，这是他们所拥有和展示的。

正如科尔（2010）所反映的那样，质量保证源于关注一些小事，即一些人在尝试做100件事情时会搞错的事情，而不是尝试做一件事情时做到100%的完美。这是根据持续渐进改进的“改善法则”（Kaizen Principle）实践的。

失了一颗马蹄钉，丢了一个马蹄铁；
丢了一个马蹄铁，折了一匹战马；
折了一匹战马，损了一位国王；

损了一位国王，输了一场战争；
输了一场战争，失了一个王国。
都是因为缺少马蹄钉。
——《穷理查年鉴》中的谚语

为了确保正在进行的工作将按照约定的期望和其他规定的要求完成，质量保证“将通过在规划过程或在实施进行阶段的检查来防止缺陷”（项目管理知识体系，2013）。显然，最初的范围基线、进度基线和预算基线对于在规划阶段以及随后在实施和收尾阶段对每一个迭代修订时做出某些判断的组成部分。

2. 系统质量保证工具

多年来，已经开发了许多数字、文本和图形建模工具来协助质量保证（并最终控制）。总的来说，这些工具不仅旨在尽可能有效和准确地收集所需的原始数据，它们还努力反映可识别的数据模式、可变性、冗余和异常。通常情况下，所有的工具都是简单且易于使用的，尽管这并没有削弱它们在报告过程信息以及进一步分析和控制机会方面的价值。虽然在识别、衡量和分析改进机会方面没有一种工具是详尽的，但它们都可以被认为是实用的。科尔（2010）提出了各种有用的客观分析工具和技术，可用于识别和解决问题、简化系统和流程以及提高质量。它们包括在表 7.2 中，以及项目管理知识体系（2013）和其他众所周知的诊断和分析工具的其他建议。图 7.1 展示了其中 10 种工具。

表 7.2 系统质量保证（和控制）工具

头脑风暴	团队参与产生的想法
控制图	设置上限和下限以确定稳定或可预测的性能模式
流程图	步骤及其分支可能性的顺序显示
现状图	映射进程的“当前状态”
帕累托图	造成大部分影响的极少数重要来源的图形表示
因果图	将可能的原因缩小为主要原因（一级、二级和三级原因）
力场分析	确定变革的原因和反对变革的原因
五个“为什么”	五次询问“为什么”以找出主要原因

续表

头脑风暴	团队参与产生的想法
直方图	显示分散率、中心趋势和统计分布形状的简单条形图
散点图	解释因变量变化的相关图，如相应自变量变化所示
计划、行动、检查、提升循环（PDCA）	用于控制和持续改进过程和产品的迭代四步管理方法
亲和图	围绕问题创建结构的思维导图过程
系统图	在任何分解的层次结构中可视化关系图
优先级矩阵	获得数学分数和期权排名的优先级和加权标准
网络图	显示活动顺序的先决（逻辑）图
数据流图	通过系统的数据流或流程的图形概述
勾选表	通过标记（检查）获取数据的结构化方法
旋转图	通过圈出关键词来强化问题定义
相互关系有向图	映射具有交织逻辑关系的中等复杂场景
饼图	圆形图描绘了整体 100% 的百分比切片
检查表	特定于组件的一组必需步骤集
统计抽样	从人群中随机选择一部分进行检查
基准测试	与可比项目进行比较，以确定最佳做法，衡量绩效和产生改进想法的基础
实验设计	识别影响特定产品或过程变量的因素的统计方法
会议	讨论、审查和修改信息的机会
审计	评估合规性的结构化和独立流程
更改请求	充分考虑拟议变更、采取纠正措施、预防措施或进行缺陷修复的规定
检查	现场物理合规性检查
经验教训日志	偏差原因、纠正措施和其他经验教训的历史数据库

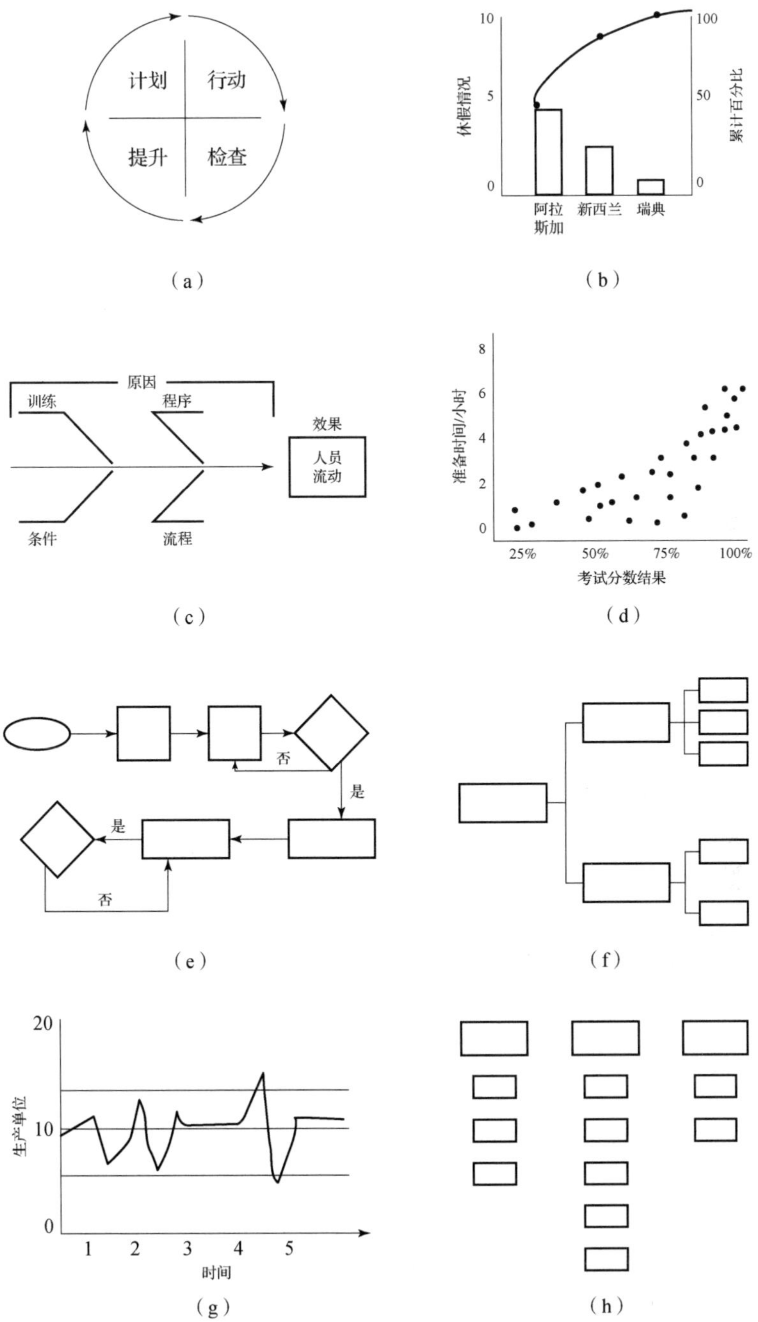

图 7.1　质量保证和控制工具

(a) PDCA 循环；(b) 帕累托图；(c) 因果图；(d) 散点图；(e) 流程图；(f) 树状图；(g) 控制图；(h) 亲和图

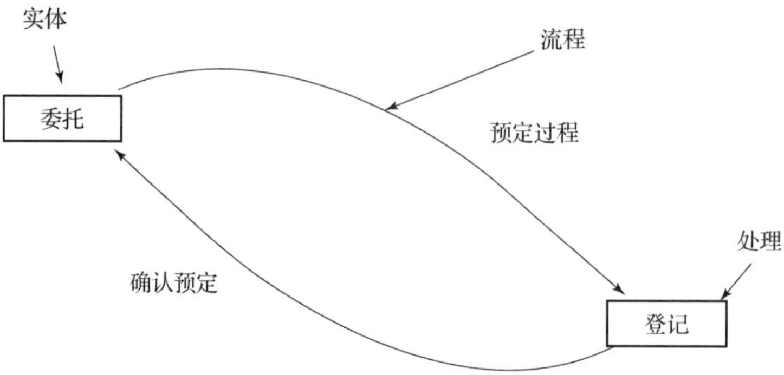

（i）

返回的调查表

	1月	2月	3月
QLD	||	||||	||
NSW	~~||||~~	|	|||
VIC	|	||	~~||||~~

（j）

图 7.1　质量保证和控制工具（续）

（i）数据流图；（j）勾选表

三、质量控制流程

在这里，我们关注质量控制、质量成本控制和持续质量改进。

1. 质量控制

上文在质量保证中列举的大量工具和技术也有助于解决推动质量控制的过程。项目管理知识体系（2013）将质量控制定义为“监控和记录质量活动执行结果的过程，以评估绩效并对必要的变更做出建议”。这不仅可以识别和确认导致不良工艺影响质量的因素，还将验证最终验收的要求。虽然最初可以通过质量计划、保证流程和工具来建立信心，而质量控制则通过项目的实施和最终阶段来“正式证明，有可靠的数据……”验收标准已经达到。

换言之，质量控制监控特定任务和项目结果，以确定、衡量和消除绩效不合格的原因，同时确保始终证明和实现质量合规性。

记住，控制意味着度量。这种有计划（和随机）质量控制尝试的直接结果是：

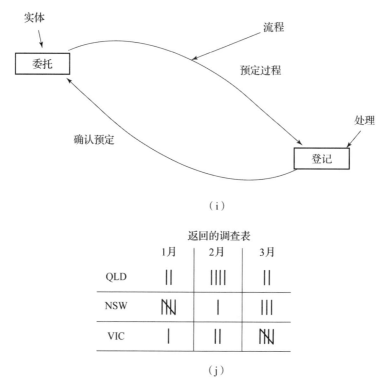

- 杜绝返工；
- 完成在建工程；
- 验收确认；
- 有文件记录的质量改进；
- 完成的检查表；
- 流程调整。

2. 质量成本控制

在许多情况下，只要所需的工作执行不止一次（例如，在有缺陷的工作的情况下），控制活动就会相对昂贵。如果你第一次就做对了，那么每一次都可能不会有交付高质量成果的直接成本。只有当工作需要一次又一次地修正时，质量问题才会产生直接成本，随着工作重复次数的增加，成本呈指数增长。对许多人来说，一贯的看法是，“内置”质量是一项昂贵的努力，很难从商业价值主张（例如，成本提高和利润提高）方面评估项目。然而，人们普遍接受质量成本可以分为四大类（预防、评估、内部和外部），要对其分别进行评估，项目组织、利益相关者、项目经理和团队现在可以更加自信、准确和独立地评估这些成本。

（1）当有必要防止将有缺陷的工作、产品或服务移交给客户时，将花费预防开支。虽然现实的假设是，管理这种类型的成本的最有效（和直接）方法是首先避免有缺陷，但劣质的工作仍然可以执行，导致客户对他们期望批准和接受的工作不满意。一些直接和间接预防成本的例子包括：

- 质量规划流程；
- 质量审计；
- 知识管理和信息系统投资；
- 安全设备的提供和维护；
- 设计批准、验证和变更控制；
- 产品责任保险；
- 向供应商提供的持续技术支持；
- 独立外部评估；
- 团队会议（质量圈）；
- 制定详细进度表；
- 计划召回故障产品；
- 预防活动的监督；
- 预防性维护制度；
- 时间审查和更新基线；

- 质量导入培训、教育和培训计划；
- 设计和开发测量质量的测试和设备。

（2）鉴定成本是指在客户验收和移交之前，为鉴定有缺陷的工作、产品或服务而产生的成本。任何缺陷都应该在计划和实施阶段尽早识别出来。

然而，现实情况是，单独开展评估活动并不总是能防止缺陷再次发生，大多数管理者意识到，仅仅依靠检查制度可能是一种成本高昂且无效的质量控制方法。直接和间接评估成本的例子包括：

- 修理、返工或更换；
- 重新检查和测试；
- 废弃的废料和浪费的物料；
- 召回成本；
- 缺陷诊断；
- 退回的产品；
- 生产损失的停机时间；
- 可能的法律责任；
- 保修索赔；
- 反馈、评估和报告；
- 罚款和惩罚性滞纳金；
- 校准和性能测试；
- 在建工程检查；
- 独立外部评估；
- 记录存储和归档；
- 报告分析和解释；
- 完工证书；
- 检查区域内的公用设施；
- 最终产品测试和检验；
- 测试设备的维护；
- 检查活动的监督；
- 测试设备的折旧。

（3）内部故障成本是指当产品未能符合其指定的设计要求时收取的费用，并且是在产品交付给客户之前识别缺陷的结果。公司的评估活动越有效，就越有可能在内部发现缺陷，并降低内部故障成本水平——这可能是非常昂贵和旷日持久的。直接和间接内部故障成本的例子包括：

- 废料的剩余成本；
- 损坏的净成本；

■ 返工劳动力和间接费用；
■ 返工产品的复检；
■ 生产力流失；
■ 缺陷产品的处置；
■ 调试过程或系统；
■ 重新输入数据所需的时间。

（4）当有缺陷的产品交付给客户时，将付出额外的故障成本。过去，一些经理采取的态度是“我们把一切都交给客户，并根据保修条款处理任何问题”。这种态度通常会导致高昂的额外故障成本、糟糕的客户关系、不佳的市场声誉以及利润损失。直接和间接外部故障成本的例子包括：

■ 法律行为造成的法律责任；
■ 声誉和商誉损失；
■ 现场服务；
■ 保修期内的维修和更换；
■ 保修期外的维修和更换；
■ 缺陷产品引发的责任；
■ 退税和补贴；
■ 产品召回；
■ 保修期外投诉；
■ 处理投诉；
■ 产品责任。

加德纳（Gardiner）2005 年建议，质量总成本可通过以下公式计算：

总质量成本 = 故障成本 + 评估成本 + 预防成本

然而，他警告说，需要在预防和评估的总成本与失败的总成本之间取得平衡。在没有质量管理流程的情况下，他提出了一个令人信服的案例，即故障成本可能会远远超过评估和预防成本（如果真正的质量成本事实上是已知的，并且从一开始就准确报告）。也许，如果项目能够投入更多的时间来进行成本预防工作，那么可以节省资金和时间，因为这样做的话，项目进展过程中经常发生的后续评估和失败成本可以最小化或避免。

尽管存在这些巨大而令人印象深刻的成本，但并不是每个设计都保证能立即采取纠正措施。公差（可接受结果的规定范围）和控制限值（共同变化的边界）都需要在控制工作性能数据时得到同意和遵守（项目管理知识体系，2013）。这些偏差将在以下各项之间的比较中显而易见：

■ 计划和实际技术性能；
■ 计划和实际进度绩效；

■ 计划和实际性价比。

在这些情况下，在批准那些被接受和被拒绝的变更时，必须有正式且有文件记录的变更控制请求流程，无论这些变更是在规定的要求、缺陷修复、修订的工作方法、进度修改还是在风险处理方面进行的，以确保满足质量保证和合规性。

关键反思 7.3

确保质量每次都要付出成本。在大多数情况下，指定质量标准的人会为此买单。但在其他情况下，质量的真实成本可能会被意外或故意忽略。

■ 根据文本中的示例，确定项目在交付质量方面产生的真实成本。

■ 对于每个成本，计算出谁是这些成本的真正“付出”者。

■ 现在确定该成本的实际支付方式。它是直接向客户收费？从应急基金中支付？由项目组织的运营管理开销承担？由降低其他工作等级所节省的资金来提供资金？完全删除计划活动？还是干脆忽略？

■ 根据你对上述问题的回答，你会建议做出哪些改变来应对质量成本？

3. 持续质量改进

虽然它可能出现在质量流程列表中的最后一个，但持续改进不会延迟成为我们要做的最后一件事，也不会自动脱离质量计划、保证和控制的独立结果。当然，每一项都制定了框架和支持基础架构，以支持、鼓励和奖励整个项目中的持续改进举措。然而，持续改进更多的是一种文化、一种承诺和对项目交付内容的所有权，以及最终交付效果的所有权。在鼓励创新和反馈等方面，持续改进将蓬勃发展。

在效率、规模经济和能力能够得到提高的地方，持续改进同样会蓬勃发展。在支持冒险的地方，在研究不同的方法和想法的地方，持续改进将再次蓬勃发展。实际上，持续改进永远不能按照标准业务规则或利益相关者的期望强制执行。

持续改进的典型工具并不是那么奇特。它们通常包括：

■ 定期绩效报告；

■ 会议和汇报；

■ 关键点和审批流程；

■ 演练和同行评审；

■ 情景分析；

■ 评估报告；

■ 意见箱；

■ 用户反馈。

关键反思 7.4

“持续改进”一词传达了很多信息：变革、创新、反馈、创造力、优势以及机会，等等。这仅仅是一种记录在案的实践还是隐藏在组织（无形）文化中的假设？

■ 用你自己的话说，项目中持续改进的定义是什么。

■ 如果你对你刚才给出的答案不是特别满意，那么再试一次，定义一下在你的项目中持续改进应该是什么样的。

■ 在问责制和透明度占主导地位的情况下，需要采取什么行动来进行必要的改变，从而使持续改进成为一种持续的、一贯适用的、公开展示的实践？

四、复习题

7.1　定义“质量”一词，并解释其与项目管理的相关性。

7.2　质量规划对你的项目有什么内在价值？

7.3　质量保证在处理相关质量成本方面的问题上能发挥什么作用？

7.4　在报告直接和间接质量成本时适用哪些系统工具和技术？

7.5　质量控制与质量保证有何不同？

五、案例研究

玛莎和诺尔认为他们有一个很棒的想法，希望自己出版一本电子书。这本电子书可以参考大量关于园艺、营养和有机物的书籍来编纂，他们所有的朋友都给予了这个想法热情的支持。

但他们的书《走向绿色：逐街重塑我们的社区》（*Going Green: Reinventing Our Community Street by Street*）确实遇到一个问题——玛莎和诺尔都不知道如何将其出版。因此，他们决定上网邀请该领域的专家撰写一份关于编辑、设计和出版该电子书的技术方面的意向书（EOI），同时确保他们对结果感到满意（质量管理的基本原则）。

他们的朋友建议他们整理一些文件，以帮助他们厘清自己真正想要的是什么，特别是考虑到他们对这本书的情感依恋以及他们的期望和假设。然而，他们两人都沉浸在“绿化他们的社区”中，以至于没有时间去做这件事。在接下来的几周里，他们收到了60多条来自全球的回复，然后又花了两周时间试图整理他们收到的所有信息，其中大部分对他们来说都是无法理解的。

当他们坐在休息室里艰难地阅读意向书时，玛莎说，她无法理解其中的任何一点，因为大多数都只是模糊的陈述，而其他人似乎都像是技术性的胡言乱语，尤其是以下几点：

■ KDP进气系统；

- 定制媒体解决方案；
- 全面指导；
- 灵活且有吸引力的保险选项；
- NCX 文件导航；
- 强大的图书建设网站；
- 专家编辑团队；
- 苹果公司认证的聚合器；
- 激动人心的新技术；
- 创新软件平台。

感到困惑的玛莎和诺尔决定抛开个人利益，采取更具战略意义的方法来确保他们的出版目标得以实现。在确定了目标后，他们开始起草一份项目简介，详细说明他们想要什么。

在这个阶段，由于他们不知道这一切将如何结合在一起，便将笔记限制在他们想要的内容和他们认为电子书应该具备的功能上。毫无疑问，他们会从重新发布的意向书中得到一些进一步的想法。然而，他们认为需要制定某种形式的初始和有形基准，以评估随后的报价、参与度和电子书交付情况。他们知道，如果他们把这个早期文档做好了，这个项目的后期阶段可能会减轻压力，并产生他们想要的结果。

他们还意识到，他们需要一些机制来保证所参与的任何人都能真正实现他们的目标，更不用说把电子书放在一起并放到网上的技术方面了。虽然他们可以依赖即将签订的合同，但他们想知道成功的承包商将有哪些“实时”流程来实现这一保证。毕竟，他们不想把所有的时间都花在催促对方兑现诺言上。他们也不想最终得到一本他们接受不了的电子书，这意味着他们必须设计一些方法来从头到尾监控承包商的质量，同时对新想法、新方法和一定程度的创新持开放态度，特别是在技术和/或市场发生变化的情况下。

玛莎和诺尔现在意识到，如果没有对书背后的质量流程、活动和文档的同样重视，他们这本“潜在的”伟大书籍实际上可能最终造成不了什么反响。

问题

（1）为了支持玛莎和诺尔重新关注他们的战略出版目标，他们的质量管理计划是什么样的？

（2）玛莎和诺尔应采取哪些步骤来确保承包商的绩效和结果？

（3）你建议玛莎和诺尔如何控制项目质量以确保合规和通过验收？

（4）玛莎和诺尔对新想法、提议的改变和其他形式的持续改进持开放态度的一些指标是什么？

第八章

人力资源管理：制定并维持个人与团队绩效

◎ 要点

- 人力资源管理计划的要素
- 与多代项目团队合作
- 鼓励团队多元化
- 促进团队发展
- 支持团队基本规则
- 欣赏个性差异
- 专业发展机会
- 动机理论
- 衡量、报告和加强团队绩效
- 处理积极和消极的冲突

◎ 实践应用

将项目计划转化为现实的唯一途径是利用资源。这些资源主要是人——参与项目的个人、团体和团队。

另一个现实是，这些分配的资源将显示出（波动的）动机、精力和承诺。正如我们从前面的章节中了解到的，不同的利益相关者都有不同的期望，这些期望在整个项目中都会发生变化——这是他们应该有的。鉴于此，以及其他项目变量的巨大和潜在的复杂性，在整个项目中建立和维持技能和承诺构成了项目管理的另一个（经常被忽视的）不可或缺的组成部分。

想想你目前在项目上共事的人。你们只是一群碰巧在同一个物理（或虚拟）位置一起工作的人吗？或者你是一个积极的团队成员，是一个忠诚而有凝聚力的团队的一员，共同努力实现共同的目标？也许你会独自工作（无论是通过命令还是选择），很少或根本不与他人互动。

如果你必须管理或者仅仅是与这些人互动，那么上述每个场景都将呈现出多么动态的组合。我们如何才能平衡个人的需求与团队的需求，更不用说与项目的总体需求了？你如何管理相互竞争的利益、两个或两个以上的直接报告关系、多样性和争端，更不用说动机或权力了？也许更好的问题是：如果我们建立并维持团队，那么真正能实现什么？

◎ 本章概述

没有人什么事都做不成。无论使用哪种语言——活动、任务、材料、工作、行动、优先事项或项目——都需要在某个层面上进行人力资源的干预。而且，它需要在监测任务绩效或实现项目结果之前就开始。

项目管理知识体系（2013）认为人力资源管理（HRM）包括“组织、管理和领导项目团队”的过程。那么，它是否可以归结为这三个简单的词，还是有更多的含义？这样一句如此简洁的句子，对于项目组织、利益相关者、项目经理和团队在整个项目生命周期中面临的无数挑战和机遇，几乎没有提供任何线索。

与其他项目管理知识体系的流程一样，如果没有一个计划来获取有关参与项目的人员的基本信息，以及他们的角色、职责、技能集、报告关系和发展需求，人力资源管理就不会发生。一旦这些信息被记录下来，就可以确认项目团队及其成员的位置、可用性、经验、态度、知识、技能和成本——所有这些因素都是推动项目获取信息的因素。

所以，团队齐心协力。它是否止步于此，或者个人和团队（发展）的需求需要根据能力水平、互动和整体团队环境线进行一些调查？请记住，团队通常是虚幻的：一群人占据同一层空间并不能使他们成为一个团队（也许只是一群人）。作为这个开发的一部分，持续的绩效管理对于使团队能够在项目要求的水平上执行是至关重要的。

一、人力资源管理规划

到目前为止，本书的大部分重点都集中在范围、进度和成本基线上，以及它们与其他项目管理过程的相互作用上。虽然这种强调是合理的，但如果没有项目人力资源的应用和承诺（无论是全职、兼职还是合同制），任何项目都无法取得任何成功。

如果资源缺乏实现项目产出和成果的能量、动力、焦点和承诺，那么最完善的项目计划即使没有被破坏，也会迅速全面地偏离轨道。用“错误”的资源做“正确”的工作，项目将不可避免地受到挑战，或者更糟的是，失败。这种失败不会在一夜之间发生：它可能是渐进的，甚至是看不见的。可能会出现早期预警信号（通常被忽略、误读或管理不当），随后是令人震惊的危险信号，不久之后是即将到来的灾难，即使是最优秀的项目经理也会面临严重挑战。

虽然理论表明这些团队成员积极参与项目的计划和决策活动，但需要一种策略来防止项目因这些资源问题的升级而“受损”——无论是关于绩效、个性还是关系。为了让项目团队保持在正确的轨道上，项目经理需要在项目的整个生命周期（从想法到完成）中建立勇气、承诺和绩效。

人力资源管理计划为确定项目成功的先决条件资源需求（和必要技能）建立了基线。在以不同程度的竞争优先级、职能经理报告关系、裁员、重组、工作共享、外包和合同为特征的运营环境中，资源格局的竞争日益激烈，因为资源在被项目收购之前就在其运营岗位上扮演着多种角色（并且只获得一个角色的报酬）。一个经过深思熟虑的资源管理计划可能包含以下信息：

■ 内部或外部采办策略；
■ 角色和责任；
■ 报告关系；
■ 采办和发布时间表；
■ 识别专业发展需求；
■ 团队建设策略；
■ 表彰和奖励计划；
■ 地理位置；
■ 资源日历；
■ 绩效管理程序；
■ 工作、健康和安全问题；
■ 双重报告关系（项目和运营）；
■ 通信协议；
■ 组织结构与文化；
■ 标准操作管理程序；
■ 解决问题的上报程序。

有许多广泛的通用工具和技术可以用于整合资源计划（其中许多你可能已经熟悉，尽管有些可能还不熟悉），包括以下基于文本的信息和图形格式的示例：

■ 组织架构图；
■ 利益相关者责任矩阵；
■ 职位（角色）描述；
■ 责任分配矩阵；
■ 培训登记册；
■ 人事档案；

- 承包商协议；
- 绩效考核；
- 申请表；
- 社交媒体；
- 简历；
- 能力倾向测试；
- 心理测试；
- 行为访谈；
- 参考资料检查；
- 雇佣合同；
- 组织标准流程；
- 经验教训日志。

资源稀缺正变得越来越普遍，因为有限数量的资源需要执行多个相互竞争的优先级（业务和项目工作）。除此之外，客户对项目目标能够在范围内、进度内和预算内得到满足的期望越来越高，很明显，资源规划永远不可能是一项临时活动。它仍然是项目规划、实施和完成阶段的基础，因为它努力在项目生命周期不断变化的环境中持续地将正确的技能集与正确的活动相匹配。

批判性反思 8.1

在你的项目中获取资源所涉及的不仅仅是找出谁拥有什么样的技能、谁是可用的以及成本是多少。

- 回顾你的项目使用了什么流程来为项目提供资源：直接任命还是一些基于绩效的系统。
- 这是否总能让你找到最合适的人来做所需的工作？
- 你认为项目管理知识体系（PMBOK）资源管理规划流程是你可以在项目中创建和实施的，以确定其先决条件资源需求的基线吗？

二、收购多代项目团队

为了在适当的时间获得适当的资源，成为一个成功实现项目目标的团队，项目组织和管理层需要评估他们对团队中所需资源的控制和影响水平。由于业务优先级和报告关系推动了指定资源的日常可用性、集体谈判协议、分包商安排和现代工作场所的其他细微差别，因此需要在项目的早期阶段考虑和规划许多因素（并在后期进行控制）。这些可能包括以下内容（改编自项目管理知识体系，2013）：

- 与运营经理谈判，为项目释放或共享资源（这也可能涉及分配他们一定比例的时间和成本）；

■ 调查承包商的可用性和商业费率的现行市场条件；

■ 如果这些资源再次被使用，审查首选供应商的安排；

■ 与利益相关者沟通无法获得必要资源的潜在后果（这可能包括影响客户验收、项目成功和/或完全取消的范围、进度、成本、风险和质量变化）；

■ 根据法律、监管、强制性和/或其他特定标准评估潜在资源；

■ 考虑被提名资源的专业发展计划以及项目预算将如何解决这些时间和成本；

■ 考虑管理资源在多个位置配置的挑战，每个位置都有不同的时区和通信协议；

■ 确定如何衡量和评估整个项目的绩效；

■ 反映了管理者在有限的时间跨度内管理一组不同资源的能力。

资源多样化的问题至关重要。由于项目资源池跨越了传统主义者（“沉默的一代”），“婴儿潮一代”（“皱纹一代”），X 一代，Y 一代和 Z 一代（或“下一代”或“千禧一代”），管理多样化的项目团队涉及使用既多样化又老化的资源。由于现在大多数工人年龄在 45 岁及以上，组织需要雇用、培训和再培训员工，同时还要留住年长的工人（科尔，2010）。不仅仅是肌肉张力和皱纹加剧了代沟，这几代人之间明显的态度差异往往会在理解彼此（不同的态度、期望、信念、动机和技能组合）、建设性地处理问题和冲突以及对出现的行为表现问题做出适当反应方面产生潜在的问题。正如科尔（2010）所建议的：“你越了解激励和推动每一代人的各种因素组合，你就越能更好地领导他们。”

让我们回顾一下其中的三代人，寻找项目组织和项目经理能够聚集（和管理）一个培养勇气、承诺和绩效的资源库的方法。表 8.1 总结了每一代人的一些关键特征，这些特征来自科尔（2010）和凯恩（Kane）（改编自网络资源）。

表 8.1　多代项目团队

婴儿潮一代（1946—1964 年）	X 一代（1965—1980 年）	Y 一代（1981—1995 年）
为了工作而生活	为了生活而工作	工作与生活相平衡
专注于地位和声望	不喜欢例行公事	要有使命感和成就感
由专业成就定义	受过良好教育	喜欢在管理层的支持下工作
对 X 一代和 Y 一代的职业道德持批评态度	独立，足智多谋，自给自足	高度积极自信

续表

婴儿潮一代（1946—1964 年）	X 一代（1965—1980 年）	Y 一代（1981—1995 年）
自信，自力更生	重视自由与责任	期望持续和积极的反馈
努力有所作为	对权威的随意蔑视	避免遵循传统的指挥链
在职场中具有竞争力	厌恶结构化的工作时间	对技术平台的出色掌握
相信等级结构、等级和权力	喜欢不干预的管理方式	教育完成率高
在办公室练习“面对面”交流	适应技术	适应变化
事业有成	愿意为了职业发展而跳槽	创新驱动力
忠诚和愤世嫉俗	上进心强，好学	同伴的接受和认可很重要
独立的	享受工作中的乐趣	具有社会意识和环保意识
不怕对抗	不被权威吓倒	重视企业社会责任
机智聪明	自由代理人	权利意识

面对如此多样化的多代资源池，以及现代工作条件的灵活性（全职、兼职和合同职位），项目经理需要确保每个人都准备好执行分配的活动。下面的建议可能有助于让每个人都发挥最大的作用：

- 表现出同理心（在你真正能做到的地方——这绝不能是假的）。
- 鼓励持续、开放和诚实的反馈。
- 给每个人一个在自己擅长的领域“大放异彩”的机会。
- 确定共同点是什么。
- 赞扬付出的努力，而不仅仅是结果。
- 避免冲进去进行救援。
- 不要过度刺激，因为无聊往往会引发想象。
- 发展能力，而不是依赖。
- 提供一个鼓励持续学习的环境。
- 提供选择和途径。
- 如果错误不是致命的，那么就把重点放在吸取的教训上。
- 关注项目的目标（产出和结果）。
- 招募志愿者（在可能的情况下，而不是总是分配工作）。
- 注意个人差异。
- 关注技能，而不是年龄。

■ 制定适当的认可和奖励计划。
■ 促进会面和问候会议（非现场的）。
■ 启动指导计划。

鉴于许多关键决策最终将围绕资源能力、可用性、经验、成本、态度和其他独特的人为因素做出，这就是将资源整合在一起所需要的全部吗？或者资源获取仅仅是开发项目团队这一更大挑战的垫脚石？有了预定义的角色、已知的能力和预定的活动，许多人会认为艰苦的工作已经结束。再想想！

三、开发项目团队

亨利·福特曾经说过："聚在一起是一个开始；团结就是进步；合作就是成功。"他的话让我们对团队（以及那些假装自己是团队一员的人）的阴谋有了深刻的了解。也许他引文中的关键词是"在一起"，原因应该很清楚。当一群人第一次聚集在项目保护伞下时，他们：

■ 实际上是一个团队或一群人占据同一楼层空间；
■ 致力于团队（和项目目标）；
■ 能够提名/选举/支持/追随一个领导者；
■ 明确他们的具体角色；
■ 随时准备分享他们的想法；
■ 愿意一起工作；
■ 接受建设性的反馈；
■ 准备好互相帮助了吗？

对于这些问题中的许多（如果不是全部的话），答案是"可能不是"。那么团队到底是什么：它是什么样子的，它是如何运作的？也许以下特征（通常用于描述一个高绩效和一致性的团队，这被认为是理想的）可以作为一个指南。一个团队有：

■ 明确、沟通和认可的长期目标；
■ 明确、沟通和可接受的目标；
■ 不合格的成功的机会；
■ 对计算风险的容忍度；
■ 相互欣赏成员的个人和广泛技能；
■ 定义、沟通和接受的角色；
■ 明确的、讨论过的和认可的程序；
■ 开放、诚实和持续的沟通；
■ 支持领导；
■ 对授权和问责制的承诺；

- 持续获得建设性的反馈和支持；
- 合适的、量身定制的和及时的奖励；
- 定期绩效评估的机会。

你可能对“枯木”“氧气窃贼”“暖椅子者”或“牢骚不断的人”等词语很熟悉。遗憾的是，像这样的术语可以对参与项目的人力资源的类型（和标准）进行分类——就像“冠军”“倡导者”“支持者”和“志愿者”一样容易。事实上，项目经理从内部项目中发出的最频繁的抱怨之一是，他们经常不能亲自挑选他们需要的团队，因为他们总是继承已建立的团队或至少是关键的团队成员。最佳实践将规定招募的团队成员（正式或非正式）符合项目的初始目标、商定的可交付成果和最终成功标准。以下内容可作为有用的指导方针。团队成员应具备：

- 执行指定工作所需的技术能力（或获得这种能力的能力）；
- 对项目目标的承诺；
- 能够与其他团队成员合作、尊重和信任其他团队成员；
- 具有良好的沟通技巧，特别是在下达指令、召开会议、解决冲突和撰写报告方面；
- 识别关键问题，解决问题和实施解决方案的能力（同时仍具有团队合作精神）；
- 能够在没有持续监督的情况下工作；
- 有项目方法论的经验和知识；
- 提供给项目的可用性（时间）；
- 其运营经理（如果是内部的）的同意。

因此，让我们从无意中用潜在的不公平或歧视性标签对资源进行分类中寻找积极的一面。根据 DiSC® 人格评估，科尔（2010）建议，在寻求最大限度地发挥资源给团队环境带来的不同个性和独特属性时，另一种形式的分类可能更合适：

- 认真型思考者：细致、检查、准确、时间管理型；
- 主导型董事：专注于游戏结果的类型；
- 互动社交者：有趣、热情、活泼、充满活力的类型；
- 稳定型关系：有耐心、有意愿、可靠、合作的类型。

无论使用哪种分类，项目经理都需要展示每个人的差异，并利用这些差异来构建团队。

1. 重视项目团队的多样性

项目团队将由来自非常多样化的人口群体的独特的个人组成。有了这些差异，就需要在项目团队的组成中承认、理解和重视这些差异，通过尊重和利用这些差异来交付项目。

然而，吉多（Gido）和克莱门茨（Clements）（2015）指出，多样性也会因不信任、误解和沟通不畅而产生不同的结果（举几个例子），导致士气低落、紧张、怀疑和不信任，降低生产力和日益阻碍团队表现。由于拒绝通过创造一种共同的归属感和被重视的感觉来拥抱多样性，项目团队可能会错过来自不同种族背景的人可以为项目带来的独特想法、观点、经验和价值观。

重视多样性创造了一个包容性的环境，促进平等，重视多样性，并维持一个尊重所有团队成员的权利和尊严的工作（和社会）环境。那么，多样性在你的项目环境中会是什么样子呢？请考虑以下建议（也可以随意添加到此列表中）：

■ 种族：不同的文化可能要求其成员对移民和/或其后代所表现出的习俗和行为保持宽容和耐心。语言能力也可能是一个因素。

■ 年龄：不同的年龄段带来不同的经历、期望、价值观和观点。

■ 外观：面部特征、文身、体重、珠宝和服装（例如）不应该影响对表现或能力的假设。

■ 性别：需要遵循非歧视性的招聘做法。

■ 性取向：应该创造一个包容和多样化的工作环境，鼓励尊重和平等的文化，无论他们的性取向或性别认同如何。

■ 健康：需要适应身体、心理和/或行为能力，不能用来贬低真实或潜在的能力。

■ 状态：婚姻和/或父母状态不应助长对可用性或能力的假设。

■ 宗教：宗教习俗需要得到尊重和包容。

批判性反思 8.2

重要的是，项目团队不排除或降低他们对某些不同群体的期望，因为差异并不意味着劣势或优越。

■ 确定在你的项目中鼓励和积极支持多样性的方法。

■ 这种包容性实践会为你的项目带来什么好处？

2. 团队及其发展

现在是时候详细研究一些更常见和普遍的“团队问题”（和问题）了，这些问题可能会影响团队在整个项目中交付其分配的性能的能力。在一个项目中，许多人可能会在一个共同的目标下（理想情况下）聚集在一起，组成一个团队。但是，团队不会自己开发；他们也不会保持精力充沛、有动力、有承诺或自我“激励”。实际发生的事情是，新组建的团队在走向成熟的道路上，通过一个在很大程度上可预测的周期或开发阶段来进行开发和发展。

塔克曼（Tuckman，1965）提出了一个至今仍被认可的模型。它在五个可预测阶段中跟踪团队的发展，每个发展阶段的实现都会触发后续的发展阶段。在每个阶段上，团队成员都有不同的特征、问题和压力，如果团队最终要执行其任务，项目经理必须熟练地管理这些问题和压力。表 8.2 概述了团队发展的五个阶段，每个阶段的突出特征以及项目经理需要采取行动以确保团队发展并达到所需的成熟度水平的关键任务（改编自科尔，2010；塔克曼，1965；等等）。

表 8.2　团队发展的五个阶段

阶段	特　征	需要采取的行动
组建期	■ 一屋子的陌生人 ■ 强制性介绍（试图“打破僵局”） ■ 几乎没有共识（目标和角色都不明确） ■ 个人感受是重中之重 ■ 群体认同感低或缺失 ■ 客观、礼貌和谨慎的对话（谨慎，焦虑） ■ 试探性的关系（很少信任，隐藏的议程，最初的等级顺序） ■ 高度的认可需求 ■ 依赖于领导的结构和指导	■ 促进“见面和问候” ■ 建立共同目标 ■ 了解并调节个人期望 ■ 明确角色和职责 ■ 评估和认可个人能力 ■ 对目标和过程进行指导性领导
激荡期	■ 不可避免的自然冲突（性格、角色或领导冲突） ■ 可能形成小团体并建立孤岛 ■ 权力斗争和“地盘”之争不断发展 ■ 探索价值观、工作风格和目标 ■ 可能会出现幻灭感和挫折感	■ 在每个人都有有效意见的情况下，进行公开交流 ■ 使问题、分歧和冲突得以讨论和解决 ■ 重新明确目标和角色 ■ 讨论项目工作和项目管理方法 ■ 鼓励合作
规范期	■ 建立可接受的准则、规则、习俗和政策 ■ 确立工作节奏 ■ 发展亲密关系 ■ 重新燃起希望 ■ 接受和欣赏个体差异 ■ 建立信任和开放发展 ■ 团队认同感的形成	■ 鼓励通过论坛、研讨会和其他渠道来分享信息 ■ 创建适当的反馈循环 ■ 必要时进行有原则的谈判 ■ 整理和传播团队规则 ■ 重新审视个人、团队和任务的期望 ■ 讨论完成工作所涉及的技术决策

续表

阶段	特 征	需要采取的行动
执行期	■ 协同、创新、和谐发展 ■ 密切的工作关系（独立、共同或其他组合） ■ 平衡生产力（任务）和凝聚力（过程） ■ 持续改进与创新 ■ 解决内部争端 ■ 强大的团队合作精神（信任、开放沟通、足智多谋） ■ 高度的团队自主性和成熟度	■ 根据项目计划评估绩效和结果 ■ 认可并奖励成功 ■ 保持团队内部的密切关系 ■ 鼓励主动创新 ■ 在适当的情况下进行授权 ■ 确定是否可以提高团队的效率和有效性
休整期	■ 实现项目目标 ■ 评估性能 ■ 庆祝成就 ■ 即将失去（团队）身份的感觉 ■ 解散团队和重新部署资源	■ 确保所有项目目标均已实现 ■ 庆祝业绩和成果 ■ 重新分配资源 ■ 记录经验教训 ■ 结束所有进程 ■ 留点时间追思

这些不同的阶段不是凭空出现的——它们不仅要由团队领导和/或项目经理管理，还要由所有团队成员自己管理。很少有团队（如果有的话）能够从第一天或一夜之间就有效地工作并继续工作。它们的发展有时必须得到引导、指导甚至需要重新引导。他们的（隐含的）顺序发展也不是给定的，因为团队可以在五个阶段中的任何一个阶段断裂。如果发生这种情况，开发通常会恢复到较早的阶段，以便在开发和性能继续进行之前令人满意地重新解决这些问题，如图 8. 1 所示。

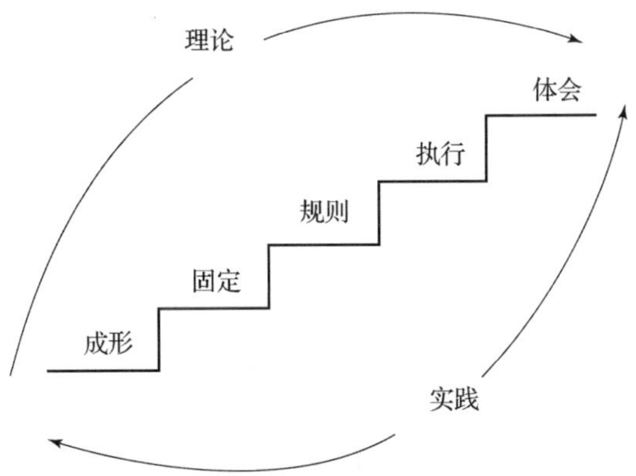

图 8. 1 团队发展的各个阶段

从本质上讲，每个团队成员都必须有一个已知的能力，并且让他们觉得自己有价值——他们必须看到自己在项目中扮演着重要的角色，他们将积极贡献并参与到项目中。每个参与的人都将对整个项目产生重大影响——从概念到最终完成——他们可能需要得到引导、指导或重新引导。虽然已经说了很多关于团队需要发展成为一个高性能和符合规范的实体，但是当在一个项目中使用团队时，有缺点也有优点（如表 8.3 所示）。

表 8.3　团队做什么，不做什么

优　势	缺　点
■ 加强知识和信息共享	■ 过早的决定
■ 解决问题的不同方法	■ 个人支配
■ 提高对解决方案的接受度	■ 相互冲突的替代解决方案
■ 更好地理解决策	■ 先前的承诺
■ 将个人能力与他人的能力相匹配的机会	■ 做出决策所需的时间
■ 个人贡献所显示的协同效应	■ 执行决定所需的时间
■ 共享成就	■ 隐藏的地方太多了
■ 思想的交叉融合	■ 组织和出席会议的延误
■ 公平分担工作量	■ 强势人格的支配

鉴于团队的持续流行及其已知的缺点，这里有一些及时的建议可用来提高项目团队的效率：

■ 控制那些大声喧哗、占主导地位和固执己见的人，他们经常压制被动的、不自信或者缺乏经验的团队成员。

■ 鼓励安静和沉默的成员在一个没有威胁的环境中表达他们的观点。

■ 保护弱势成员免受嘲笑、指责和破坏性的批评。

■ 在可能的情况下，以积极的方式结束，来表示对成就、表现或贡献的认可。

■ 如果需要，最后向最资深的人讲话，以限制他们对其他（容易被领导的）成员的输入、指导和影响。

■ 鼓励思想、替代方案和讨论的不断交叉融合。

■ 在所有团队追求中践行诚实、尊重和正直。

■ 专注地（完全地）倾听，直到你体验到另一个人的观点。

■ 坚定地表达你的观点，不要有负罪感和攻击性。

■ 仔细审视你自己（和其他人）在团队中的动机。

■ 一旦发现冲突，就致力于解决冲突。

■ 积极参与管理良好且最终有效的会议——也就是说，取得成果。

请记住，团队成员需要有一种个人成就感，承担工作的责任，在自己授权的领域做出自己的决定，并感到自己的努力得到了真正的赞赏。

虽然项目经理可能会承担着让这种情况持续发生的大部分责任，但克洛彭博格（Kloppenborg，2015）提出了十几条基本规则来进一步促进他们的发展，其中六条是基于关系的，其余六条是基于流程的，如表 8.4 所示。

表 8.4　基本规则

关系的基本规则	
鼓励参与	准备好成为领导者和追随者（有时），确保每个人都有并且可以使用他们的声音和耳朵
公开讨论	避免沉默、秘密松鼠社团和其他散布谣言和八卦的工具
保密	在法律和团队的期望范围内了解敏感问题和他人权利
避免误解	积极的倾听和提问技巧将减少信息被歪曲或删除的可能性，并为每个人提供了在同一页面上的机会
建立信任	信任不是自然形成的，所以团队成员之间必须开诚布公、诚实透明，才能发展和保持尊重与信任
处理冲突	是冲突还是创造性的讨论，是人身攻击还是更具破坏性的事情？保持中立，鼓励交流思想，不要害怕或偏袒
流程的基本规则	
管理会议	要有开会的理由，知道会议的流程是什么，要讨论什么以及需要做出什么决定
建立角色	每个人都需要一个角色，以及与角色相对应的必要的责任授权。角色不仅仅是一个头衔，所以要让团队成员广泛地讨论他们的角色
保持专注	项目一直在进行，所以随着时间的推移，注意力、动机和表现可能会开始减弱 根据计划重申项目目标、可交付成果、方法和表现
考虑替代方案	虽然没有人想要肆无忌惮的异议，但提出选项、替代方案和想法是探索不同做事方式的好方法。人们做出贡献并感觉受到重视，并且可能允许授权的更改。由此产生的归属感是无价的
使用数据	信息的存在是为了使用，而不仅仅是归档在盒子里 关注事实，而不是虚构，并交流信息是如何用于做出不同决定的
做决定	在没有决策的情况下，不会有太多事情发生。因此，为了保持团队和项目本身的势头，需要及时做出决策，与团队沟通，甚至“推销”给团队

来源：改编自克洛彭博格（2015）

批判性反思 8.3

人们常说，团队不是自然发展的；如果它们按要求执行，就必须经过巧妙的设计和执行。

■ 你会用什么词（好的还是坏的）来描述你当前的项目团队？

■ 是什么导致团队被这样描述，这对你的项目有什么影响？

■ 需要什么来加强或解决你注意到的行为，这将对你的项目产生什么影响？

四、团队及其个性

一个合作融洽的团队绝不是偶然的事件。随着多代团队的爆炸式增长，全球化、信息时代、虚拟团队以及工作场所和组织的多样性，不同工作团队之间相互依赖性增加以及团队成员各自角色的不确定性，如果要实现团队目标，项目经理和团队成员必须更有效地合作，使信息和人员保持一致。帮助团队成员自我调整的最受欢迎的工具之一是迈尔斯布里格斯类型指标（the Myers - Briggs Type Indicator，MBTI®）性格量表，它描述了正常和健康人群之间的重要差异。经过 40 多年的发展，它是当今世界上应用最广泛的心理测验工具之一。它提供了如何使用每个人的个人偏好来帮助团队更有效地工作以实现共同的目标，并经常解释人们之间的误解和错误沟通。

个人资料可能有助于揭示团队成员的优势和独特天赋，他们对其他团队成员的影响，每个成员如何为团队运作做出贡献以及他们个人最大限度地提高团队效率的能力。作为一种自我肯定的工具，它也很有用，同时还可以增强合作和生产力（更不用说一些团队成员经常会相互惹恼和激怒）。迈尔斯 - 布里格斯类型指标在四个量表上报告你的偏好，每个量表由两个相对的极点组成，如表 8.5 所示［改编自布里格斯·迈尔斯（Briggs Myers），1997；赫什（Hirsh），1992］。

那么，所有这些信息如何帮助我们接受项目团队中人们的独特差异呢？看看你是否认识以下人员：

■ 经常迟到、缺席或出席但不参与；

■ 毫无准备，不跟进任务；

■ 与每个人打交道都很直接；

■ 因缺乏立竿见影的结果而分心；

■ 抱怨、发牢骚和否定一切；

■ 打断别人和说话太多；

■ 过于情绪化；

■ 容易偏离轨道；

■ 缺乏常识；
■ 持反对意见（唱反调）；
■ 浪费时间，说话抽象。

表 8.5　迈尔斯－布里格斯类型指标（MBTI）的偏好

集中注意力	
外向型（外在的）	内向型（内在的）
■ 兴趣广泛 ■ 先说后反思 ■ 社交和表达 ■ 通过谈话进行交流 ■ 积极主动 ■ 边做边学 ■ 喜欢团队合作 ■ 延伸到他们的环境中 ■ 自由分享思想	■ 有深度的兴趣 ■ 说话或行动前先反思 ■ 私密和封闭 ■ 更喜欢书面交流 ■ 容易集中 ■ 通过反思学习（心理实践） ■ 喜欢独自工作 ■ 防范外部需求 ■ 保护思想直到（几乎）完美
获取信息	
感性（实用）	直观（创意）
■ 关注真实和实际的东西 ■ 重视实际应用 ■ 对事实和具体信息感兴趣 ■ 按顺序记忆 ■ 活在当下 ■ 喜欢循序渐进的指导 ■ 信托经验 ■ 寻求可预测性 ■ 将困难视为需要克服的问题 ■ 遵循议程	■ 关注可能性（可能是什么） ■ 重视想象力和洞察力 ■ 对抽象的理论概念感兴趣 ■ 查看模式 ■ 生活在未来 ■ 喜欢跳来跳去 ■ 信托灵感 ■ 渴望改变 ■ 将困难视为探索的机会 ■ 偏离了议程
做决定	
思考（客观）	感觉（主观）
■ 分析的 ■ 逻辑问题解决者 ■ 因果推理 ■ 意志坚强	■ 富有同情心的 ■ 评估对他人的影响 ■ 由个人价值观驱动 ■ 宽厚的

续表

做决定	
思考（客观）	感觉（主观）
■ 偏爱客观的真理 ■ 合理公平 ■ 控制感情的表达 ■ 希望事情合乎逻辑 ■ 问题优先	■ 促进和谐与同情 ■ 接受 ■ 公开表达感情 ■ 希望事情是愉快的 ■ 优先接受
适应环境	
判断（逻辑）	感知（灵活性）
■ 计划的 ■ 有组织 ■ 系统化 ■ 有条不紊 ■ 喜欢计划 ■ 首要任务是结束 ■ 避免最后一刻的改变和压力 ■ 在截止日期前完成任务 ■ 更倾向于做出定论 ■ 注重结果和成就	■ 自发 ■ 流体 ■ 休闲 ■ 灵活 ■ 适应性强 ■ 乐于改变 ■ 被最后一刻的压力激励 ■ 按时完成任务 ■ 更喜欢尝试性 ■ 专注于选择和机会

同样的人通过提供系统的、实用的观点而做出的巨大贡献呢？创造士气、团结、和谐、活力和激情；问别人不想问的问题；提供想法和见解；寻求独特的可能性；并赋予权力和鼓舞人心？虽然有许多不同“版本”的迈尔斯－布里格斯类型指标配置文件（以及其他分析工具，库存和测试）现已商业化，但它仍然能够让所有团队成员理解：

- 他们对集中精力、收集信息、做出决定和以某种方式生活的自然偏好；
- 他们应对团队挑战的首选方式；
- 他们与团队中其他人互动和沟通的风格；
- 每个成员为团队做出独特贡献的特别方式；
- 减少非生产性工作的方法；
- 团队的强项和可能的弱项；
- 如何阐明团队行为；
- 如何根据团队成员的偏好匹配特定的任务；

■ 如何识别哪些团队成员能更好地处理冲突；

■ 不同的观点和方法如何有效地解决问题。

最后，罗宾斯（Robbins）和芬利（Finley）（1999）提出了“团队工作十诫”的一个版本。这些已经被修改和更新（增加了三个），以反映项目团队背后不断变化的动态：

（1）除非任务需要团队，否则永远不要组建团队。

（2）一个团队只有一个主要目标。

（3）当目标完成时，团队应解散。

（4）当团队负责的政策和程序达到其目的时，解散团队。

（5）不愿参与团队的人应该辞职或被开除。

（6）所有成员都是领导者，如果领导者不领导，他们必须领导。

（7）将敌人挡在队伍之外。

（8）鼓励不同的意见。

（9）当你食言时，重建信任的难度就会增加10倍。

（10）打通沟通和信息渠道。

批判性反思8.4

每个人都有个性。遗憾的是，这并不意味着我们能相处得很好，也不意味着我们能欣赏每个人在一起工作时所带来的独特差异。

■ 对分析工具进行一些额外的研究：迈尔斯－布里格斯类型指标，DiSC，贝尔宾®团队角色（Belbin® Team Roles）等。

■ 你对自己的性格有哪些了解——哪些是你喜欢的，哪些是你不喜欢的？

■ 在更多地了解个性的过程时，你对他人的印象发生了怎样的变化（如果有的话）？

■ 了解自己和他人的个性会给项目团队和项目的最终成功带来什么？

团队的学习和发展

互联网的爆炸式发展、工作场所现在所需的灵活性以及学习方式的代际变化，都推动了培训和学习环境的变化，以及现有的一系列可用的专业发展途径和交付模式的变化。

现在，比以往任何时候都更需要能够学习、遗忘和再学习的资源，而不仅仅是通常规定他们职位描述的技术知识。团队所拥有的知识、技能、见解、经验和信息需要在整个项目中加以利用和发展。学习不应该仅仅局限于填补空白，还应该“加强现有技能，发现发展机会，为未来培养人才”（科尔，2010）。

随着学习不再局限于传统的教学模式，个人、商业、人际关系或技术技能现在可以通过以下任何一种方式来解决：

■ 承接项目；

- 在线学习；
- 辅导；
- 网络研讨会；
- 正式学习；
- 岗位轮换；
- 远程学习；
- 内部课程；
- 指导；
- 研讨会；
- 私人研究；
- 观察；
- 专业阅读；
- 担任更高职位；
- 委员会工作；
- 阴影；
- 授权职责；
- 讨论；
- 工作经历；
- 特殊任务；
- 在职经历；
- 同伴互助项目；
- 专业会员资格；
- 榜样；
- 会议；
- 夜校；
- 模拟。

显然，对于参与项目的许多人来说，项目本身是一种专业发展的形式。在某些情况下，学习机会是有限的，因为人们相信所有现有的操作专业知识将自动适用并可转移到项目中。为了确保不会失去这个学习机会，请考虑项目经理可能提出的以下问题：

- 我对团队的技能、知识和能力有多了解？
- 我如何协助团队维持和发展这些？
- 我如何让团队成员实践他们所学到的知识？
- 我如何鼓励团队成员与他人分享他们所学到的知识？
- 我如何创建一个能够让团队创造和创新的环境？

- 我如何鼓励团队成员发挥他们的最大潜力？
- 我如何为我希望团队反战的适当行为和行动建模？
- 我如何证明我重视团队的意见？
- 我如何鼓励团队成员从错误中吸取教训，并帮助他人从错误中学习？
- 我如何定期评估团队的能力？

要小心，因为培训和学习制度不应该总是每个人“待办事项”清单上的默认解决方案（理想的或其他的）。显然，缺乏动力、设备陈旧和不足、资源匮乏、个人危机或资源不良不适合一开始的角色，无法通过让他们参加培训课程来解决。

五、管理项目团队

项目资源池的复杂性要求项目经理有效地管理（和领导）传统和非传统团队（合并、矩阵、混合和虚拟团队）以及志愿者、临时工、承包商和兼职人员。有效的管理需要绩效管理，以使组织项目目标与团队成员的目标相一致，并需要冲突管理以提供更高的生产力和积极的工作关系。

1. 内在驱动力

人类所有的行为和表现都始于某种被称为动机的内在爆发。人们之所以这样做，是因为他们有这样做的动机。然而，要激励别人是不可能的，除非他们想要被激励。也就是说，所有的动机都是自我激励，来自内心。每个团队成员都是天生的车手，就像汽车上的点火钥匙一样——它触发动作，汽车启动，性能（安全驾驶）随之而来。

动机是作用于个人或内在的一种力量，它会导致这个人以特定的、有目标为导向的方式行事。驱动项目团队的动机将影响他们在项目中的表现和生产力，他们实现项目可交付成果的能力和其他相关目标。项目经理负责完成项目；然而，单靠一个经理无法完成这项任务——它需要团队成员持续和坚定的努力。经理必须做的是提供一个环境，允许（和激励）团队成员为项目贡献他们最大的努力。这是激励的挑战。在团队中，他们的集体动机将：

- 激励团队成员完成他们的计划工作（按时，按预算，按规定）；
- 指导团队在满足最后期限、“里程碑”和其他限制条件下完成工作；
- 将团队凝聚在一起；
- 使团队能够在自我指导模式下运作；
- 允许团队成员自我修正他们自己的大部分工作。

每个人都有一个自己最喜欢的动机理论。两个经常被引用的例子是马斯洛的需求层次模型和赫茨伯格的激励因素与保健因素。表 8.6 对两者进行了扩展。无论你采用哪种模式，关键的学习应该是项目团队必须在一个允许动机的环境中工作。无论是需求层次、内部工作因素还是影响团队满意度的外部因素，项目经理必须确保所有途径都被积极追求，以激励团队。

表 8.6　动机理论

马斯洛 (Maslow)	这一模型表明，动机存在于五个不同的层次上，每一个层次都是下一个层次的先决条件——也就是说，一个自下而上的需求层次结构，在这个层次结构中，较低层次的需求必须在较高层次的需求之前得到满足。所有人都想满足五种不同的需求。这些是（从底部开始，并有一些例子）： 1. 生理（如空气、水、性） 2. 安全（例如，住所、衣物） 3. 社交（如互动、成员关系） 4. 自尊（例如自我、自我价值） 5. 自我实现（如自主、独立）
赫茨伯格 (Herzberg)	这个模型考察了工作满意度和生产力之间的关系。它声称，一些工作因素会导致工作满意度（和提高生产力），而其他因素只能防止不满（和降低生产力）。它还认为，工作满意度和不满意度并不存在于一个单一的连续统一体上——也就是说，满意和不满意是可能同时存在的。该模型围绕两个中心类别展开。 卫生与工作或工作的外部因素有关，这些因素与马斯洛的较低层次需求（生理、安全、社会）类似： ■ 公司政策 ■ 管理流程和程序 ■ 薪酬和其他福利 ■ 工作条件 ■ 人际工作关系 激励因素以及与工作本身直接相关的内部因素，这些因素与马斯洛的更高层次需求（自尊和自我实现）类似： ■ 工作本身的性质 ■ 以另一身份行事 ■ 具有挑战性的工作 ■ 识别 ■ 反馈 ■ 进步 ■ 确认 ■ 工作种类 ■ 责任

随着组织在业务优先级和项目工作中不断重组、缩减规模和增加资源负荷，无论支持哪种理论，动机都不能被忽视。图 8.2 覆盖了这两种理论。是的，你可以以小时为单位买到他们的时间，但你不能买到“他们的热情或忠诚，他们的心灵，他们的思想和灵魂的奉献”（科尔，2010）。只有通过激励，资源才能在工作场所发挥作用（而不仅仅是满足）和富有成效。

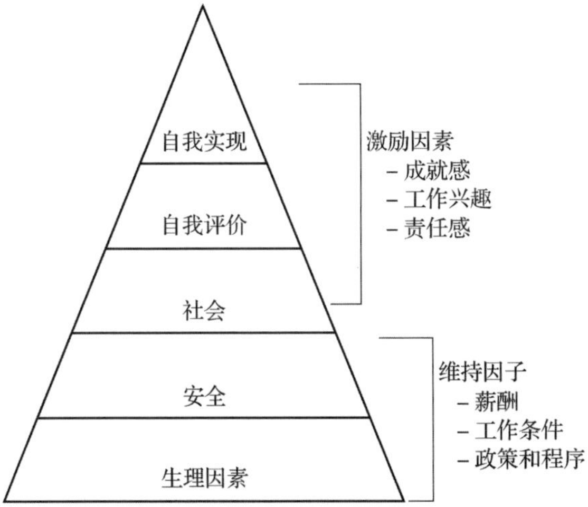

图 8.2 覆盖了马斯洛和赫茨伯格的动机理论

批判性反思 8.5

如今，每个人都有关于动机的理论，尽管我承认我更喜欢马斯洛和赫茨伯格的早期研究，他们都对我们的动机提供了实用的见解。

- 从一个简单的问题开始：是什么激励你担任当前的项目角色？
- 你的上司如何知道这是真正激励你的因素？
- 现在看看你（可能）管理的人，用刚才回答的问题问自己。
- 发现某人真正动机的关键是什么？
- 在每种情况下，将奖励与动机相匹配有多难？

2. 衡量团队绩效

支撑这种管理是一个正式或非正式的过程，它是经过深思熟虑和系统的测量、评估和反馈，旨在建立绩效、动机和工作满意度——换句话说，就是一个讨论绩效、潜力和专业发展机会的对话。通过鼓励坦率、开放和诚实的讨论，可以协商现实的期望，回答问题，消除疑虑，并商定继续学习和发展的途径。

随着对发展和维持最佳绩效的专注，团队绩效评估“有望提高团队的绩效，从而增加实现项目目标的可能性”（项目管理知识体系，2013）。虽然项目绩效可以根据任何数量的传统组织绩效标准（关键绩效指标）进行评估，但在项目背景下，这些标准应扩展为包括许多以结果为导向并经商定的标准，包括：

- 针对目标的绩效；
- 按进度执行；
- 预算执行情况；
- 针对范围的绩效。

由于一些项目的生命周期较短，项目经理进行绩效评估的机会往往是不可行的。在这些情况下，必须让业务经理了解整个项目中工作人员的表现和发展。同样，在较长的项目中，项目经理可能认为这样的审查没有必要，甚至不认为这是他们自己职位描述的一部分——所以机会又一次失去了，每个人都依靠业务经理规定的职责来进行绩效评估和审查。

研究已经证实了基于项目的工作和绩效的两个重要趋势。首先，在组织环境中，从基于职能的工作明显转向基于项目的工作［贝克（Baker），2013］。实际上，这意味着管理者更倾向于围绕跨职能项目而不是职能部门来组织工作。这种转变导致了矩阵式的组织结构。因此，项目能力在工作场所变得越来越重要。

第二个结论是，绩效管理被视为一个持续的过程，而不是一年一次或两次的事件。换言之，绩效评估正在受到严格审查，其价值已不如20世纪那样高。这意味着绩效管理应该是一个无缝的过程，基于一系列简短、集中的对话。绩效管理已经从一个评估过程转变为一个员工发展的过程。

因此，随着更多的基于项目的工作以及向绩效管理的发展方法的转变，项目领导者需要将结构化的绩效系统和流程落实到位。实际上，这意味着人们的项目绩效是一个持续关注的问题，而不是在项目结束时进行的一个插曲。这意味着项目领导者应该熟练地与项目成员和利益相关者就绩效进行及时和建设性的对话。为了实现雄心勃勃的项目管理“里程碑”，这些绩效对话经常被忽视。

关于什么是绩效管理，什么不是绩效管理，有许多定义。在基于项目的工作环境中，绩效管理是一个建立关于在项目中要实现什么的共同理解的过程。它是关于使项目目标与项目成员商定的措施、技能、能力要求和发展计划相一致，并与结果的交付相一致。重点是改进、学习和发展，以实现整体项目战略并创造高水平的绩效。

贝克（Baker，2013）提出了一种新的绩效管理方法，称为五个对话框架（the Five Conversations Framework）。这个框架是基于项目经理与其员工在五个月的时间里进行的五次对话。表8.7概述了这个框架。

每次对话持续时间不超过15分钟，与项目工作相关。气候审查对话可以为项目成员所处的位置以及可以采取的任何补救行动提供一个温度计，以提高满意度、士气和/或沟通。项目经理可以利用优势和人才对话来确定人们的技能在当前项目的环境中得到最佳利用的程度。关于增长机会的对话可以考虑需要发展的领域。学习和发展对话考虑了帮助项目成员利用他们的才能并克服他们的局限性的方式和方法。创新和持续改进对话的目的是将增强项目及其所有组成部分的想法带到表面。总的来说，这五次对话是一个有效的绩效——项目经理的开发方法。

表8.7　五个对话框架

日期	主题	内容	关键问题
第一个月	气候审查	工作满意度、士气和沟通能力	■ 你如何评价你目前的工作满意度？ ■ 你如何评价员工的士气？ ■ 你如何评价沟通能力？
第二个月	优势和人才	有效部署优势和人才	■ 你的优势和才能是什么？ ■ 如何将这些优势和才能运用到你现在和未来的工作中？
第三个月	促进增长的机会	绩效和标准	■ 哪里有提高绩效的机会？ ■ 我怎样才能帮助你提高绩效？
第四个月	学习和发展	支持和增长	■ 你想学习什么技能？ ■ 你希望有什么样的学习机会？
第五个月	创新和持续改进	提高业务效率和效益的方式和方法	■ 你有什么方法可以提高自己的工作效率？ ■ 我们改进团队运营的一种方法是什么？

来源：贝克（2013）

与团队成员进行对话有多难——对他们过去的表现展现出兴趣，提供建设性的反馈，使他们能够改进，并讨论他们的愿望，这能有多难？是评估系统（纸质的还是电子的）让每个人都失望了？是缺乏在进行评估的管理培训导致玩世不恭和相互冷漠，还是每6个月或12个月一次的烦琐和耗时的过程造成了明显的怨恨、不信任和批评？也许是这个过程被感知到的判断性质？

有许多可用的绩效管理技术，表8.8中展示了其中一些。回顾一下这个列表，随意尝试那些你最不了解或最不自信的内容，并“试驾”它们。请记住，每种技术都可以在提高管理层和团队成员之间的理解、信任、承诺和沟通方面发挥作用，并且可以在整个项目中打造更高效的团队（项目管理知识体系，2013）。

表 8.8 常用的绩效管理技术

技术	目 的
结构化访谈	与团队成员进行正式面试，回答所提出的问题
重大事件	审查期间积极和消极的重要（关键）事件的记录
写论文	用几段话详细描述每个团队成员的行为和技能
评级量表	为每项与工作相关的技能定义量表，以便在团队成员之间进行快速比较
同行评审	团队成员根据关键标准来评估彼此的绩效
360 度反馈	与团队成员一起工作的人员提供的多位评分者匿名反馈
平衡计分卡	对一系列被认为对成功至关重要的价值观、属性和品质进行的评级

请记住，进行绩效评估是为了提供反馈（建设性信息），这些反馈将确定提高团队绩效所需的具体培训、辅导、指导、协助或变化——通过个人技能发展或增加团队凝聚力，从而提高整体项目绩效（项目管理知识体系，2013）。

3. 加强绩效

另一个相关主题是奖励。有人曾经说过，“被衡量和奖励的事情才会完成”。想想你的项目团队以及他们因绩效而获得的强化和/或奖励。以下问题可以帮助你评估奖励是否合适：

- 人们重视回报吗（是否值得付出努力）？
- 整个团队的奖励是否公平？
- 他们的竞争力如何？
- 团队成员需要他们吗？
- 你有没有问过团队成员他们希望得到什么样的奖励？
- 正确的人是否因为正确的原因而得到奖励？
- 你有没有考虑过，一些优秀的团队成员可能会因为其他人获得奖励而感觉更糟？
- 这种奖励是“一次性”的，还是经常发生的？
- 奖励是否体现了“懒惰管理”？
- 奖励是基于绩效的，还是一种常规的管理实践？
- 奖励的及时发放是由任务完成情况推动的，还是为了管理层的方便而存在的？

■ 你是否根据能力、努力、策略、运气或任务难度来奖励成功？

在某些情况下，强化并不是一个自动的考虑因素，因为重点仅仅在于通过异常报告采取纠正措施。虽然必须解决绩效偏差问题，但不能将其与其他兼容绩效隔离开来。也不是每个偏差都需要采取纠正措施。对于项目经理来说，为了建立和维持团队绩效，他们必须学习（并快速学习）如何平衡纠正措施和强化。

批判性反思 8.6

项目的绩效是给定的，不是吗？那么为什么要衡量和管理它呢？

难道业务经理不做这种事吗？

■ 项目是否需要某种形式的绩效管理流程？如果需要，为什么？

■ 如何解释一个人在整个项目中不同水平的表现与他们的日常角色不同？

■ 你如何确保将项目绩效纳入任何运营绩效审查流程？

六、冲突管理

在商业中，总会有问题、投诉、延误、失信、错误的期望、错误的信息和误解。这些会产生问题和抱怨——有些是有效的，有些则不是，有些可能会得到解决，有些可能不会。项目也不例外。在每个项目中，考虑到利益相关者的多样性和不断变化的期望，存在如此多的潜在冲突，以至于许多人认为这是一个增长的行业。冲突可能由多种问题引起，包括：

■ 在极端压力下工作以赶上最后期限；

■ 不匹配的任务和技能；

■ 团队内部和/或与利益相关者的个性冲突；

■ 相互冲突的业务工作优先级；

■ 团队内部的绩效问题；

■ 角色不安全感；

■ 参与决策的程度；

■ 项目范围的变更；

■ 向两个或两个以上的经理/主管汇报工作；

■ 对提出和/或采取的替代解决方案的分歧；

■ 授权和自主权的程度；

■ 没有沟通和澄清不同的期望、需求和/或目标；

■ 隐藏的议程，自私自利和不诚实。（不要忘记这些！）

鉴于冲突显然很受欢迎，它应该被忽视吗？是否应该不惜一切代价避免这种情况呢？它应该被视为一种破坏项目成果的力量，还是被视为建设性地鼓励和管理多样性的方式？答案是以上所有的，因为冲突可以产生消极和积极（是的，这是可能的）结果，这取决于如何处理它。

例如，考虑以下积极结果的例子：

- 探索新思路；
- 考虑他人的观点；
- 调整、微调或修改；
- 澄清不同的立场和利益；
- 推迟做出决定（是的，这可能是非常积极的）；
- 是时候重新考虑、澄清并与那些尚未支持提案的人沟通了。

当然，冲突会产生负面（和传统的）结果，包括：

- 项目利益相关者之间沟通的中断；
- 各方之间的敌意加剧；
- 停止该项目的工作；
- 对合同违约而采取的法律行动；
- 更换项目人员。

由于在项目中有如此多的冲突机会，多年来已经开发了许多不同的流行方法来管理冲突——如果不能解决冲突的话。如图 8.3 所示，使用了一个二维图表，其中一个坐标轴上是“自信”取向（对自己的结果感兴趣），另一个坐标轴是“合作”取向（对他人的结果感兴趣）。

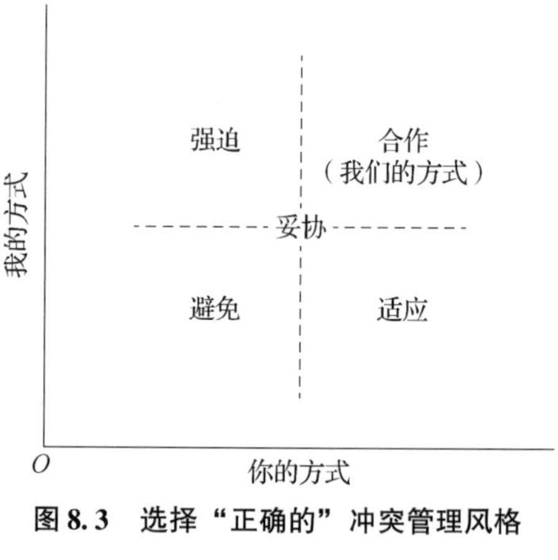

图 8.3　选择“正确的”冲突管理风格

这五种方法、策略或风格中的每一种都为解决冲突和争端以及谈判提供了不同的方法。使用象限分析，该模型反映了在冲突情况下的个人行为，在两个维度上进行衡量：自信（个人试图追求和满足自己利益的程度）；合作（个体试图追求和满足他人利益的程度）。在天平的一端，你在竞争时坚持自己（有些人会建议使用武力），坚持你认为正确的（或你想要的），几乎不考虑对方（如果有的话）。在其他情况下，你的立场可能更具有合作性，考虑到你和对方的立场，并计划一起工作。

在不同的时间，最好的方式可能是不参与并有效地避免整个问题——既不自信也不合作。这就是图 8.3 选择“正确”的冲突管理方式来解决冲突、问题、争议和分歧的关键：没有一种“正确”的方式可以适用于任何情况，也不应该存在，因为每当两个或更多的人在某件事情上存在分歧时，总会有一些变量（例如时间、优先级、意见、协议的重要性、证据、地位权力或自我）在起作用。

现在，更详细地举例说明每种策略何时可能有效，这五种策略是：避免/退出；适应/平滑；强迫/竞争；解决问题/合作；妥协/和解。

1. 避免/退出风格（低主张，低合作）

这一战略既不自信也不合作。根本没有试图解决冲突，无论是你自己的目标还是对方的目标（也被称为双输的情况）。在以下情况下，避免策略可能有效：

- 你不可能赢；
- 这个问题相对次要或微不足道；
- 这将由其他人来解决；
- 与另一方对抗可能会导致更多的损害而不是解决问题；
- 需要留出时间，让每个人都放松下来；
- 存在不公平的权力平衡；
- 需要更多的时间来准备。

2. 适应/平滑风格（低主张，高度合作）

这种策略是不自信和合作的。在这里，别人的观点被认为比你自己的观点更重要（也称为一种双赢的情况）。在以下情况下，适应策略可能有效：

- 对方的证据更有说服力；
- 和平、善意与和谐对有价值的关系更为重要；
- 你想通过让步来创造战术优势；
- 你承认自己的弱点；
- 你希望避免进一步破坏你们的关系；
- 强调共同点比差异更重要。

3. 强迫/竞争风格（高主张，低合作）

这种策略是自信和不合作的。在这种情况下，权力和支配地位通常会被用来让你从“失败”的一方（也称为输赢的情况）获得顺从。在以下情况下，竞争策略可能有效：

- 你知道你是对的；
- 如果你输了，风险太大了（失败不是一种选择）；
- 需要采取迅速而果断的行动；
- 必须做出不受欢迎的决定；
- 需要展示武力。

4. 解决问题/合作风格（高主张，高合作）

这种策略是自信和合作的。双方都寻求相互的和最佳的结果（也被称为双赢局面）。在以下情况下，合作策略可能有效：

- 你想建立一个联盟和关系；
- 你需要对方的持久承诺；
- 你想鼓励、调查和巩固不同的观点；
- 你的解决方案在很大程度上取决于另一方是否也获得他们的解决方案；
- 你需要一个最佳的结果，而不牺牲自己的结果；
- 必须考虑多种观点；
- 公开对话需要时间。

5. 妥协/和解风格（中间主张，中间合作）

这种策略结合了自信和合作，尽管程度适中或中等。在这里，达成了一个双方都能接受的结果，通过各自牺牲一些个人目标和问题，部分地满足了双方。在以下情况下，妥协策略可能有效：

- 结果对双方来说只是中等重要；
- 没有其他可行的选择；
- 权力的平衡是均衡的；
- 需要一个“前进”的姿势；
- 需要做出决定（无论多么临时和/或加急）；
- 暂时或部分解决是可以接受的。

作为项目经理，如果你要解决与所有项目团队成员和利益相关者的多样性，冲突和分歧，你将需要开发所有这些方法，策略和风格（并能够在其他人手中识别它们）。要做到这一点，你要考虑可能的愤怒（以及发泄愤怒的机会）、燃烧情绪卡路里、沮丧、恼怒、不安、抱怨、非理性的讨论，也许很少或没有满足。我们不要忘记，这些人也希望有人了解他们的感受，并尝试立即解决他们的争端和问题。也许下面的建议可能有助于降低温度——尤其是当情绪高涨的时候。尝试用不那么情绪化或偏见（或者更积极的）的词来代替“冲突”一词，比如“误解”“遭遇”“差异”“困惑”“分歧”或“讨论”。(是的，它们只是不同的词语，但它们也不包含相同的情感、地位权力、既得利益或赢家——输家标签。)

那么，应对冲突的最好方法是什么呢？以下是一些指导方针（但请记住，每个人、每个情况、每个既得利益和期望的结果都是不同的)：

■ 现在就自己承担责任和所有权（不要把问题推给别人)。

■ 完全关注对方，并“真正地”倾听（不带防卫的，用你的头脑，而不仅仅是你的耳朵）他们的问题。

■ 通过向他们解释（用你自己的话重复）来证明你对他们问题的理解。确保他们已经发现了真正的问题，而不仅仅是症状。

■ 检查已陈述的观点（你听到的）和未陈述的观点（你没有听到的)。

■ 要坦率、诚实和关心，为所发生的事情向对方道歉。

■ 以尊重和外交方式，用同理心来承认他们的感受和情绪。

■ 概述你认为可以解决问题的行动方案（并准备好让对方参与此讨论)。

■ 在提议的解决方案中寻求他们的同意（如果你做不到这一点，你真的没有任何有效的解决方案)。

■ 真诚地感谢他们让你注意到这些信息（即使这个真的很伤人)。

批判性反思 8.7

冲突是一个很大的话题。不仅这个词本身可以被修改以帮助管理冲突；本书还提供了一些关于如何处理各种形式冲突的流行策略——无论是积极的还是消极的。

■ 思考为什么冲突需要不同的策略来应对，为什么一种策略不能适用于所有的冲突情况。

■ 确定你默认的冲突管理风格是什么（以及你为什么喜欢这种风格）和你最不喜欢的风格（以及为什么)。

■ 积极的冲突能给你的项目带来什么，如何鼓励这种冲突？

■ 消极的冲突会给你的项目带来什么，如何阻止它（除了文中建议的策略之外)？

七、复习题

8.1　为什么人力资源管理规划对项目的成功至关重要？

8.2　在收购项目团队时必须考虑哪些信息和决策？

8.3　项目经理如何在整个项目的发展过程中帮助他们的团队发展？

8.4　冲突是否应被视为项目中的积极力量，应如何处理？

8.5　绩效评估在促进项目绩效达到最佳水平方面的作用是什么？

八、案例研究

特雷弗就是他们唯一的依靠。老特雷弗是个老派，靠过去的辉煌和几个首选供应商（真的是伙伴）做生意，他不是管理这个改造项目的理想人选。项目管理已经从完全掌握技术转变为现在知道如何管理项目的交付——按时、按预算和按范围。时代变了，但遗憾的是特雷弗没有变。

作为一名合格的木匠和注册建筑商，特雷弗一直是一个“亲力亲为”的人，从不害怕参与并完成工作，即使这意味着要亲自动手。所以从技术上讲，他的工作挑不出毛病——尽管众所周知，他有时会走不必要的捷径（到目前为止，这些捷径并没有反过来伤害他）。

> 特雷弗总是努力参与、影响、指导和管理他的利益相关者和团队成员，正如一个称职和善于实践的项目经理所期望的那样。

然而，在他有限的技术范围之外，特雷弗总是努力参与、影响、指导和管理他的利益相关者和团队成员，正如一个称职和善于实践的项目经理所期望的那样。因此，他的雇主“老年护理翻新”（Aged Care Renovations）的首席执行官莉安娜面临着两难境地。她刚刚赢得了一份价值80万美元的合同，翻新当地退休村里的一栋住宅楼，她知道这个项目在政治上很敏感，商业上很重要，而且具有群体意识，因此绝对不能有失误。特雷弗不仅需要管理这个项目，还需要成为这个项目的公众形象。莉安娜坐在办公室里，她犹豫着要不要采取行动。

在他被任命并兼顾其运营物业管理角色后，特雷弗的任务是为这个项目组建他的团队。由于每个人都淹没在自己的运营优先事项和直接下属中，事实证明这是一场持续的噩梦，因为没有人真正有时间，在某些情况下也没有技能来承担另一个“传送带”项目。然而，在一番乞求和恳求下，特雷弗拼凑出了一个类似于团队的东西，尽管它更可能是一群没有承诺的应征者，而不是一个富有成效的团队。

由于没有公认的学习和发展背景（除了他的贸易资格），特雷弗未能意识到他所面临的挑战，不仅是要将他的团队聚集在一起，还要确定他们准备承担这个项目所需的帮助。虽然这些年来他参加了不同的培训课程，但特雷弗对任何培训的标准反应是，他什么都知道，而培训师是个白痴，什么都教不了他。是的，特雷弗当然不是他团队的完美榜样。

由于缺乏社交技能，特雷弗知道他很难在个人和专业层面上了解他的团队（尽管他永远不会承认这一点）。他并不真正了解这个新时代关于个性特征、团队角色和其他心理测量工具的“心理呓语”，并且也不在乎如何让他的团队发挥彼此的优势和规避劣势。

特雷弗还意识到，考虑到他的团队将在实际的运营和项目冲突中工作，他必须努力工作，通过某种形式的绩效评估流程来激励他的团队（如果不是奖励的话）。私下里，特雷弗不知道这些意味着什么或涉及什么，因为在他那个时代，你有一份工作就很幸运了，如果你想保住你的工作，不管它是什么级别的工作，表现都是必须的。

当莉安娜反思特雷弗的任命时，她意识到自己和公司的声誉会受到威胁。

问题

（1）你认为特雷弗要想成为一名有效的项目经理必须改变哪些行为？

（2）人力资源管理计划能否帮助特雷弗管理（如果不能缓解）他所知道的该项目面临的人力资源问题？如果是，怎么做？

（3）特雷弗可以采取哪些步骤来将他的人力资源（随着时间的推移）发展成一个高度一致和表现良好的团队？

（4）特雷弗如何在他的团队中容纳不同个性的人，使他们能够最大限度地提高团队的效率？

（5）特雷弗如何确定其团队的学习和发展需求，以确保他们每个人都具备执行项目工作的必备技能和知识？

（6）你会建议特雷弗采用哪些绩效管理技术来衡量他的团队表现？

第九章
沟通管理：将意图与结果相匹配

◎ 要点

- 沟通管理规划应该包括的内容
- 沟通中的现实与挑战
- 项目管理沟通的障碍
- 通用的项目沟通工具
- 项目会议：有效与否
- 启动和结束会议的重要性
- 项目绩效的真实衡量标准（进度、状态和预测）
- 控制项目沟通

◎ 实践应用

沟通，作为一种“软”技能，通常被大多数擅长沟通的人——换句话说，我们所有人——视为理所当然。我们交谈，我们写作，我们挥舞着双臂，因此我们的交流既高效又有效。简单，是的；完全合理，也许不是。

在阅读这篇文章的时候，请考虑一下你是如何进行交流的。你穿得怎么样？你是坐着、躺着还是来回走动？当你发现“一点黄金”的时候，你是在强调这些部分，还是在用问题和不同意见（希望不是后者）来质疑这本书？无论你在任何时候做什么，我们总是通过语言、声音或视觉线索进行交流，既充满了发送者的意图，也充满了接收者的结果。

有时候，当我们交流时，理解和行动是齐头并进的。在其他时候，结果可能是困惑、争端和不作为。当你读到项目也不能免除这些沟通现实时，你也不应该感到惊讶。事实上，如果所有利益相关者的期望都能在整个项目中被识别、评估、同意和沟通，那么项目就为坦率、诚实、完整和简洁的沟通提供了肥沃的土壤。

毕竟，项目中充斥着各种各样的计划、会议、批准和报告文件，至少在理论上这些文件针对特定的利益相关者需求。章程、计划、甘特图、变更请求、进度报告和移交清单都能够获取、分析和传达有关项目进度、状态和未来的真实绩效信息。但真正的问题是：他们如何准确、持续地获取、分析和传达？

◎ 本章概述

我们经常认为沟通是理所当然的。然而，就像项目管理中的任何其他过程一样，所有利益相关者之间的沟通，无论其重要性、职位或投入如何，都必须进行管理，如果它是高效的（做正确的事情）又是有效的（做正确的事情）。我们是否完全准备好在整个项目中管理这些不断变化的利益相关者期望？我们是否有“特定于阶段”的工具在整个项目生命周期中与每个利益相关者进行有效沟通？你如何传达方向感、兴奋感、紧迫感、承诺感和热情？当项目面临压力时，你如何与相关利益者沟通所需的权衡？

项目管理知识体系（PMBOK，2013）将项目沟通管理定义为“确保及时和适当地规划、收集、创建、分发、存储、检索、管理、控制、监控和最终处置项目信息”所需的过程。沟通过程建立了一座桥梁，每个利益相关者都将不同的背景、期望、专业知识、观点和兴趣打包装在他们的汽车上，然后来回传播，与项目的目标、交付和最终成功进行互动。

尽管项目管理知识体系的定义很长，但值得庆幸的是，项目管理知识体系已经将流程缩小到只有三个：计划沟通管理、管理沟通和控制沟通——明确强调项目经理与团队成员和其他项目利益相关者的沟通。

一、规划沟通管理

项目经理 75%~90% 的时间都花在四种既定沟通模式（写作、阅读、交谈和倾听）中的一种或多种沟通上，因此，毫无疑问，沟通是任何组织为富有成效的工作和人际关系创造条件的组织力量［科尔（Cole），2010］。尽管得到了这样的认可，但沟通不畅仍会以各种各样的问题、争论和误解的形式继续阻碍和破坏工作场所。

每个人每天每分钟都在交流。有些交流是公开的、明确的，有些则是私下的、含蓄的。有些人通过攻击来实现它，有些人则通过消极的方式来实现它。对一些人来说，这是通过使用他们的语言、演讲，也许是演示来实现的；其他人依赖于书面报告等；还有一些人选择非语言方式进行交流（例如，他们的着装，他们使用的手势）。甚至沉默也是一种强有力的非语言交流方式。无论沟通双方（我们称他们为发送者和接收者）采用哪种方法，每种方法总是会导致沟通（有效与否）发生，如图 9.1 所示。

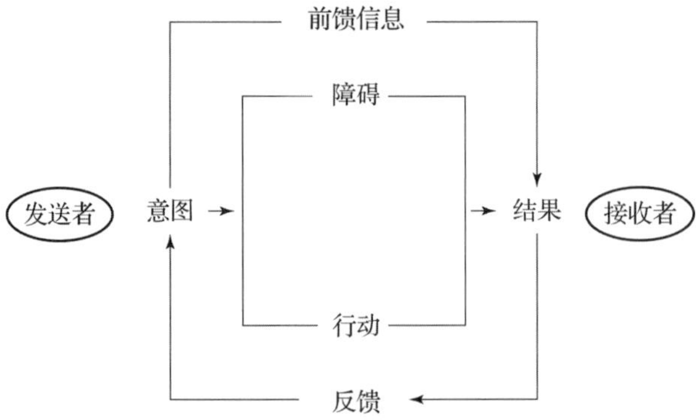

图 9.1　沟通过程

要问的问题是：什么是沟通？这是有效的沟通吗？它会导致所采取的预期行动吗？这就是有效沟通的真正含义：发送者所期望的行动被接收者执行的过程。换句话说，沟通是关于意图和结果的。鉴于我们高达 93% 的口头交流大多是即兴的，项目经理基本上没有时间提前考虑和计划必须沟通的内容。

需要为该项目制订一个沟通管理计划。制订适当的方法和计划，与项目利益相关者进行有效和高效的沟通，是推动这些规划过程和活动的原因。老实说，这种方法需要高度的私心和编辑控制，以便只提供任何特定利益相关者在任何特定时间所需的信息。是的，项目利益相关者需要不断共享信息；然而，在许多项目中发现他们自己陷入了缺乏建设性沟通的例子中，包括：

- 收件箱塞满了毫无意义和无关的电子邮件；
- 报告没有人会拿起、阅读或采取行动；
- 与无关紧要的人进行多余的交谈；
- 未能考虑最新修订的过期时间表；
- 更新内容没有被传播；
- 令人头脑麻木的演讲；
- 信息传递的延迟；
- 错误的人接收信息；
- 发布的信息不足；
- 信息本身的歧义；
- 缺少变更请求和批准的信息；
- 出席率低的会议产生的效果甚微（除了空谈）。

项目经理必须确保信息“以正确的格式，在正确的时间，提供给正确的受众并产生正确的影响”（项目管理知识体系，2013）。这可能带来相当大的挑战，因为信息需求和传播方法因项目而异，也因利益相关者而异。尽管如此，在制定沟通计划时应考虑以下任何一项因素：

- 需要哪些信息？
- 为什么需要它，它可能会引发什么决定？
- 需要什么程度的细节？
- 谁有权访问此信息？
- 如何处理内部和外部信息需求？
- 什么时候需要这些信息？
- 信息的紧迫性是什么？
- 信息将以何种格式存储？
- 将使用什么媒介来传达信息？
- 谁将收到这些信息？
- 敏感和机密信息将如何传达？
- 信息将如何共享？
- 需要这些信息的频率是多少？
- 还需要考虑哪些其他因素（语言、文化、时区等）？

最后，在寻求这些（和其他）问题的答案后，可以制订适当的沟通计划，准确概述如何规划、构建、监控和控制项目沟通（项目管理知识体系，2013）。那么，你能指望在其中找到什么呢？按照以下建议来做，并像往常一样，加入你自己的（特定于项目的）想法：

- 一个广泛的术语表；
- 用于创建、保护、分发和存储信息的协议；
- 参与接收信息的利益相关者；
- 用于让利益相关者了解最新情况的方法；
- 受法律法规或组织政策约束的任何沟通限制；
- 处理问题的上报步骤；
- 团队成员被授权发布信息；
- 指定特定的文件要求。

二、管理项目沟通

所以计划已经制订好了。毫无疑问，现在所有的沟通都将完美运转。回到现实。到现在为止，你应该有一种感觉，两个或更多的人之间的沟通可能是困难的。事实上，参与的人越多，沟通就越困难。任何因素都可能导致这种情况：个人观点、语言和词汇、地位（资历最深的人总是对所说的话记得最清楚）、自我形象、信息的复杂性、文化因素，以及个人看法和偏见。

回想一下本章前面，项目管理知识体系（2013）将项目沟通管理定义为“确保及时和适当的规划，收集，创建，分发，存储，检索，管理，控制，监控和项目信息的最终处置”所需的过程。这一定义背后的意图是适当地生成相关、及时和准确的信息，在收到信息时予以确认，最重要的是，充分理解。科尔（2010）主张在分析和思考信息时将四个 F 巧妙地串联起来（以及一些区分这四个 F 的有价值的技巧）：

■ 事实：每个人都接受的无可争辩的客观事实——只提供可以独立核实的事实信息。

■ 幻想：某人的意见或解释——承认这只是一种观点。

■ 民间传说：谣言、八卦或道听途说——不要被谣言所迷惑或助长谣言（有些人会编造他们不知道的东西）。

■ 感觉：直觉、自我或情感——留出时间表达感受，不加评判。

显然，将有机会寻求进一步的信息——无论是通过任何正式或非正式渠道进行澄清或辩护，包括：

■ 安排好的会议；
■ 书面报告；
■ 论坛；
■ 期刊和文章；
■ 演讲；
■ 语音信箱；
■ 电子邮件；
■ 即席会议；
■ 硬拷贝文件；
■ Web 发布。

更具体地说，在项目管理环境中，沟通不畅通常会成为一个非常现实的障碍，阻止利益相关者在整个生命周期中识别、澄清和解决问题。表 9.1 列出了其中的一些障碍。

表 9.1　项目生命周期沟通障碍

沟通障碍	概念	计划	执行	终结
缺乏客户参与	√		√	√
缺少会议	√	√	√	√
缺乏商定的范围变更		√	√	
糟糕的报告要求			√	
缺乏审查			√	
项目人员变更		√	√	

续表

沟通障碍	概念	计划	执行	终结
不完善的文档	√	√	√	√
模棱两可的术语	√	√	√	√
频繁的范围变更		√	√	
缺乏合格的人员		√	√	
会议太多	√	√	√	√
缺乏信息的利益相关者		√	√	√
共置资源	√	√	√	√

无论你支持哪个项目生命周期（无论是我的四阶段模型还是任何其他模型），每个阶段的机遇、挑战以及压力都应该决定所使用的沟通策略或工具。因此，沟通的需要是显而易见的，正如“当你致力于沟通时，沟通效果最好”。但是，项目利益相关者可以使用哪些工具？表 9.2 分阶段说明了整个项目历史上使用的一些比较常见的沟通方法。花点时间来回顾这些，反思你的项目团队是否可以访问所有这些内容，以及团队是否在“正确”阶段使用了它们；还要考虑它们是否高效（及时、具有成本效益等）和/或有效（产生结果、做出的决定等）。

表 9.2　常用项目沟通工具

沟通工具	概念	计划	执行	终结
项目章程	√	√	√	√
项目计划		√	√	√
批准文件	√	√	√	√
会议	√	√	√	√
会议记录	√	√	√	√
风险评估		√	√	√
网络图		√	√	√
工作分解结构		√	√	√
甘特图		√	√	√
业绩报告			√	√

续表

沟通工具	概念	计划	执行	终结
现场检查			√	√
项目沟通	√	√	√	√
范围变更请求			√	√
变化			√	√
完成报告				√
作业指导书			√	
工作说明		√	√	
资产登记		√	√	√
库存			√	
采购订单			√	
发票/对账单			√	√
投诉信函			√	√
合同协议	√	√	√	√
更新的工作订单			√	
移交文档				√
材料安全数据表			√	
安全计划		√	√	√
完成证书			√	√
合规文档	√	√	√	√
利益相关者分析	√	√	√	√
挣值报告			√	√
预算	√	√	√	√
现金流			√	√
组织结构图	√	√	√	√
过渡计划			√	√

项目沟通的大部分项目将围绕招标文件、提交材料、提案、计划、报告、备忘录和正式信函进行格式化。虽然我们的目标不是分别介绍每一个，也不

是告诉你如何准备它们，但以下是一些简单而有价值的指导方针，供你准备书面交流时使用：

■ 使用简单、熟悉、明确和直截了当的英语（你的行动总是比你的言语更有力）。

■ 自然地写作，就好像你在说话一样（心里想着读者）。

■ 删除那些弱化消息的多余词语（“系统将能够……”变成“系统将……”——没有必要赘述）。

■ 避免使用专业术语（如果无法避免，请使用术语表）。

■ 使用包容性语言（消除不必要的性别）。

■ 用简单句（单个观点）、复合句（两个观点）和复杂句（两个或两个以上观点）进行逻辑写作。

■ 要积极准确。

■ 忘记换行，保持句子简短。

■ 将你的想法限制为每个段落一个。

■ 使用礼貌、自信和果断的语气。

■ 始终如一地使用相同的术语（“信息”不会变成“数据”）。

■ 确定信息将呈现的“角度”或焦点。

■ 包括当前和可信的来源、参考文献和例子。

■ 避免使用无用的形容词或副词。

■ 只使用客观语言（不要让你自己的观点或经验妨碍你的想法或理论）。

■ 用相关的标题和副标题拆分信息。

■ 不要做出未经证实或疯狂的声明（而是用相关证据支持任何声明）。

■ 包括引用和引用以支持信息。

■ 使用参考表格、图形或图表来快速直观地组织信息。

■ 修改（多次）语法、标点符号和拼写。

批判性反思 9.1

让人们了解情况通常比最初看起来更难。信息是支撑项目成功的重要方面之一，但人们对信息的理解和执行往往很差。

■ 为什么很难保证你的意图可能与你沟通时得到的结果不完全相同？

■ 那么，到底是什么让沟通变得如此困难呢？

■ 回顾文本中提出的一些观点，并评估它们在匹配意图和结果方面的有效性。

三、项目会议

有人建议，经理们（通常是他们的下属）可以把 85% 以上的时间花在会议上。对于那些从未停下来考虑这种有价值的统计数据的人来说，这个数字听起来可能令人震惊。如果这是真的，那么在闭门、走廊、停车场或现场开会的时间可能会不成比例。最明显的问题是：

- 有多少时间是明智、高效和有效利用的？
- 有多少会议产生了切实可行的结果？
- 有多少百分比的会议包含了真正能够做出所需决策的利益相关者？
- 在会议上提供了多少建设性信息？
- 会议的参与性如何，也就是说，会议允许不同的意见、建议和责任吗？
- 有多少会议管理不善？
- 有多少会议仅仅是为了批准别人已经决定的内容？
- 有多少会议会重提之前已经讨论过的问题？

不要有错误的印象：如果计划、执行和管理得当，会议是一种极好的沟通工具。然而，我们的重点将放在其他类型的会议上，在这些会议上，其中的计划、执行（包括管理）和后续流程远远低于首选水平。为什么要针对这些类型的会议？因为会议可能会占用一天中的大量时间；它们可以涉及许多利益相关者，每个利益相关者都有个人的时间议程；而且通常收效甚微，如图 9.2 所示。然后浏览表 9.3，它对比了会议每个阶段的最佳实践和常见实践之间的关键差异。

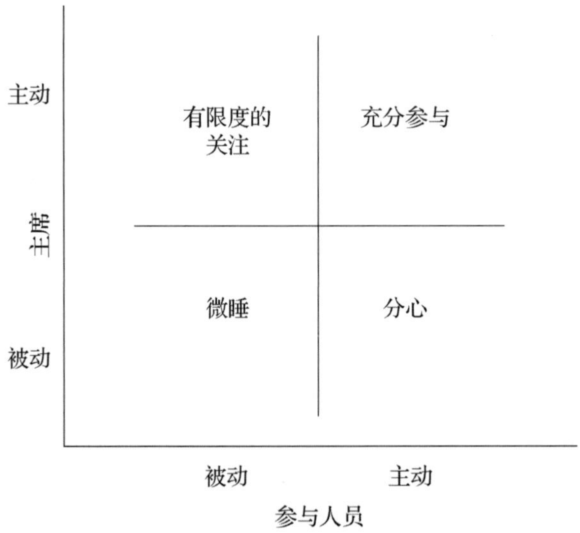

图 9.2　分析会议

如果管理得当，项目会议可以清楚地提供有效和高效的结果。每个项目需要召开的两个非常具体的会议将在下面叙述。

1. 启动会议

希望这次会议的名称能清楚地说明会议的内容。它可以在项目团队组建后的任何时间举行——无论是在启动阶段、计划阶段还是在执行阶段之前：选择权在你。它的目的是正式向大家介绍这个项目，介绍彼此和主要的利益相关者。会议的地点将决定会议的实际内容，尽管以下示例适用于任何阶段：

- 详细说明项目目标、期望、可交付成果、结果和效益；
- 会见客户或其代表；
- 审查所有包含和排除的范围；
- 明确执行、项目、运营、技术、团队和/或其他支持成员的角色和职责；
- 解释应遵循的项目管理方法（或框架）；
- 浏览项目管理计划（以及任何附属计划）；
- 讨论利益相关者和/或团队成员之间的不同观点；
- 解释指示性预算和首选的时间框架；
- 解决任何悬而未决的问题；
- 概述审批流程；
- 共享通信协议；
- 确认报告要求；
- 识别所需的文件；
- 提出问题、建议或反馈；
- 建立适应团队过程和团队关系的项目团队文化。

表 9.3　将会议与生命周期联系起来

组织结构	优点	缺点
概念	■ 精力、承诺和动力 ■ 一个结构化和商定的过程 ■ 澄清所有利益相关者 ■ 明确项目方向 ■ 由所有适当的利益相关者出席 ■ 保持准确简明的记录	■ 不强调形式 ■ 每个利益相关者都试图通过对事物实行积极的倾斜来最大限度地增加他们的投入 ■ 没有方向或指导 ■ 很多自发性 ■ 对利益相关者及其角色和责任的认识不足 ■ 重新审视已经做出的决定 ■ 不愿考虑替代解决方案 ■ 没有足够的时间来澄清利益相关者的期望

续表

组织结构	优点	缺点
规划	■ 目标利益相关者和职能专家共享信息 ■ 与客户进行持续的审查和检查 ■ 执行工作团队的参与 ■ 根据改进后的估算修改项目文件 ■ 更新风险评估	■ 完全放弃这一阶段并直接进入进展阶段的压力 ■ 几乎没有时间与利益相关者确认细节和/或变更 ■ 支持制定的第一个时间表并立即实施的压力 ■ 未受邀请参加或参与日程安排的团队成员和职能专家 ■ 未能与利益相关者重新讨论协商日程安排（与商定的范围一致）
执行	■ 准确地记录所有的变更，以及这些变更的理由和影响 ■ 所有变更的书面确认 ■ 提高绩效的机会 ■ 报告所有项目限制条件——时间、成本、质量和资源	■ 相信进度会议本身就能保证项目的质量 ■ 仅关注进度报告的讨论 ■ 对范围变更的响应 ■ 未能与利益相关者确认范围变更 ■ 未能与利益相关者确认风险评估中的变更 ■ 异常报告心态，只关注哪里出了问题
最终确定	■ 召开会议，向所有利益相关者全面汇报情况 ■ 在整个项目中记录和分享“经验教训” ■ 重新分配所有项目资源 ■ 庆祝项目的成功并理解失败	■ 未能完成对项目的全面审查 ■ 团队成员没有出席最后的评审和汇报环节 ■ 专注于完成这个项目，然后进入下一个项目 ■ 很少尝试去承认和庆祝成功 ■ 很少识别和/或分享经验教训

批判性反思 9.2

启动会议真正奠定了将所有人聚集在一起并初步了解项目的初步基础。

■ 你过去的项目会议是否有围绕这种启动形式进行的？

■ 你认为启动会议将会给你的项目管理实践带来什么好处？

■ 提供更多的例子，说明会议中可能涉及的其他问题（除了上述提到的问题）。

■ 制定启动会议议程和 PowerPoint 模板，用于你未来的启动会议。

2. 结束会议

不需要猜出“结束会议”是关于什么的。

这是一个正式为项目画上句号的会议——无论项目是成功还是失败。请记住，项目都有可能结束，无论是否完成。这个最后的会议，目的是确保项目的所有方在团队解散之前正式结束。

批判性反思 9.3

事实是，这个会议实际上可能发生在项目生命周期的任何阶段，如前所述，你在哪里举行会议将决定实际涵盖的内容。

- 你过去的项目会议是否都是围绕这种“结束”形式进行的？
- 你认为结束会议会对你的项目管理实践带来哪些好处？
- 举例说明会议可以讨论哪些问题。
- 制定结束会议议程和 PowerPoint 模板，用于你未来的结束会议。

最明显的问题是：为什么要计划一次会议？这有几个原因，而现实是，只要有流程和纪律，会议就可以很容易地变得高效和有效：

- 确定讨论主题，以明确限制在会议开始后引入“新”话题。
- 彻底研究讨论的主题，这样重点就会放在客观事实和辅助信息上，而不仅仅是主观意见上。
- 提名并建议需要出席会议的利益相关者，并限制不需要出席的旁观者。
- 起草一份议程，确认所需利益相关者的集体投入（而不是个人议程）。
- 根据出席会议的利益相关者的紧迫性、敏感性和/或可用性对议程项目进行优先排序。通常太多的时间花在讨论不重要和不紧急的问题上，几乎没有时间用于其他话题。
- 对讨论主题设定名义上的时间限制（开始和结束）（结果应该少一些“废话”，仔细考虑的观点，更多建设性的辩论和一致的结果）。
- 确定合适的场地，因为场地的选择背后可能有很多力量（自动的“主队优势”，或者一个中立的场地，展示了对想法的真正吸引力，自由讨论和决策共识的真正吸引力）。
- 确认出席情况，鼓励人们充分准备“贡献”（这也消除了那些令人恼火的借口：“我不知道”“没有人告诉我”“我没有准备好”“我得回头再告诉你”，等等）。
- 鼓励利益相关者留出准备时间（这可能包括复制信息、征求意见、建立联盟、计算数字、制定策略——会议不是即兴发挥的地方）。
- 接收会议要求的所有信息（所有支持信息和文件变更请求、证书、批准、绩效报告、投诉等）。

■ 创造一种期望感、富有成效的讨论和可操作的结果，因为会议是一个纠正问题、做出决策、制定战略以及建立所有权和承诺的机会。

■ 确定谁将主持会议，以确保会议的专业性（这需要特殊的技能和知识，耐心，对协议的理解，与难相处的人合作的能力，时间管理技能，提问技巧，以及在控制声音的同时引出沉默的能力）。

■ 制定一个统一的议程处理方案——项目可以按照“注意到”（不需要采取行动）、“决定”（已经决定的内容）和“行动”（需要采取的步骤）来处理。

■ 指定一个人（或一项技术）清晰准确地记录（记录你希望人们记住的内容和行动，而不是对话中的每一个字）。

■ 确保所有需要的行动都被获取，在人员分配和日期上达成一致。

■ 在会议结束后两天内传阅会议记录，以确认其准确性并采取相应的行动。

批判性反思 9.4

准备不足、参与摇摆不定、结果存疑的会议不是你想要的那种会议。

■ 批判你所参与的项目会议类型。

■ 你对它们的有效性感到满意吗？或者你想做出那些改变吗？

■ 确定所需的改变、好处以及你将如何实施它们。

■ 你会遇到什么样的阻力？你将如何应对？

四、项目绩效报告

对项目利益相关者来说，另一个重要的沟通工具是受人青睐的项目报告，尽管其经常受到诋毁。通常（并错误地）称为“进度报告”或“状态报告”，该文件在传达项目绩效的真实性质方面承担着相当大的责任——无论绩效可能是什么。请考虑以下场景：

■ 如果项目在任何方面落后了，这个文件将寻求利益相关者的帮助以使项目按时完成。

■ 如果项目正在按计划进行，那么这份文件将会加强这一进展。

■ 如果项目遇到一些承包商绩效管理方面的问题，此文件将传达补救措施。

■ 如果项目提前完成，此文件将确保项目的完成不会受到影响。

■ 如果项目产生了大量问题和冲突，这个文件将沟通所需的升级。

■ 如果项目经理影响项目的风险增加，此文件将传达这些影响。

■ 如果项目质量未按要求交付，则该文件将确定需要改进的地方。

撰写报告的要求通常会导致一个令人印象深刻的虚构作品（在更糟糕的情况下），或者对项目的进展、状态和可能的结论进行简洁诚实的总结（在好的情况下）。虽然后者是我们本节中的目标，但现实情况是，报告往往远远达不到利益相关者的真正要求。对一些人来说，报道是一件苦差事；对另一些人来说，这是一种官僚主义的顺从，以单调的频率发布。对另一些人来说，这是一份成文的文件，经常被归档，但很少被执行。图 9.3 强调了传统的成本（超支）和进度安排（落后于计划）报告，这些报告产生了在传统的、狭隘的项目报告中发现的抽象和干扰。

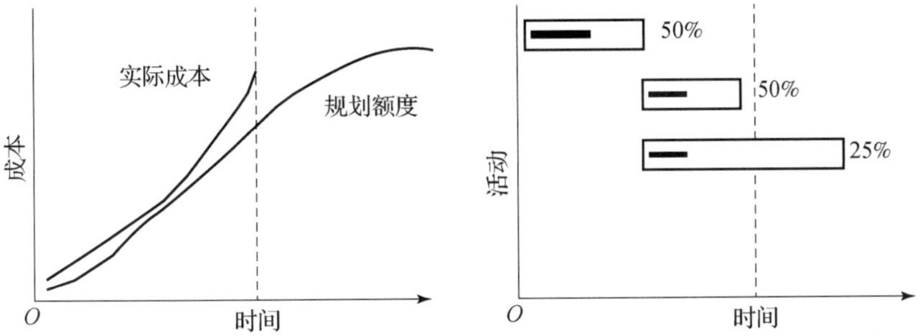

图 9.3　传统成本和进度报告

当然，编写项目报告要考虑到具体的目标。我马上就会想到两点：启动纠正措施和加强绩效。但是，在这两个目标中，报告的真正意图可以被分解为更具体的细节，以作为评估项目报告组合情况的指南。请考虑以下通用目标。你的报告是否：

- 向不同的利益相关者传达准确、完整和及时的信息；
- 对于管理不善的项目，为项目人员提供一个可能的逃生途径；
- 反映项目进展的真实事实；
- 鼓励及早发现问题；
- 能够解决问题；
- 促进决策；
- 跟踪所有范围的变更和修订；
- 确认项目在各个方面都在正常运行；
- 保持项目的势头、活力和承诺；
- 请求延长项目的原定进度。

项目管理最困难的方面之一是成就或绩效衡量，即衡量并最终报告项目随着时间的推移实现的成就。这很困难，因为不同的利益相关者可以以不同的方式衡量成就。考虑一个项目用全自动操作取代手动生产线。此项目中的一个利益相关者可能正在测量材料的订单（生产经理）。另一个可能是衡量已支付的发票（财务经理）。还有一个人跟踪交付到现场的材料（施工经理），而另一个利益相关者则衡量新生产线是否正常工作（客户）。在所有既得利益者之间找到共同点可能是一个挑战。在许多情况下，没有找到共同点，项目的成就是以不精确、模棱两可和可能具有误导性的语言来衡量的。

利益相关者（特别是项目经理或团队人员）的一个更重要的角色是他们如何根据范围、时间和成本基线管理和报告项目的阶段性成果。报告的信息可以采用图形（和彩色）仪表板，正式报告或简单的电子邮件的形式，涵盖以下任何或所有内容（改编自项目管理知识体系，2013）：

■ 过去的进度/预算绩效（例如已完成的工作）；

■ 当前的进度/预算状态（例如正在进行的工作）；

■ 未来的进度/预算预测（例如出色的工作）；

■ 风险和问题管理；

■ 质量合规；

■ 财务考量；

■ 已批准变更的总结。

关键的一点是，随着任何项目的进展，信息很快就会过时，因为在消息的产生（信息捕获）和消息的使用（信息报告）之间通常存在相当大的滞后。衡量和报告绩效并不是在利益相关者突然对项目绩效表示兴趣时进行的临时活动。它们是在执行和衡量项目成果的所有利益相关者之间讨论并达成一致的标准或一系列标准（早在项目开始时）。

这里的推论是，这个衡量标准在进展阶段之前就已经确定了。那么，为什么不进行绩效评估呢？增加绩效衡量难度的一些因素包括：

■ 对透明度和问责制的恐惧；

■ 项目生命周期，不同阶段在不同时间段产生不同的产出；

■ 项目本身的长度，以及单个任务的长度，这使得很难以任何程度的信心和准确性来衡量所有任务；

■ 报告信息未能触发决策；

■ 项目与运营工作之间的优先级冲突；

■ 一些利益相关者表现出缺乏兴趣；

■ 难以确定真正的成就衡量标准；

■ 所使用的估算方法的类型、支持此估计的基本假设以及估计的最终准确性。

鉴于这些因素可能不利于准确的测量，多年来提出了许多广泛的指导方针，试图克服衡量绩效的挑战。你应该考虑以下建议：

■ 0/110——在任务（或项目）完全完成之前没有记录测量；

■ 里程碑——当达到控制点或里程碑时，即可获得并记录“里程碑”成就；

■ 标准美元费用——将成本的百分比分配到经过的相同时间间隔的相等百分比；

■ 50/50 规则——在计划开始工作时记录每项任务的一半成就，在按工作计划完成工作时记录另一半成就；

■ 努力程度——衡量在给定时间段内消耗的资源；

■ 等效单位——成就是通过完成的单位数量来衡量的，而不是劳动力或预算方面的考虑；

■ 合规检查、测试和/或报告的数量；

■ 项目的剩余期限；

■ 完成和/或移交的可交付成果的数量。

所有的指导方针都可以相对容易地得到同等的辩护和诋毁。也许我们可以从中得出的关键点是，每一种方法所衡量的东西不同，但都是好的。然后，它又回到了利益相关者决定成就是什么，以及什么是实际可以衡量的。请记住，如果一开始就不能衡量它，它就无法报告，更不用说纠正、加强或改进了。

一个项目报告是否应该尝试涵盖上述所有目标（以及那些没有涵盖的目标）？或者是否应该为项目发展和执行的不同阶段提供单独的报告？这些都是有趣的问题。常识表明，项目执行报告（或就此而言，任何其他项目文件）不可能有一个完美的模板。每个项目遵循不同的路径，有不同的期望和约束、不同的绩效衡量标准和不同的利益相关者。但实际上，这三个报告都包含在一个绩效报告中——将进度、状态和完成报告视为更有用的标题。本节讨论的三种报告类型（并反映在图 9.4 中）是：

■ 进度报告；

■ 状态报告；

■ 预测完成报告。

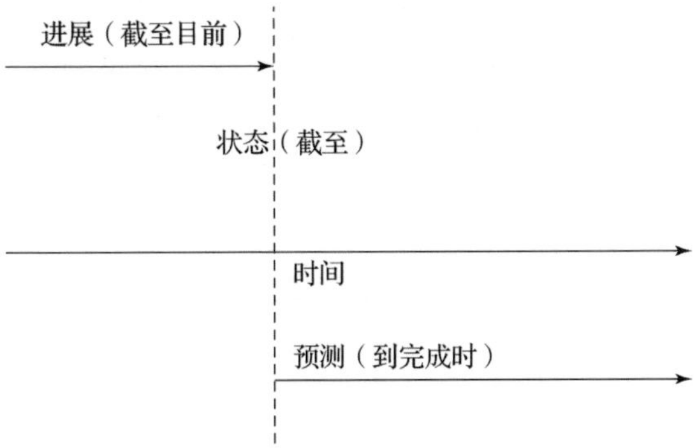

图 9.4　报告连续体

1. 进度报告

我们将从仔细研究“progress”（进度）这个词本身开始。《简明牛津词典》确认其含义为“进行或发展一段既定的旅程”。按照这些词的字面意思，进度报告的重点将是报告项目自启动以来所经历（或可能忍受）的旅程。也就是说，它的重点主要是报告从项目开始到报告或状态日期的历史和陈旧信息。

我们在这里谈论英语似乎有些迂腐；然而，我不会道歉。也许打个比方会有所帮助。你还记得小时候在卧室的门框上测量自己的身高吗？随着你的成长，你的新身高（或进度）被记录在每个新的状态日期。在每次新的测量中，你可以回顾并看到你开始测量身高（项目开始）以来的进度（关键字）。在每次测量时，记录你当前的身高（状态），在它以下是你所达到的渐进高度（进度）。有趣的是，门框上没有任何迹象表明，在你的成长岁月（这是项目）中，你将达到的最终高度（预测完成度）。

因此，让我们离开门框，回到我们的项目。如果我们关注的是历史，从项目开始到项目报告日期（状态日期），报告应包括什么类型的信息？看看下面这些明显的建议：

- 项目、任务和里程碑的启动（进度落后、进度顺利、进度提前）；
- 项目、任务和里程碑进度（进度落后、进度顺利、进度提前）；
- 项目、任务和里程碑的完成情况（进度落后、进度顺利、进度提前）；
- 进度消耗的预算和现金流（预算内、预算内、预算外）；
- 符合规范（符合或不符合）；
- 对提议、评估和证明的范围的变更；
- 已获批准；
- 资源分配，反映正在进行的工作。

将报告保留在这种详细级别是很有诱惑力的，因为该报告已经简明扼要地捕获并报告了最少的信息量——四个项目变量（时间、成本、规格和资源）。但是，如果你能把目光放得远远的，想想这个项目所取得的额外“信息丰富”进展，你也可以报告以下内容：

- 在整个项目中出现的问题以及这些问题是如何解决和/或升级的；
- 项目估算的准确性（主要是时间和成本）；
- 项目迄今为止的风险概况（这是否与早期范围和规划阶段完成的原始风险评估一致？）；
- 对基线范围的所有变更（在规划阶段结束时达成一致）；
- 质量问题的处理和交付；

- 合同的履行和遵守；
- 利益相关者的承诺和动机；
- 项目指导委员会和发起人给予的支持。

显然，有必要报告显而易见的事实。但不要忽视上述项目进展中其他不那么有形或可衡量的方面。不要忘记接受荣誉并庆祝你的成功，同时标出（最初可能是小字体，尽管其他标志将有助于提高关注度）任何可能需要一些额外利益相关者帮助的失败。请记住，你越早把问题标记出来，你就有越多的时间去查找和研究解决方案。

2. 状态报告

现在让我们转到状态报告，并检查“status”（状态）这个词的真正含义。字典再次确认了它的意思是“在某个时间点，与他人相关的事物的位置”。从“status”一词的字面意思来看，状况报告的重点将是项目相对于其总体规划的当前地位。也就是说，项目是否按照计划、预算和规定运行，是否有充分的资源？该报告通常比进度报告短，并且必须提供以下关键信息：

- 项目、任务和里程碑与状态日期相关；
- 截至状态日期的预算和现金流量支出；
- 截至状态日期的规范一致性；
- 截至状态日期的资源加载和分配。

同样，理由（与借口同义的一个好听的词）、改变项目环境和影响项目状态的关键问题（在这个时间点）也应该被报告——但不应该报告历史。状态报告更关注的是你管理项目计划的能力，而不是到目前为止旅程的高潮和低谷。它想知道你现在所处的位置与你说你将会在的位置（换句话说，你应该在的位置，如果不是，为什么不是）之间的关系。这一点对于理解至关重要。如果事实上你没有任何参考点、计划或基线来比较这些信息，那么被告知项目已经完成了 60% 或已经完成了六项任务是绝对没有价值的。如果你本应 100% 完成，或者如果计划在同一时间段内完成 25 项任务，而你只报告完成了 6 项，那就太糟糕了。如果没有潜在的参考点，那么“状态”就变成了一个毫无意义的词。

虽然进度数据和状态数据确实经常重叠（在某些情况下重叠相当多），但是请注意，进度关注的是历史，而状态关注的是当前与计划相比的表现——此时此地。虽然许多进度报告包含状态信息（例如，已完成预算的 60%），许多状态报告包含进度信息（例如，六项任务如期开始），但关键是利益相关者需要这两类信息，最好在一份报告中，在两个单独的标题下。

3. 预测完成报告

最后，这里引用的第三种类型报告是预测完成报告。《简明牛津词典》将“forecast”（预测）一词定义为“对未来事物的推测性估计，一种预测”。按照这个字面意思，和以前一样，预测完成报告将专注于一件事：按计划完成项目。请记住，线索在于报表名称——预测完成情况。在本报告中，既没有要求提供历史信息，也没有要求提供项目目前位置的信息。利益相关者在本报告中想知道的是你按时、按预算和按规定完成项目的能力，以及你为此采取的策略。

预测完成报告应包括以下信息：

- 预测完成日期/时间和/或修订；
- 悬而未决和可预见的风险；
- 未完成和/或要求影响完成的批准；
- 预测完工预算和/或预计成本超支；
- 预期范围修订；
- 需要解决和/或上报的问题；
- 预测完成规格（曾经有一家医院在项目接近尾声时，由于工期延误和成本超支，对规格进行了修订，结果突然“损失”了几层楼）；
- 根据上述各点预测资源需求。

最后，请记住，并非每个人在同一时间需要相同的信息，也不是相同的格式。对项目组织来说“普遍方便”的东西，未必对每个利益相关者都方便。确保任何信息提供：

- 战略和运营方向；
- 激励每个人；
- 控制程度；
- 当前决策的“燃料”。

批判性反思 9.5

项目绩效报告努力报告的不仅仅是每天太阳升起和落下的进展情况。他们想知道承诺了什么、衡量了什么、取得了什么成就以及为什么。

- 通读你熟悉的项目中的一份最近的项目报告，找出在整个项目中没有被报告的内容。
- 考虑报告模板如何确定所报告信息的准确性和支持细节的水平。
- 为什么了解截至报告日期已完成的内容、应该完成的内容以及在项目的任何时候仍需完成的内容是至关重要的？
- 记录你对如何改进项目绩效报告的建议，以及它会给项目带来的好处。

五、控制沟通管理

沟通控制不是一个孤立的活动——它完全集成在整个项目生命周期和所有其他项目流程中。来自一个拥有500篇项目管理文本和研究文章的专业图书馆的集体智慧提供了广泛的测量、报告和控制流程，这些流程旨在衡量和控制总体范围的变化，特别是项目成就的变化，使利益相关者回到正确的驱动位置。

实际上，在整个项目中，所有项目信息和沟通都需要被监控、执行并发布给利益相关者。这可以采用以下任何文件的格式：

- 发行登记册；
- 经验教训日志；
- 绩效报告；
- 挣值报告；
- 通信登记册；
- 里程碑报告；
- 利益相关者反馈；
- 风险登记；
- 变更登记册；
- 演讲；
- 项目计划；
- 会议纪要；
- 更新时间表；
- 修订预算；
- 变更请求。

无论你使用哪一种（希望在某个阶段使用大多数）格式，注意力都应集中在以下几点：

- 始终只关注重要的事情以及它对谁是重要的。
- 忠于项目目标。
- 考虑到保密和形式问题。
- 接受并非每个偏差都需要改正的事实。
- 使用支持及时收集信息的流程。
- 了解进度/成本报告和进度/成本控制之间的区别。
- 使用能够产生可验证的审计跟踪的文件。
- 始终保持沟通渠道畅通。
- 定期识别和讨论影响项目的问题和风险。

- 在需要时平衡纠正措施和强化措施。
- 调整你的异常报告方法。
- 定期与项目利益相关者会面。
- 进行持续的项目评审和修订。

记住所有这些文档和这些沟通过程的起源——在任何时候，所有沟通利益相关者之间的最佳信息流。毕竟，你正在试图避免那些没有争议的变化，那些从未再循环的小修订或者那些在项目的通信控制协议中交织的错误信息。控制沟通并不是要管理新闻报道、24 小时新闻周期或主要利益相关者的自我；这一切都是关于组织和总结的信息到达正确的人，符合目标和绩效（如图 9.5 所示）。

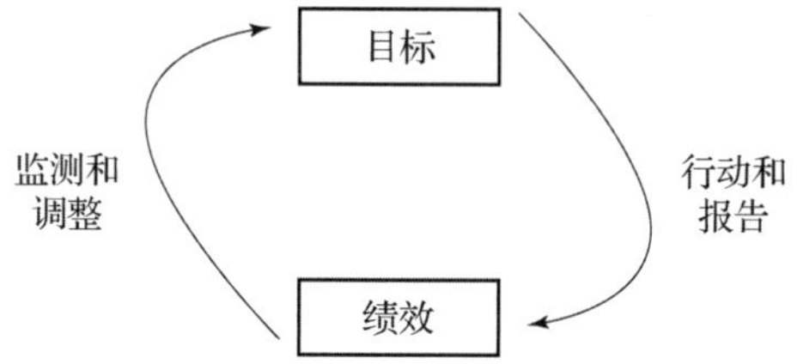

图 9.5　项目控制

六、复习题

9.1　与项目利益相关者沟通时遇到的常见挑战是什么？

9.2　沟通计划如何设法解决这些问题？

9.3　如何改进项目会议？

9.4　一份详尽的业绩报告的三个重要组成部分是什么？

9.5　如何控制项目沟通，以交付一个成功的项目？

七、案例研究

当玛戈特收到客户和培训公司的通信登记册时，她立即意识到，她作为质量管理审核员的技能将在这个项目中受到严峻的考验。

让她担心的不是缺乏文件；相反，它是一页又一页的信件和电子邮件，反映了“他说，她说，他们说”；会议记录未能阐明（更不用说）总结所需的要点、决定和行动；根据她看到的合同，月度报告几乎没有提供“未来的方向”，还有许多不同的说法，她会直接以不合规为由拒绝。

该（培训）项目涉及为一个区域地方政府委员会编制、提供和评价国家项目管理培训。项目管理文凭认证已经由所有主要利益相关者签署：澳大利亚土地公司的首席执行官［卡洛尔（Carol）］、培训经理［安东尼（Anthony）］以及

VET Pro（培训提供商）的苏珊娜（Suzanne）。这个24个月的项目在安东尼和苏珊娜之间因为各自对项目需求的解释而出现了一些反复出现的、潜在的尖锐问题，在项目进行到6个月时，玛戈特被叫了过来。

在审查登记册时，玛戈特意识到，大多数的通信更多的是“以牙还牙”，过于哗众取宠，而不是真诚地解决未解决问题的根本原因（通过关联，它们对项目交付的影响）。

许多困惑、歧义和激烈的辩论更多地与期望、语言和术语的差异有关，而不是基于证据的实际报告。

总的来说，沟通问题涉及：

■ 在没有事先警告或没有分发议程的情况下举行的会议；

■ 专注于面对面的会议，但在这种谈话式的会议中，几乎没有解决任何问题；

■ 主要利益相关者经常缺席会议（或任何其他“更新”活动）；

■ 要求所有会议都使用PowerPoint作为演示媒介；

■ 在会议之外，有过多的报告要求，这些要求与培训的实际学习内容无关，更重要的是，与培训在工作场所的应用无关；

■ 持续的错觉，认为持续的（模棱两可的）文书工作意味着高效的表现，过度关注负面反馈，而忽略积极的评论；

■ 过分关注负面反馈，而忽视所提供的正面评论；

■ 根据完成模块的每个队列的反馈要求更改学习材料的压力；

■ 向相关利益相关者收集、传播和安全信息（特别是隐私立法）有关的可疑协议。

严格来说，作为一名审计师，玛戈特并没有在现场告诉双方如何以公开透明的方式相互沟通。然而，她觉得有必要摘下她的审计帽子，随后鼓励双方聘请一位独立的沟通专家，让他们坐下来讨论他们的问题，并制定一个可行的方法，使双方能够共同制定一个共同的和公平的项目沟通协议。毕竟，许多困惑、歧义和激烈的辩论更多地与期望、语言和术语的差异有关，而不是基于证据的实际报告。如果这些关键的差异能够得到解决，玛戈特相信安东尼和苏珊娜都能找到一种建设性的方法，在需要的时候平衡预防性和纠正性的沟通，在需要的时候加强。

问题

（1）为什么在安东尼和苏珊娜之间始终保持项目报告的渠道畅通是至关重要的？

（2）在这种情况下，沟通管理计划的哪些组成部分是有用的？它将解决双方之间的哪些障碍？

（3）如何创建一个会议议程模板，一个有效的会议协议和一个会议记录模板将如何解决玛戈特所确定的问题？

（4）对于这个培训项目，你会推荐哪些沟通文件（和/或工具）？为什么？

（5）对于这个项目，一个合适的绩效报告模板应该是什么样子的？它如何将注意力集中在资格认证的关键学习成果上？

（6）你会建议安东尼和苏珊娜如何合作来控制他们彼此之间的沟通？

第十章

风险管理：主动管理不确定性、复杂性和变化

◎ 要点

- 有计划的风险管理方法
- 分析组织风险背景
- 识别项目风险
- 对关键评估进行风险分类
- 风险工具和技术
- 进行定性和定量的概率评估
- 进行定性和定量的影响评估
- 优先进行规模化风险干预
- 规划风险——应对策略
- 风险分配责任
- 控制项目风险

◎ 实践应用

无论我们做什么，风险总是存在的。从起床到上下班，再到执行项目计划，始终需要识别、评估和管理你的风险敞口。让地方当局在批准新的体育设施、重新设计餐厅、翻新房屋、投资退休选择、招募新申请人等方面都存在风险——每一项都可能是某人的项目。

对一些人来说，风险是显而易见的，而且就在你面前，例如死亡、疾病、换工作或在团队中工作。在其他情况下，风险可能更遥远，如果不是看不见的话，例如，被太空垃圾击中或被流氓动物袭击。这里存在处理风险的许多挑战，即识别可能影响项目的风险因素。这里的关键点是项目本身。风险在于执行项目绩效和可交付成果，而不是在实施后，当没有人出现在改造后的餐厅用餐时（如果项目要改造，而不是宣传和填补座位），当新的紧急准入程序未能得到遵守时（如果该项目要调查和报告替代的紧急准入程序）。

但厄运和阴霾都已经够多了。风险还可以带来创新、增强、效率和持续改进，因为人们发现了完成工作的新方法，或者采取了替代措施来应对感知到的风险或实际的风险。风险可以迫使我们跳出常规思维，超越标准操作程序（SOP）处理响应，这可能适用于操作风险，但在处理项目风险方面可能会有所不足。

在整个项目中，从概念阶段开始，贯穿整个生命周期直到最终完成，风险总是存在的。在某些地方，它将是模糊和定义不明确的。在其他时候，随着对项目的了解更多并与参与的每个人进行沟通，它将变得清晰。与其他项目管理知识体系流程一样，风险管理从未离开项目。

◎ 本章概述

显然，大多数类型的项目中（假设它们产生变化），其中一个“给定”是某种形式的风险概念。另一个“给定”是风险不是一个静态或固定的概念。事实上，风险是项目组织在整个项目生命周期中需要管理的最不稳定的力量之一。

项目管理知识体系（PMBOK，2013）将风险管理定义为“对项目进行风险管理规划、识别、分析，响应计划和控制风险的过程”。很明显，风险管理的目标是确保建立适当的风险响应机制，以减少项目中发生风险的概率（或增加机会的概率），并减少由此产生的负面后果（或增加积极后果）——即主动管理风险。

按照六步模型，风险管理包括商定风险管理活动的规划和开展方式，识别风险，对这些风险进行限定和量化，制定有针对性的应对措施，同时监测和评估风险过程的有效性。无论步骤多少，大多数项目组织在这方面面临的挑战是确保这些流程成为组织文化中不可或缺的无缝组成部分，并成为项目利益相关者、项目经理和团队的持续优先事项（以及每次项目会议的议程项目）。

一、风险管理计划

一个“理性”的人可能会把风险定义为一个潜在的问题、一种情况或一个机会，它将对指定的结果产生一定的影响。AS/NZS（31000—2009）标准将风险定义为“不确定性对（项目）目标的影响”，换句话说，活动面临不确定结果的风险。

这个定义在直观上很吸引人，相对简单，容易理解，没有涉及困难的数学过程，复杂的公式，不可理解的算法或科学过程。这一点很重要，因为所有利益相关者的目标是认同项目风险的真正含义——它的波动性，它对项目的积极和消极贡献——并认识到在整个项目中对其进行积极管理的必要性。

许多项目组织（遗憾的是）在管理项目风险时过于依赖他们的标准操作程序（SOP）。公平地说，许多低级别风险非常适合在这一操作框架下进行管理，包括授权访问、工作、健康和安全（WHS）诱导、事件报告、财务委托、监管合规和问题升级途径。但是（这是一个很大的“但是”）对这个操作实践的信心是否能够并授权在项目生命周期中对所有级别的项目不确定性进行积极主动的管理呢？

映射固有的战略风险

显然，明确的、彻底的和有文件记录的风险管理规划活动不仅有助于评估和控制项目风险，（同样重要的是）还将有助于交付一个成功的项目。然而，许多承担重大项目的组织将面临战略（高级别）风险敞口。在推出新产品时，不仅可能会失败，而且组织的声誉和盈利能力可能会受到严重损害。同样，新的采矿项目可能无法产生预期的吨位，或者新隧道的建设（以缓解城市内部的交通拥堵）可能无法获得预测的交通流量。在所有这些情况下，风险都是战略性的，因为它掩盖了企业本身的总体成功（无论如何衡量——例如，盈利能力、竞争力、生存能力），而不仅仅是项目无法按时、按预算和按范围完成的内部风险（目前只限于三个方面）。

这一整体战略项目背景不仅重要，项目利益相关者的风险偏好和承受能力同样重要（项目知识管理体系，2013）。因此，不同的人（以及组织，就此而言）对风险的接受程度（或处理风险的容忍度）不同。这些风险“态度”将在如何支持风险管理规划活动方面发挥令人难以置信的建设性（或破坏性）作用，并且可以分为三大类：

（1）风险规避（低容忍度），其目的是避免，重点是避免感知到的风险活动。

（2）风险中性（中性容忍度），其目的是谨慎，重点是对感知到的风险活动保持公正。

（3）风险寻求（高容忍度），其目的是接受，重点是从事风险活动。

计划风险管理活动的过程始于对项目风险管理活动将如何实施的清楚理解和一致同意。这也需要我们平等地接受这样一个事实：项目风险从来都不是礼物——以通用和方便的形式包装——大小适用于所有人。这些活动需要不断平衡风险管理所涉及的程度、类型和可见性以及风险本身的规模、项目计划和交付，当然还有项目对组织本身的重要性。

这些活动也不应该是项目经理的唯一领域。从概念阶段开始，所有利益相关者都需要积极参与这些（和其他）活动，以表明他们同意和积极支持，并确保风险管理流程在整个项目中得到有效执行。在随后的项目生命周期阶段，当“新”风险突然出现时，这种支持绝不应被边缘化，而这些风险以前没有记录在案。没有一个项目是有水晶球的，所以常识告诉我们，风险会不断变化，对项目从头到尾都是挑战，而你最不希望看到的是一些利益相关者假装惊讶（或者更糟的是，假装无知），然后将责任归咎于项目经理和项目团队。风险管理始终是一种共同和透明的责任——对某些人来说，这可能是一个新颖的想法。

与任何其他项目计划过程（范围、时间、成本、质量等）一样，风险管理计划需要传达风险管理活动的结构和执行方式，并可能包括以下信息和活动（改编自项目管理知识体系，2013）：

- 要使用的方法（方法、工具和数据来源）；
- 利益相关者、项目经理和团队成员的角色和职责；
- 对用于应急和管理储备金的额外资金的估算和获取；
- 在整个生命周期中安排风险管理活动的频率；
- 分析风险活动实例的格式；
- 参考依赖于更新的风险信息（如项目计划）的强制性（和相关）文件；
- 通过项目特定风险分解结构（RBS）对潜在风险原因进行分类，或采用分类框架或标准操作程序；
- 对风险概率和风险影响的定性（描述性）和量化（数字）定义进行扩展；
- 指定将使用概率和影响矩阵对风险进行优先级排序；
- 修订后的利益相关者容忍度；
- 指定如何记录、分析和沟通风险管理活动的报告格式；
- 对跟踪文件进行审计跟踪，显示如何记录和应对风险活动。

批判性反思 10.1

由于项目的构思具有不同程度的不确定性、复杂性和变化，因此风险为项目的成功完成带来持续的威胁和机遇也就不足为奇了。

- 贵组织对风险的运营态度是什么？
- 你认为风险在操作上管理得如何？
- 贵组织对项目风险的态度是什么？
- 你认为项目风险在操作上管理得如何？

二、识别风险

有了计划好的方法，风险识别（作为六个步骤中的第二步）将涉及项目利益相关者、项目经理、团队成员、客户、主题专家（SME）及其他预测和识别可能以某种可衡量的方式影响项目的风险（及其特征）的人。事实上，无论任何具体角色，都应积极鼓励所有项目人员以共同的主人翁意识、责任感和额外的客观性来识别潜在的风险（映射回工作分解结构）。请记住，这不是一个临时的、反动的计划或最后的手段。它有结构、正当程序和逻辑流程（就像项目管理中的其他一切一样）。

重要的是要记住，当你开始识别风险时，很少有风险（如果有的话）是绝对详细的，因为它们将在项目的整个生命周期中继续发展（更不用说那些将使自己为人所知的新风险了）。风险识别是一个迭代过程，受项目所在的任何情境所支配——计划阶段的风险识别不会像在执行阶段进行的风险识别那样准确（或及时）。然而，识别的目标越全面，一旦项目开始，在早期阶段未识别的任何风险被自动排除在任何进一步分析（和可能的应对策略）之外的可能性就越小。

风险事件通常用“已知的未知”来描述——知道某事可能或将要发生，但不知道何时发生或发生到什么程度。例如，知道可能会下雨，供应商可能会破产或电子部件可能会出现故障。还有“未知的未知”——对可能发生的事情一无所知。在这些情况下，项目利益相关者没有他们正在从事的项目类型（或可能相关的风险）的历史、一般知识和/或经验。从风险的角度来看，发生的任何事情都会让他们措手不及。在这种类型的项目中，几乎不可能预测可能产生影响的风险。

1. 风险类别

如风险管理计划所述，在预测和识别风险时，处理不确定性的一部分是在有意义的标题下对风险进行分类的过程，以便进行进一步和更具体的分析。最初的两个类别可能非常简单，比如：

（1）内部风险，由项目组织、利益相关者、项目经理和团队控制和/或影响。

（2）外部风险，不受项目组织、利益相关者、项目经理和团队的直接控制和/或影响。

一旦你可以将内部风险类别和外部风险类别分开，就更容易开始补充潜在的和更有形的风险来源，如表 10.1 所示。

表 10.1　内部风险和外部风险类别

内部风险（可控）	外部风险（不可控）
模棱两可的项目章程	市场放松管制和变化
不准确的估算	技术创新
快速的决策	政治动荡，动乱，变化

续表

内部风险（可控）	外部风险（不可控）
获得管理储备金	波动的经济周期
糟糕的绩效报告	全球竞争加剧
未定义的质量要求	提高合规性
沟通瓶颈	可变承包商绩效
未经授权的范围更改	社会变迁
波动的承诺	立法限制
有限的资源可用性	国际标准或法规
低水平的技能组合	承包商优先级冲突
缺乏问责制	合作关系
可变利益相关者期望	合同义务

无论风险来自何处（无论是在项目母组织内部还是外部），项目经理和团队都必须在项目的每个阶段保持警惕，因为不同的风险被识别出来了。

对于那些发现更通用的风险类别更容易处理的人来说，项目风险可能来自以下任何类别：

■ 竞争活动，表现为兼并活动、市场收购、工厂关闭、价格波动、推出新产品或服务或降低运营成本。

■ 政治议程，表现为立法、文件和记录保存、检查、审计或合规。

■ 经济表现，表现为经济周期、汇率变化、政府财政和货币政策、失业率或利率。

■ 技术影响，表现为生产效率、大规模生产、增加冗余或电子商务机会。

■ 营销诉求，表现为竞争产品或服务的发布、市场份额的变化、消费者对广告的反应率或市场调查的准确性。

■ 法律事务，表现为合同管理、非一致性、冲突或争议解决。

■ 金融市场，通过获得信誉良好的资金来源、融资突发事件、与融资相关的处罚/成本或范围的意外变化来证明。

■ 组织实践，表现为外包、重新设计、重组或缩小现有标准操作程序、政策和流程或文化规范和价值观的举措。

■ 资源能力，表现为关键领域的技能短缺、有限的可用性、相互冲突的业务优先级、承诺的波动、士气和积极性低、未能确定培训和支持需求或缺乏直接控制和监督。

如果你仍在寻找另一个类别（系统）来遵循，为什么不采用构成公认的项目管理方法的所有项目管理知识体系流程呢？这些如表 10.2 所示。

表 10.2 项目管理知识体系过程风险类别

项目管理流程	潜在风险的例子
集成	■ 方法不足 ■ 生命周期定义不明确 ■ 缺乏批准和签字 ■ 没有授权的变更控制流程
范围	■ 对期望的定义不准确 ■ 缺乏利益相关者的参与 ■ 没有支持性文件 ■ 缺乏精确的需求细节
时间	■ 日程安排冲突 ■ 截止日期独立商定 ■ 省略日程安排细节 ■ 支配日程的关键任务
成本	■ 独立商定的预算 ■ 难以追踪资金支出 ■ 对支出缺乏控制 ■ 获得应急资金的渠道有限
质量	■ 未能定义质量标准 ■ 监控和检查成本 ■ 返工对进度和成本的影响 ■ 规格细节不完整或不明确
人力资源	■ 缺乏项目管理专业知识 ■ 缺乏技能和培训 ■ 监控和报告绩效方面的问题 ■ 业务优先级导致过度分配问题
沟通	■ 缺乏准确的信息 ■ 缺乏与利益相关者的持续磋商 ■ 不受控制的文档 ■ 未能更新文档

续表

项目管理流程	潜在风险的例子
采购	■ 不符合规范 ■ 承包商的生存能力 ■ 供应、物流、报告和管理问题 ■ 合同履约合规
利益相关者	■ 无法识别关键利益相关者 ■ 未能控制不断变化的期望 ■ 泄露机密信息 ■ 缺乏及时批准和签字

批判性反思 10.2

鉴于风险的普遍存在，对一些人来说，对不同的风险来源进行分类可能是一项具有挑战性的任务。

■ 你使用什么分类方法对不同的风险来源进行分组？
■ 这种分类方法如何帮助识别并最终管理风险？

2. 工具和技术

为了进一步帮助你提出有助于定位风险来源的类别，可以在此阶段以及整个风险管理过程中应用许多有用的方法、工具或技术，包括：

■ 风险登记；
■ 假设分析；
■ 经验教训；
■ 检查清单；
■ SWOT 分析；
■ 模拟；
■ 风险专家；
■ 材料安全数据表；
■ 趋势分析；
■ 行业数据库；
■ 规格说明；
■ 项目范围基线；
■ 项目预算基线；
■ 质量要求；

- 灵敏度分析；
- 决策树；
- 项目竣工报告；
- 过程流程图；
- 历史研究；
- 因果图；
- 头脑风暴；
- 重大事件报告；
- 战略计划；
- 采访；
- 可行性研究；
- 中小企业；
- 商业数据库；
- 项目进度基线；
- 问题日志；
- 基准测试；
- 概率分布；
- 专家判断。

请记住，在风险识别的这一阶段完成时，每个利益相关者都必须审查、记录并同意一份全面的风险来源清单。

三、进行定性和定量风险分析

在风险识别阶段之后，接下来的两个阶段需要进行更详细的分析，以减少项目面临的不确定性和/或影响，并使每个人都能专注于高优先级的风险。为了实现这一目标，现在将注意力转向：

- 风险发生的概率；
- 风险对项目的影响；
- 风险的优先级（或等级）。

与任何分析一样，预先存在的风险态度、所做的任何假设、分析的主观性质、偏差的潜在影响以及与风险相关的行动的时间关键性都可能放大或减小所确定的任何风险源的重要性（或不）（项目管理知识体系，2013）。

1. 项目风险的概率

每当你提到“概率”这个词时，大多数人都会开始恐慌，并想到他们不喜欢统计数据的所有原因。请放心，出于我们的目的，我们将保持概率的简单性，而不会破坏它对风险的应用。在确定了可能影响项目的风险类型后，有必要预测或确定风险发生的概率或可能性，换句话说，尝试找出风险是否即将发生、可能发生或几乎不可能发生。

风险评估要求项目经理和团队能够确定风险事件发生的概率。从 0 ~ 100 的数值可以像描述性通用术语（如“高”“中”或“低”）一样容易使用。显然，虽然定性术语也可能提供对概率的洞察，但这些数字可以进行更精确的分析。虽然没有理想的方法来呈现概率数据，但表 10. 3 展示了如何记录概率数据。

表 10. 3　项目风险概率的确定与量化

风险概率		解　释
价值	描述词	
1	罕见	发生的概率是百分之一
2	不太可能	发生的可能性很小
3	适度	有理由认为它会发生
4	可能	最有可能发生
5	一定	发生概率是 100%

在表 10. 4 中，增加了被识别的（样本）风险事件的概率。到目前为止，我们可以识别已经捕获的潜在风险，以及每个风险发生的可能性。这些信息是否足以作为项目决策的基础？

表 10. 4　风险概率赋值

风险事件	概　率
恶劣天气	4
业务优先级	3
不受控制的范围变更	5
波动的汇率	1

请记住，只要在对风险的概率（或可能性）进行评分时，严格并一致地使用量表（1 ~ 5 的数字等级或从“非常高”到“遥远”的单词等级），就没有正确或错误的单词或数字可用。

2. 项目风险的影响

这代表了风险带来的附加影响、后果（正面或负面的）或损害（再次强调，我们不要忘记潜在的收益）。项目团队需要尽可能详细地描述影响，因为正是这种影响对团队交付成功项目的能力影响最大。如果你无法想象，描述或量化影响，这将使它几乎无法处理。还需要密切注意项目生命周期的四个阶段，因为每个阶段的影响程度不同。

现在的挑战是分离和记录每个风险事件产生的影响。同样，与概率一样，数值（1～5）与衡量延迟、成本和其他价值数据的值一样容易。当然，像“主要”“中等”或“微不足道”这样的描述性通用术语也可以。试着尽可能地描述，以使最终的应对策略更有效。

表10.5展示了如何记录影响，而表10.6将影响评分添加到风险评估中。

表10.5　项目风险影响的确定和量化

风险影响		说　明
价值	描述词	
1	微不足道的	影响将是无关紧要的
2	次要的	一些明显的影响
3	适中的	可控的影响范围
4	主要的	影响范围大
5	灾难性的	极端、广泛的影响

表10.6　项目风险分配的影响

风险事件	概率	影响
恶劣天气	4	5
业务优先级	3	4
不受控制的范围变更	5	5
波动的汇率	1	4

在正式调查了每个已识别的风险发生的可能性之后，在范围、时间和成本基线（以及质量、人力资源、沟通等）方面评估了这些影响可能对项目目标产生的潜在影响，对于每个已识别的风险、威胁的负面影响和机会的积极影响都有了更清晰的了解。

项目管理知识体系（2013）记录了一系列有意义的负面风险影响量表，这些影响量表映射了四个关键项目目标（如表10.7所示）。这可以很容易地扩展到涵盖所有剩余的目标，并与不同类型的项目和组织风险状况相关的规模。

表 10.7 定义四个项目目标的影响量表

项目目标	很低 0.05	低 0.10	中等 0.20	高 0.40	很高 0.80
成本	成本略有增加	成本增加小于 10%	成本增加 10%~20%	成本增加 20%~40%	成本增加大于 40%
时间	时间略有增加	时间增加小于 5%	时间增加 5%~10%	时间增加 10%~20%	时间增加大于 20%
范围	范围略有缩小	范围的次要方面受到影响	范围的主要方面受到影响	范围缩小到发起人不能接受	项目最终结果没有实际用途
质量	质量略有下降	仅有要求极高的部分受到影响	质量下降需要发起人审批	质量降低到发起人不能接受	项目最终结果没有实际用途

3. 概率和影响矩阵

鉴于每个风险事件将产生不同的概率和/或影响评分或值，需要有一种方法来区分、排列或优先考虑所有不同级别的风险敞口。一种实用的方法是简单地将概率分数乘以影响分数（假设你已经量化了这些分数）以获得总体优先级分数。然后，这可以用来区分不同级别或程度的风险敞口，并协助制定适当的应对策略。

因此，迄今为止收集到的信息（风险事件、风险事件的概率和影响）可以合并到一个风险矩阵中，这将使项目利益相关者能够分析并开始确定风险优先级的过程。优先级是通过概率值乘以影响值来计算的。结果值越高，优先级就越大，如表 10.8 所示。

表 10.8 计算优先级等级

风险事件	概率	影响	优先级
恶劣天气	4	灾难性的（5）计划延期	20
业务优先级	3	主要的（4）错过最后期限	12
不受控制的范围变更	5	主要的（5）修改进度及预算	25
波动的汇率	1	主要的（5）获取应急资金	4

概率和影响之间不应该存在任何自动或直接的关联；它们是相互排斥的客观评估。一些低概率的事情（海啸袭击人口密集的城市）可能导致单一或任意数量的多重影响（生命、基础设施和环境的损失）。

通过完成此矩阵，项目中的所有利益相关者都可以清楚地看到：

■ 风险是什么；

■ 它发生的概率；

■ 它将对项目产生的影响；

■ 优先级是什么。

绘制风险概率和影响的一种有用的图形方法是"5×5"网格（也有"3×3"或"10×10"网格），它使用数值表示概率和影响，并生成从1～25的值。这个数字越高，就越应优先考虑处理这一风险。在许多情况下，该网格还与标准操作程序结合使用，以确定一个合适的低水平干预。表10.9显示了"5×5"网格和带有以下缩放干预选项：

■ 低：从1～6的值将由现有的标准操作程序处理。

■ 中：从8～12的值需要项目经理直接干预。

■ 高：从16～25的值需要高级管理层（项目指导小组和/或发起人）立即升级和干预。

表10.9　"5×5"优先级网格

	影响					
		1	2	3	4	5
概率	1	1	2	3	4	5
	2	2	4	6	8	10
	3	3	6	9	12	15
	4	4	8	12	16	20
	5	5	10	15	20	25

批判性反思10.3

能够定性或定量地定义概率和影响（理想情况下两者兼有）是有效处理风险的基础。

■ 回顾你们如何在风险登记册（或其他文件）中定义概率和影响。

■ 它是否提供了足够的"范围"，使所有利益相关者能够充分捕捉到风险？

■ 为了确保概率和影响描述和量表是有效的，你们可以做出哪些改进？

四、计划风险应对措施

分析完成后，有必要计划风险应对措施。这些策略需要针对每种风险进行良好的规划和调整，并且要确定在需要时谁将负责在整个项目中部署应对措施。换而言之，对于整个项目中的每个风险事件，风险管理策略或应对措施将分配给某人或由某人“拥有”。所有风险都必须得到管理，而且管理得当。对于那些仍然不相信的人，也许举个例子会有所帮助。假设你有一个投资组合——也许是由经纪人管理的价值 1 万美元的基金。让我们回想一下 2001 年 9 月 11 日以及美国遭受恐怖主义袭击之后的日子。随着恐怖袭击的冲击波在全球蔓延，并波及股市，由于投资者担心出现最坏的情况，股价开始暴跌。现在考虑一下对这种股市崩盘最常见的应对方式：

■ 接受风险：忽略股价下跌，什么都不做，相信随着时间的推移，你的投资组合会获得任何失去的价值。

■ 降低风险：通过以最低价格购买蓝筹股来增加你的投资组合，并减少你现有的投资组合来抵消价格下跌所造成的损失。

■ 规避风险：抛售你的投资组合并退出股票市场以控制你的损失。

不要让我选择；这是你的投资组合。然而，对于给定的风险情况，你的反应很可能是最佳反应。无论选择哪种应对措施，你都是在展示你的应对措施，即你对风险威胁（或机会）的管理。图 10.1 显示了这些选项。

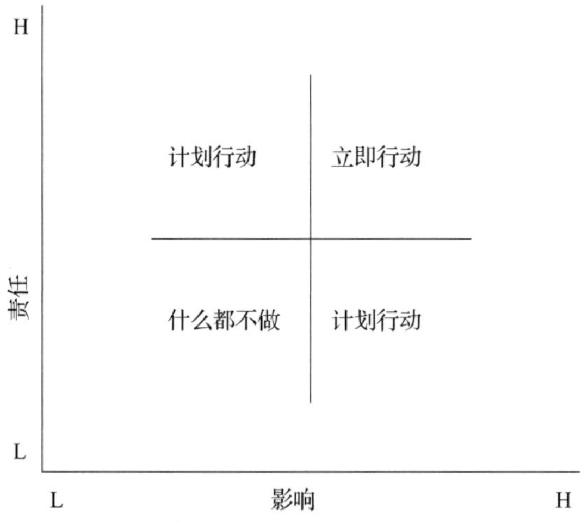

图 10.1 风险响应矩阵

1. 消极风险或威胁的应对策略

回想一下，项目都是关于范围、时间、成本和资源的。现在，需要根据可能的风险应对策略（无论你处于生命周期的哪个阶段）来考虑这些（以及其他项目管理知识系统流程）。有许多可能的选择，但通常归结为从以下四种策略中选择一种（或这些策略的变体）：

（1）接受：接受（被动的或主动的）风险，以及风险发生时对项目结果可能产生的影响。通过选择这种应对措施，利益相关者的唯一追索权是持续监控和或建立应急储备金来应对风险。例如，你可以接受你的航班可能会延误或婚宴因下雨而取消。

（2）减轻：采取具体行动降低风险事件发生的概率和/或影响。这种策略旨在应对风险，因为风险无法有效地规避，利益相关者也不愿意直接接受它们。例如，提前通知你的客户，由于预期的航班延误，会议可能需要改期，或者将婚礼转移到室内。

（3）规避：这是一个有针对性的应对措施，旨在消除威胁，保护项目免受影响。这可能意味着重新安排、范围调整或隔离受影响的部分项目。例如，组织与客户的 Skype 通话，或将婚礼推迟到旱季。

（4）转移：目的是将威胁的影响以及应对措施的所有权转移给第三方。不是消除风险，而是简单地将其管理权移交给更有能力处理所面临威胁的人（这也可能包括为转移责任支付风险溢价）。例如，聘请专业的旅行顾问或聘请专业的婚礼策划师。

批判性反思 10.4

有了四种现成的标准应对策略可以选择，处理风险比一些项目利益相关者认为的更容易。

■ 回顾你上一个项目的风险记录，并针对四种通用风险响应映射每种处理方法。

■ 这告诉你你对风险的态度是什么：是厌恶、中立还是冒险？

2. 针对积极风险或机遇的应对策略

在这些情况下，可以遵循另外三个特定的应对措施（连同上面提到的接受措施）。它们是：

（1）利用：这里的重点是通过消除周围的不确定性来确保确定的机会得以实现，这样机会就一定会发生。例如，使用新技术或人才资源来减少完成项目所需的成本和持续时间。

（2）增强：这种策略寻求积极增加机会的可能性和/或积极影响。例如，分配额外的资源来提前结束项目。

（3）分担：在许多情况下，项目风险是由合伙企业、财团和/或合并企业共同分担的，其中每一方都因其特定的专业知识签订了合同，并且每一方都有特定的所有权，因为他们最有能力管理风险。合资企业就是一个例子，其中每一方都有对方不具备的特定专业知识。

（4）接受：重点在于如果机会出现，愿意利用它，而不做任何事情来积极追求它。一个例子是，如果在项目后期出现这种情况，可以向资助伙伴开放。

必须记住，无论是消极的风险或威胁，还是积极的风险和机遇，概率和影响都可能是应对战略的驱动因素。在某些情况下，有可能在不制定影响策略的情况下制定应对措施来解决风险概率。在热带地区，雨季发生重大降雨事件的可能性相当高，所以为什么不把这个项目推迟到干旱季节呢？在这个例子中，没有应对策略来限制潜在的影响。在其他情况下（如死亡），概率并不能真正受到影响，因此有些人会采取措施来推迟不可避免的事情（如运动、饮食、药物治疗等）。这里的关键教训是不要轻率地每次只寻求管理影响，要始终调查概率和影响。

还要避免包含项目之外的风险事件。回想一下前面的隧道例子——这个项目是“建造”隧道。在这种情况下，如果驾车人士不使用隧道，对建筑商是否有风险？简短的回答是“不”。当然，更相关的风险与材料、雨水、通道等有关。现实情况是，有人（客户）想要一条隧道来缓解拥堵并从中获利——这两者都不属于承包商的义务范围（尽管合同条件可能会呈现出不同的情况）。这里的教训是不要让自己承担项目边界之外的风险。

3. 分配责任

显然，风险应对策略必须分配给最合适的利益相关者，以执行所需的应对措施。在这种情况下，他们的技术技能可能是唯一的选择标准，也可能归结为他们的资历或财务授权。显然（人们希望如此），项目经理首先不会对每一个响应策略负责，因为这些策略应该“外包”给具有先决权限和财务授权的人，或者那些能够实际解决这些问题的人。但是，项目经理将保留对整个过程的控制权。

对于许多项目利益相关者来说，分配所有权是一个陌生的概念，这既令人惊讶又令人担忧。如果没有人被分配责任，那么很有可能没有人对风险或其处理方式产生任何兴趣。如果共同分担责任，项目中的每个人都将发挥积极作用，不仅要识别和分析风险，还要确保实际分配有能力的资源用于行动和监测应对策略。因此，他们可以负责以下任何关键支持活动：

- 识别使响应策略生效的触发事件；
- 落实应对策略；
- 在项目风险会议上汇报最新情况；
- 更新项目范围、进度和成本基线及管理计划；

■ 监控风险登记簿中附加的其他相关风险；
■ 进行进一步的定量风险分析；
■ 评估应对策略的有效性。

现在让我们回到风险评估（如表10.10所示），并更新信息，说明应对策略是什么以及由谁负责。

表10.10　项目风险登记册

风险事件	概率	影　响	优先级	策　略	问　责
恶劣天气	4	灾难性的（5） 计划推迟	20	申请批准延长时间	后勤主任
业务优先级	3	主要的（4） 错过最后期限	12	确定替代资源	生产经理
不受控制的范围变更	5	主要的（5） 进度及预算修订	25	所有提议的变更均以书面形式并经授权	项目经理
波动的汇率	1	主要的（5） 获取应急资金	4	密切监控现金流储备	项目督导小组

在匆忙尝试控制项目风险（根据项目管理知识体系模型）之前，需要采取最后一项行动（可能是一系列行动）。回想一下，上面分配的主要职责之一是更新项目范围、进度和成本基线，因为鉴于所进行的风险分析和适当策略的制定，这些可能已经改变。事实上，还有其他文档需要更新，包括：

■ 质量管理计划，反映过程、标准、实践或公差的变化以及支持性要求文件。

■ 人力资源管理（HRM）计划，反映所需的技术技能、资源分配和负荷或专业发展的变化。

■ 沟通管理计划，反映额外信息需求、报告协议和格式的变化。

■ 采购管理计划，反映与所需的任何额外工作相关的招标和/或合同条件的变化。

■ 利益相关者管理计划，反映利益相关者期望、修订需求和“处理”策略的变化。

■ 变更请求登记，反映对资源、活动、成本估算和其他影响项目规划和交付的项目的变更。

■ 技术文件，反映修改后的产品或服务在设计、实际交付成果或其他技术行为方面的变化。

■ 假设日志，反映过时的假设和/或新的假设的变化。

需要更新的主要文件当然是项目风险登记册。这些更新将再次取决于组织和主要利益相关者的风险态度、优先级排序和风险响应。虽然一些低级别的风险可能被分配到一个几乎随意的观察列表中，但那些具有中等到高等优先级的风险很可能要求定期审查和更新以下信息（项目管理知识体系，2013）：

■ 风险所有者和分配的资源；
■ 一致同意的应对策略；
■ 触发条件或风险发生的警告信号；
■ 应急计划和储备金；
■ 应对后剩余的风险；
■ 实施风险应对直接产生的次要风险。

五、控制项目风险

风险评估是项目组织、利益相关者、项目经理和团队成员确保实现项目目标的宝贵工具。但是，在项目开始时识别、评估、分析和应对暂定风险并不意味着你可以在整个项目中不断地审查和控制风险评估流程。它仅仅意味着每次启动项目时，你都遵循了正当程序。

正如你所知道的，风险不是一个静态的概念，也不是每个人都能在第一次、第二次都做对。至少可以说，一开始识别风险事件的挑战就需要科学和艺术的动态组合，更不用说试图量化概率和/或影响了。在某些情况下，所选择的策略在最小化风险敞口方面可能非常有效，尽管在其他情况下，这些策略可能会被证明是有问题的，如果不是完全无效的话。持续控制是必要的，以确保管理风险中所涉及的机会不被浪费，并且确保在整个项目中提出的许多经验教训实际上是可以学习的。图 10.2 强调了项目组织在平衡风险方面所面临的困境。

项目管理知识体系（2013）强调了风险控制的重要性，并承认该过程为“在整个项目中实施风险应对计划，跟踪已识别的风险，监控剩余风险并评估风险响应有效性”，因为它不断优化风险响应。需要持续监控新的、不断变化的和过时的风险对项目的影响。有了这样一个直接的重点，风险控制便可访问绩效信息，以确定是否：

■ 项目假设仍然有效；
■ 绩效数据仍然是准确的和最新的；
■ 计划结果与实际结果相比是有利的；
■ 新风险已被识别，当前风险已被重新评估，风险已被消除；

- 已确认遵守风险管理计划；
- 提供进度和成本绩效的应急准备金；
- 对替代策略进行了研究和分析；
- 已经实施了纠正措施；
- 已修订项目管理计划及相关文件；
- 经验教训数据库已更新。

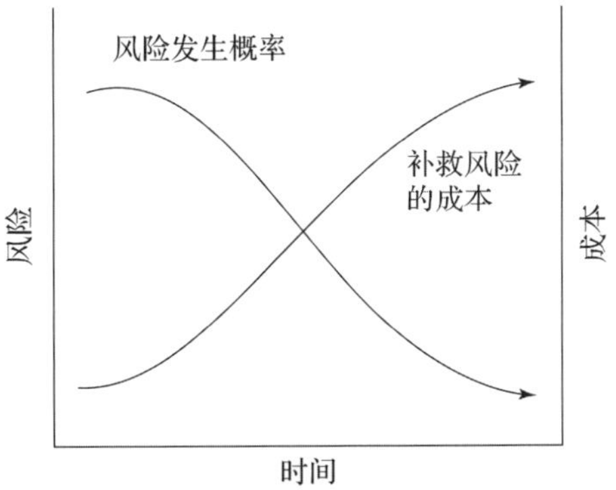

图 10.2　风险管理困境

在表 10.11 的完整示例中，在整个项目中必须不断审查和控制风险的期望已被纳入风险登记册中。如果做不到这一点，项目经理和团队就会因为项目管理不善以及未能预见到项目发生的所有变化而受到惩罚——其中许多变化可能明显超出了项目本身的控制范围。毕竟，任何人都不允许指责他人。各方同路同行、同舟共济、同甘共苦。

表 10.11　风险登记册

风险事件	概率	影响	优先级	策略	问责	控制
恶劣天气	4	灾难性的（5）计划推迟	20	申请批准延长时间	后勤主任	经修订的优先级（12）
业务优先级	3	主要的（4）错过最后期限	12	确定替代资源	生产经理	经修订的优先级（4）
不受控制的范围变更	5	主要的（5）进度及预算修订	25	所有提议的变更均以书面形式并经授权	项目经理	经修订的优先级（14）
波动的汇率	1	主要的（5）获取应急资金	4	密切监控现金流储备	项目督导小组	经修订的优先级（4）

批判性反思 10.5

仅仅因为你识别和处理风险并不意味着（可悲地）风险已经消失，也不会阻止未来的任何风险出现在你的项目中。

■ 回顾你上一个项目的风险登记册，并找到指定处理未达到预期结果的例子。

■ 回顾你上一个项目的风险登记册，并找到监测和审查残余风险（处理后留下的）和/或更新登记册以反映这一点的例子。

■ 回顾上一个项目的风险登记册，并找到在整个项目中添加新风险的示例。

六、复习题

10.1　为什么风险管理对项目规划和交付至关重要？

10.2　总结管理项目风险所涉及的步骤，并确定每个步骤在积极风险管理中的作用。

10.3　解释概率和影响矩阵的应用及其带来的好处。

10.4　在整个项目中，针对威胁和机遇的常见风险应对策略是什么？

10.5　在风险控制下需要执行哪些单独的行动？

研究活动

与每个项目管理知识体系流程一样，项目经理或团队成员可能会认为他们必须成为合格的风险经理或专家来处理项目风险。

让我们明确一点：这是不必要的。但是，需要对项目风险如何影响项目的规划和执行进行批判性的理解和应用。为了进一步加深你对组织的风险管理政策、程序和实践的理解，请考虑研究以下任何专业领域和主题：

■ 风险管理模型；

■ 健康、安全和工作场所立法；

■ 事件报告；

■ 材料数据安全表（MSDS）；

■ 概率分布；

■ 灵敏度分析；

■ 风险标准；

■ 应急计划；

■ 预期货币价值分析；

■ 面试技巧；

■ 风险登记；

■ 定量分析；

- 定性分析；
- SWOT 分析；
- 因果关系图；
- 流程映射。

七、案例研究

迁移到新的软件平台总是会给业务带来一些挑战。不仅全州存在本地化的运营问题，办公室的大多数个人电脑上都装载了数量惊人的“非法”软件，更不用说这个决定是从“上面”宣布的，几乎没有进行任何有意义的磋商。

乔治是近几个月来新“任命”的第三位项目经理，他继续阅读项目授权书（由高管撰写）和项目交付计划（由原项目经理撰写），尽管他尚未找到项目管理计划本身及其组成部分，尤其是风险管理计划。

> 定期举行会议，并将风险添加到议程中。需要开发可扩展的模板，以帮助识别、分析、应对、控制、监测和审查风险；所有项目绩效报告现在都将包括风险和进度影响的最新情况；而且，也许最重要的是，从现在开始，将明确界定、分配和沟通共同风险所有权的做法。

该任务授权书被归类为 4 级项目，它提供了一些关于这一关键项目将面临的“高级别”风险的指示，尽管没有详细说明这些风险将如何管理。随着预算接近 150 万美元，不同的利益相关者更有可能想要保护他们的领地、政治敏锐性、过时的基础设施和过时的 XP 平台，乔治在他担任该职位的第一周后就知道自己确实遇到了麻烦。

这并不是说风险从一开始就很难识别：这家公司的文化似乎是他最大的障碍。作为经常接受政府资助的机构，官僚企业一直靠不惹是生非而生存下来，显然也靠不承担太多风险。通过嵌入式流程主动管理风险的概念，这对在那里工作的每个人来说都是完全陌生的，更不用说在公司里有一位常驻的风险专家了。

乔治还意识到这个项目并非所有的潜在风险都是负面的，因为这一重大升级所带来的机会应该被识别、推广和利用。

乔治现在知道他需要做什么了，但这不会受到所有人的欢迎。在一个小时内，他起草了一份风险管理计划文件，准备发送给项目的主要总部和全州的利益相关者、承包商主管及他们的中小企业，同时还通知每个人，他们现在是项目风险管理团队的基金会成员——参加会议将是必须的。

计划文件的一个组成部分是乔治希望遵循的“实地”流程，因为这个迁移项目经历了开发、测试和推出的不同阶段，决策部门和所需的批准都需要到位。这不仅仅是简单地填写一个风险登记册模板，或者更糟糕的是找到一个例子（可能是在谷歌的帮助下），然后简单地复制和粘贴信息。理想情况下，乔治希望采用一个完全认可的ICT治理标准，但他意识到这超出了他在当前项目中的职权范围。

乔治提议定期召开会议，并将风险列入议程。需要开发可扩展的模板来帮助识别、分析、响应、控制、监测和审查风险；所有项目绩效报告现在都将包括风险和进度影响的更新；而且，也许最重要的是，从现在开始，共享风险所有权的做法将得到明确定义、分配和沟通。

乔治意识到他的想法只是口头上的，于是他进一步提出了在全州范围内举办一系列风险管理研讨会，让每个人不仅了解流程和文件，还要了解必要的讨论、细节和分析水平。他最不希望看到的就是风险——管理讨论和充斥着“蹩脚”风险事件的登记册，如遗留系统、编码错误、缺乏用户输入、需求不完整、测试失败、承包商纠纷、时间延迟和预算超支。乔治和他的团队需要知道的是如何主动管理项目的不确定性和由此产生的影响（好的或坏的）。

问题

（1）风险管理计划将如何改变业务和项目中的地方性文化？

（2）在乔治的项目中，消极和积极风险的“真实”例子是什么？

（3）你将如何评估这些风险并确定其优先级，从而采取有针对性的应对措施？

（4）乔治期望在风险登记册中看到哪些现有的控制措施和“新的”治疗策略？

（5）为什么共同承担风险的概念对乔治如此重要？

（6）一旦进行了风险治疗，乔治是否应该完全放心？

第十一章
采购管理：在项目中嵌入价值

◎ 本章要点

- 了解采购计划过程
- 做出采购决策
- 选择潜在供应商
- 评估供应商的回应
- 合同对价
- 控制采购活动
- 处理合规索赔
- 报告合同履行情况
- 解除合同

◎ 实践应用

个人、社团、职业协会和组织，以及小企业和大公司，都不时面临着同样的关键决定：要么自己（内部）完成业务，要么外包给他人。

在许多项目中，内部的主题专家、团队成员和其他员工根据需求自行提供资源。实践证明，专有知识、现有能力和已证明的专业知识和经验，足以维持这些项目。其他项目——主要是规模较大、技术较复杂、风险也较大的项目——可能有需要获得外部的专业知识。这些项目可能需要寻找、雇用第三方销售商、供应商，采购或承包其他资源来完成所需的工作。

认真想一想你的项目。它们是如何获得资源的？外包承诺以及实际能带来哪些价值？是什么推动了这些外包决策，会带来哪些相关风险？是的，外包资源有许多明确定义的风险（以及可观的价值）。需要考虑可能出现的管理问题、质量的不确定性、多层次的沟通渠道、报告关系以及（应该）适用的合同条件。这些潜在的风险会超过外包带来的价值吗？毕竟，外包有巨大的好处：获得外部专用（且随时可用）资源、备受追捧和“珍视”的行业知识和专业技能，以及独立的雇佣条款、条件和福利——更重要的是不需要承担持续的雇佣和法律关系及义务。

◎ 本章概述

现代的项目组织充分运用采购获得附加值（不仅仅是最低价格）；与主要供应商（不是多个供应商）建立伙伴关系和联盟；寻求持久的利益（不仅仅是眼前的利益）；最后，追求市场和业务的增长和发展（不仅仅是市场生存）。

总体而言，组织采购规划、决策和实践背后的新“力量”，已经从组织运营和交易需求的纯粹管理角色转变为项目战略供应链不可或缺的一部分。

从采购活动的规划开始，项目管理知识体系（2013）再次采用一系列手段，包括所有“从项目团队外部购买或获得产品、服务或所需结果的必要过程”。这包括开展为获取合同而进行的采购规划，控制采购以管理关系、绩效和合同，以及所有采购活动的完结。

一、计划采购管理

首先让我们给采购下一个全面而直接的定义：采购是从正确的外部来源，按正确的价格，在正确的时间，以正确的质量和数量获取物资的活动，最后，采购还必须有正确的原因。这并不是说，项目不能像外包一样“实际”从自身采购，并采用内部服务水平协议。

从历史上看，项目采购执行的是基于过程的功能，由特定部门或当地分部推动，寻求获得解决运营问题的物资，包括机械零件、文具、培训提供商、废品处理等。另一方面，战略采购具有广泛的“增值”功能，其重点是有效率地获取商品、服务或成果，为项目组织带来大量非常具体且可衡量的利益，包括：

- 为项目提供一系列特定的商品和服务；
- 改善与主要供应商的关系；
- 平衡产量、价值和质量；
- 提升采购组织的利益；
- 增强供应链中的问责制；
- 展现资金的价值；
- 分散项目母公司的成本结构和财务风险；
- 使项目母公司能够专注于其核心竞争力；
- 能更好地获得最先进的技术、优质材料和工作场所专业知识（仅举几例）。

如前几章所述，采购活动并不完全独立于其他项目管理过程。尽管在定义上是独立的，各过程在范围、成本、质量、风险、人力资源、沟通、时间和利益相关者方面都可能发生重叠和影响。许多人认为项目采购是基于文件的、非必需的过程驱动的业务职能，为此，项目采购需要证明它处于将价值嵌入项目的最前沿（而不是用合规制度拖延决策）。

项目采购包括决定项目是否需要采购物资或人力。有些人把项目采购称为“制造或购买”决策，这项决策将引发大量行动和结果，每个行动和结果都对项目和相关利益方产生深远的影响。很明显，需要评估项目的需求是什么（以及将会是什么），以及这些需求是否能通过公开市场得到最有效的满足。表 11.1 列出了在做出这个非常重要的决定时可能需要做的一些评估。

表 11.1 初始采购决策

做出决策（内部）	购买决策（外部）
技能流通	能力不足
已知可用性	运营优先级冲突
具有成本效益的资源分配	扩大项目范围
过剩产能	获取现有解决方案
供应商状况未知	法定合规要求
现有管理协议	合作机会

除承认项目需求可以通过外部或内部支持来满足外，项目管理知识体系（2013）还指出，采购管理的规划是“记录项目采购决策、指定方法和识别潜在卖方”的过程。请记住，采购计划的重点是预先确定是否需要采购，而后确保有潜在供应商、合格人员、适当程序和正确的指导方针。因此，采购决策应基于正确的原因，充分了解项目利益相关者支持整个项目的过程及额外时间。

毫无疑问，内部和现有的采购政策、程序和做法，将管控和指导项目的大部分（如果不是全部）采购活动。然而，规定的内部过程不应该总是牺牲或推翻市场条件、项目特定的（独特的）要求、风险态度和市场研究。显然，需要一种可以反映在项目采购管理计划中的混合方法，详细说明项目将如何获得所需的物资、创建的文件、管理的过程，以及如何管理和结清合同。混合方法可能包括以下任何内容：

■ 指定合同的可交付成果；

■ 关于当前市场容量的信息；
■ 偏好单一或多源供应；
■ 招标过程：出价邀请（IFB）、信息请求（RFI）、报价请求（RFQ）、意向书（EOI）、投标邀请（ITT）；
■ 合同类型偏好：
标准格式（AS 2124，AS 4000）建筑合同、小型工程合同、供应合同、定期合同、咨询合同；
定制表格（由委托人生成）；
■ 定价模式的协议：
固定价格；
可报销费用；
时间和（混合）材料；
■ 与合同安排相关的潜在风险：
法规（如合同条件、修订）；
商业（如管理、盈利能力）；
技术（如工作说明书、规范）；
■ 替代争议解决（ADR）的升级层级：争议通知、讨论、会议、协商、调解、仲裁、诉讼；
■ 采购文件组合（形式和格式）；
■ 所有假设和/或约束；
■ 标记交付周期长的问题；
■ 如何管控合同的合规性；
■ 绩效报告指标和其他数据；
■ 确定履约保证金、担保和/或保险；
■ 供应商管理活动；
■ 角色和职责。

批判性反思 11.1

采购决策对计划和管理项目有很大的影响。
■ 项目利益相关人记录在多大程度上理解你的项目管理采购过程？
■ 每当项目需要进行采购时，要提供什么级别的培训（或支持）？

1. 将工作说明和规范分开

在确定了如何计划、管理和完结采购活动的基本方法之后，还应该为每个采购项目制定一些技术采购文件。这些文件不仅支持采购战略，而且能够在所有相关方之间传递明确的信息。细看以下两个重要文件（注意它们之间的重要区别，因为它们有时可以互换和/或组合使用）：

■ 工作说明（SOW）：定义将被包含在项目中的工作的组成部分——换句话说，项目组织想要什么。本文件以清晰、简洁和完整的语言编写，并充分详细地描述采购项目，使卖方能够评估其供应能力。该细节可以包括（或不包括）规范，并且将有项目的性质、项目的需求（例如，所需数量、工作地点、质量标准、性能要求）或合同的预期形式。

简而言之，工作说明确定了需要什么（没有具体说明如何需要）。

■ 规范：定义要执行的工作的技术细节。与工作说明一样，它是用明确、清晰、毫不含糊的语言编写的，描述了所需的技术能力（或技术方法）。这些细节可能包括要求的标准、质量、服务、全规性、性能或其他相关方面（检查、测量和测试）。简而言之，规范确定了项目必须如何执行或运行。

还需要花费大量时间，确认技术规格、要求和其他可交付成果，并记录所有合同义务、条件和规定。这些任务不仅需要技术知识，还需要熟练地掌握英语，因为这些文件很容易变得烦琐、混乱，对潜在供应商来说要求太高，无法做出回应。詹姆斯（1995）为编写有效的规格说明提供了以下建议（有一些补充）：

■ 基于对项目范围及其约定规范的准确理解。
■ 通过一系列的草稿和修改来制定最终的规范。
■ 清楚明白地表达合同条款和条件。
■ 确定规格要求的真实性能。
■ 包括全面的术语表。
■ 从逻辑上构建规范。
■ 为便于回应而陈述评估标准。
■ 尽可能包括回应模板（即使样本模板已完成）。
■ 请第三方审核文件。
■ 包括将用于管理协议的提议合同的副本。
■ 鼓励替代性和/或创新性回应（有时被称为“不一致”标书）。
■ 彻底检查错误、格式缺陷和不完整的信息。

2. 选择潜在供应商

正式或非正式的采购管理计划已经标明了决定与市场交易（招标）涉及的相关过程和文件。采购招标是指与潜在和/或目标供应商接触的过程，目的是获得回应，以了解他们各自认为该如何最大限度地满足项目需求。常见的招标信息来源包括：政府和其他招标机构的电子邮件、互联网、商业目录和数据库、首选供应商名单、报纸广告、行业出版物和/或行业杂志以及会议赞助商。

这个过程的一个重要部分是给市场足够的时间来准备详细的回应和建议。同样，招标媒介将在很大程度上决定回应时间；然而，由于大多数受访者需要投入自己的时间和金钱来准备他们的回应，明智的做法是在这一阶段不要操之过急。在这一阶段，通常有必要对招标中提出的一些问题做出回应，这些问题需要得到公平处理，不得偏袒任何一个潜在的回应人。招标要发布附录，解决潜在供应商在阅读和解释文件时提出的任何问题。在其他情况下，要召开供应商研讨会（投标人会议），公开所有材料，解决提出的各种问题。

无论使用何种论坛或媒介，清晰、完整、准确、适用和方便用户的招标文件（和提出的回应模板），都要确保供应商能够满足其建议书所要求的所有标准。关键是要确保在招标前尽可能消除文件的模糊性和主观性。最不希望出现的事就是，25 个不同的回应人每人对需求都有不同的解释，并且每天都有附录发布（是的，这太频繁了）。显然，这种准备工作会很费时，而且可能很费钱，还需要在准备这些文件方面受过训练的人员。工作量很可能取决于采购的基本价值、所涉风险程度和所需的专业知识。

那么，还有哪些因素会影响供应商是否提交回应呢？吉多（Gido）和克莱门茨（Clements）（2015）（以及我的补充）认为，做出这一至关重要的决定的关键因素可包括以下几点：

■ 可能有兴趣提交建议书的竞争者数量，以及他们是否与项目客户有过合作关系；

■ 在满足客户要求方面的风险程度（技术、财务、声誉等）；

■ 使命、价值观和/或文化（仅举几个例子）是否与供应商一致；

■ 是否与客户的标准操作程序（SOP）和供应商的标准操作程序有某种形式的协同，以方便信息交流；

■ 他们现有的供应商是否有足够的能力，和/或供应商是否能够扩展和增强其能力；

■ 项目是否会提高或损害供应商在行业中的信誉、商誉和声誉；

■ 客户是否为项目提供了充足的资金，或者正在“钓鱼”寻找来自市场的免费估价；

■ 供应商是否有足够的资源，他们不仅要整合在一起（在某些情况下相当费力），而且一旦中标还要有必要的项目资源；

■ 项目对供应商的内在价值；

■ 供应商是否对客户提供的评估的可靠性有信心；

■ 项目是否有足够的利润空间；

■ 供应商是否有能力采用客户指定的方法来管理项目。

项目采购人员将履行非常具体的职责，并具备非常明确的选择标准来评估所有潜在的供应商。虽然许多要求已经在采购规划部分做了标记，但项目管理知识体系（2013）列出了以下一些附加要求：

■ 对需求的理解：提案是否解决了项目需求？

■ 技术能力：提案是否提出了所需的技术知识和技能，或者这些知识和技能是否容易获得？

■ 管理能力：提案是否提出了必要的管理程序和过程以确保项目成功？

■ 财务能力：提案是否提供了所需财务资源的证据（如盈利能力、现金流、资金）？

■ 资源能力：建议书是否指定了所需的资源要求（如技能、地点、培训）？

■ 价格：建议书是否详细说明了所有实际成本和附属成本（如交付、安装、测试）？

■ 寿命周期成本：提案是否包括寿命周期成本模型？

■ 过去的表现：建议书是否包括供应商在类似项目中的表现？

■ 保证：该建议是否保证卖方将完成他们的工作，以及在什么时间段保证？

■ 知识产权：该方案是否声明对已有工作或项目期间将进行工作的权利？

■ 法规遵从性：提案是否确认将遵守所有的立法、法律和法定义务？

■ 参考资料：建议书是否包括验证专业知识、经验和/或符合合同要求的仲裁人？

克洛彭博格（2015）提出的来源选择标准网格是另一种有用的技术，有助于明晰化（或可视化）供应商选择标准的确切内容，以便随后对供应商的回应进行评估。一旦所有的标准类别都得到认同，用相关的标准填充表格就很简单了，如表 11.2 所示。这不仅能确保在许多关键标准上有广泛的覆盖面，还将有助于分配给每个标准相关的权重。

表 11.2　映射供应商选择标准

技术	管理	金融	操作
需要理解	合适的方法	经济能力	组织概况
技术方法	合同管理	进度索赔	先前的经验
风险缓解	绩效报告	生命周期成本计算	能力
品质承诺	参考资料	保证条款	资源能力

批判性反思 11.2

对于采购人员来说，与多个现有的和潜在的供应商打交道很快会成为一个巨大的负担。根据上述信息审查采购供应商评估过程，并确定在项目的评估过程中可以纳入哪些附加标准。

3. 合同对价

无论项目是采用过程方法还是增值采购方法，规范、谅解、采购订单、发票、协议和/或合同都要规定项目中的基本法规框架（和文件）。无论是与客户、买方或卖方、承包商、分包商、供应商、服务提供商还是与供应商打交道，买方和卖方之间都可能签订具有法律约束力的（简单或复杂的）协议。一方有义务提供有价值的东西，另一方有义务提供有价值的补偿（可能是金钱）作为回报，项目组织、关键利益相关者、项目经理和团队成员需要充分理解、遵守和执行项目中采用的每个相互约束的协议（不要忘记其中的潜在风险）。这些（标准格式或定制的）协议和合同决不能掉以轻心，可能需要适当的法律专业知识（尽管应尽量限制法律术语数量）。

鉴于围绕项目的不同类型的提案、协议和合同（越来越）激增，以及众口难调的现实，所有从事采购的人员都必须至少具有合同方面的工作知识（或者能够接触到具有合同知识的人）。简言之，合同是双方或多方之间以特定方式实行或禁止实行特定行为的具有法律约束力的协议。通常情况下，合同以书面形式（并非所有合同都必须以书面形式）在当事人之间产生一种可依法强制执行的义务。为了保护双方的利益，合同应包括以下内容：

- 报价（能够被接受）；
- 接受（能够被传达）；
- 报酬（提供有价值的东西以回报所得）；
- 意向（双方同意受法律约束）；
- 相互性（任何一方都不处于劣势）；
- 能力（双方都没有受到任何胁迫）；
- 合法性（不是非法活动）。

根据习惯，可以将所有合同分为三大类，而每一类都提供了完全不同的利润最大化和风险最小化的配置（这是人和企业签订合同的两个主要原因）。合同的相对性规定，采购合同只存在于买方（委托人）和卖方（承包人）之间，有别于所有其他当事人（如图 11.1 所示）。表 11.3 总结了固定价格合同、可报销费用合同以及时间和材料合同，这些合同将使相互关系正式化。

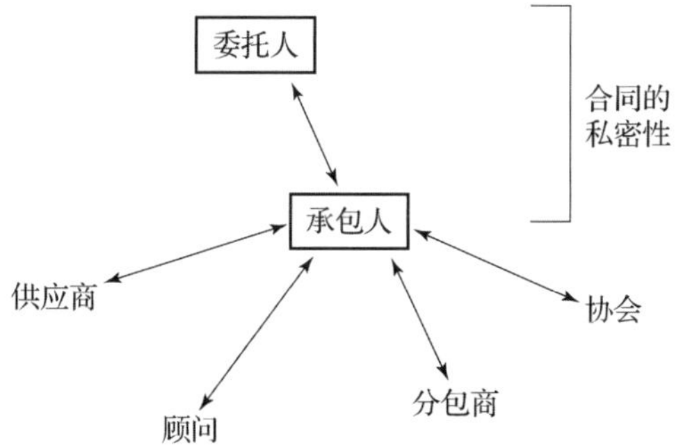

图 11.1　合同相互关系

表 11.3　流行的合同定价模型

定价模型	描　述
固定价格	这是最常用的合同之一。顾名思义，该合同旨在根据承包服务确定项目的最终价格，包括承包商的成本和规定产品、服务或结果的利润，所有工作按照协商的合同价值执行。在这些合同中，详细的范围和要求是强制性的，因为工程价格在合同期限内是固定的。尽管通常有较高的合同价格，但可以接受变更。激励可能适用于实现项目目标（交付日期、成本和技术性能）或任何其他可以量化和衡量的目标
可报销费用	在这些合同中约定（其中有许多基于费用和节余的变量），委托人向承包商支付约定的费用，以补偿完成工作所产生的合法业绩成本，并支付额外的固定费用，可能包括利润或任何其他协商的奖励 这种类型的合同的吸引力在于，它通常会减少最初的谈判，因为不需要有限的范围来启动项目
时间和材料	这种混合的合同定价模式包含固定价格合同和可报销费用合同的各个方面。如果不能很快订立一份准确的工作说明，所完成的工作将在商定的时间内以商定的金额获得报酬。随着工作量的增加，产生的成本和支付的费用也会增加

表 11.4 从另一个角度讨论除了利润和风险之外的其他变量应该使用哪种合同。当你通读其他注意事项时，从项目方（买方）和供应商（卖方）的角度衡量每种类型的优缺点，并思考哪种类型最适合你的项目，为什么适合。这些信息有意以一种非常独立的方式呈现，复杂的选择取决于你是买方还是卖方、项目的规模和其他各种变量。

表 11.4　合同类型比较

合同对价	固定价格	可报销费用	时间和材料
最终价格	未知，不含平衡和后续调整	未知	未知
利润	预期，可能变化，但无保证	认同且固定	假定
风险	高（供应商）	高（买方）	低（供应商）
成本	固定	只能估计	未知
条款	刚性	可变	可变
责任	供应商负责准确估计真实成本	买方确保成本合理	买方和卖方共同承担
准备时间	细节具体，耗时长	省时，快速启动运行	不需要
提供保障	买方	供应商	双方
偶然性	较高	低	无
变更	成本高	允许	允许
审计性要求	低	高	高
控制程度	低	很高	低
履约激励	高	高	低
绩效激励	高，如果卖方效率高	低，通常是认同且固定的	无
范围要求	最终，具体，特定	指示性，可修订	流动
管理难度	较容易	耗时耗力	低度

然而，不管怎样分析，需记住的要点是，不管你使用哪种类型的合同，每种合同都可能在某些时候以某种方式对买方和/或卖方有利或不利。必须注意这些可能的有利和不利之处，因为对法律无知不是辩护的理由。

关于合同的另一个观点是传统形式的“对抗性”合同和现代的“关系性”合同之间的对比，大资本改进项目偏好后者。传统的合同形式被视为具有以下典型特征：

■ 法律关系；

■ 主从关系；

- 对抗性；
- 输赢方式；
- 法律义务的产生；
- 商业交易的监管；
- 由最有能力的缔约方进行风险管理；
- 正式的争端解决机制；
- 不适合高成本、高风险、复杂的项目；
- 用强制手段保证合规。

相比之下，关系性合同有以下常见特征：

- 工作关系；
- 开放交流；
- 双方的相互信任；
- 内置争议升级；
- 鼓励和支持创新；
- “作为最后手段”的合同；
- 共同目标实现的目的；
- 双方的透明报告；
- 支撑整个项目的协作；
- 促进合作会议；
- 目标的优先顺序。

也许这两种类型都有一席之地；有些人非常推崇“工作关系”模式，而另一些人则坚持更“合法”的关系。但是，无论合同的性质如何，两种格式都可以涉及以下内容：

- 合同的一般条件；
- 合同补充条款（或专用条款）；
- 定义和解释；
- 工作说明（和/或规格或范围基线）；
- 日程基线；
- 实现周期；
- 绩效报告要求；
- 角色和职责；
- 定价信息；
- 付款条件；
- 承包商担保；
- 测试和检查制度；

- 验收准则；
- 责任范围；
- 费用和预聘费；
- 奖励和惩罚；
- 保险和履约保证金；
- 变更请求方法；
- 争议解决替代机制；
- 终止条款；
- 协议文书。

二、开展采购活动

项目管理知识体系（2013）将采购活动定义为“获得卖方回应、选择卖方和授予合同”的过程。虽然价格在选择首选供应商时可能很重要，但在确定提交材料的技术优点及其所代表的总体资金价值时，价格应该只是众多公认的评估标准之一。评估回应与招聘和选拔过程非常相似，根据候选人对所申请职位的重要性，按照一些关键的选拔标准对候选人进行评分。这些（上文提到的）标准将在采购邀请中明确列出（尽管有些组织不包括每一项的权重，也不是所有组织都公布所有的评估标准），潜在供应商需要展示他们如何符合这些标准。进行这种评估的一个有效、相对简单和透明的方法是使用评估矩阵。该矩阵能根据每个候选人加权标准对提交的材料进行评分，并进行数字评估，以得出最有竞争力的几个候选人。

然后，评估小组就可以接触一定范围内的各家供应商，开展进一步的协商，而后向评估小组提交修改后的最终建议书。所有这些协商都严格保密。

这可能包括最初列出所有符合要求的回应（标书），然后通过根据选择标准进行更全面的评估来完善建议书。还可以使用加权系统根据标准对所有回应进行排序，以生成分配给每个提案的加权评估分数。

可能还需要进行额外的讨论和协商，以获得证明或额外信息。这可能有助于纠正：

- 成本估算的重大差异；
- 不一致的回应（如果规定了此条款）；
- 工作说明或规范中的缺陷；
- 涵盖方法、技术、解决方案和服务的不同技术手段；
- 卖方提交的合同修改建议；
- 合同条件的澄清；
- 绩效报告要求。

在客观、道德和无歧视地评估了所有收到的（符合所述规范和/或指南的）提交材料后，应提名首选供应商，以达成正式协议，在多数情况下会将合同授予中标方。请记住，合同是双方或多方之间具有相互约束力的协议，规定了一方期望从另一方获得的回报（可能是付款）。在这种情况下，应向所有其他回应者通知他们提交的材料没有成功获取合同，并告知和反馈原因。

三、控制采购活动

合同一旦签署（标志着合同管理阶段的开始），就必须制定过程来管理采购关系、监控合同履行情况，并在需要时对合同进行更改和修正（项目管理知识体系，2013）。

这不仅能使双方满意地相信，每一方都能充分履行协议或合同规定的法律义务，而且能使每一方确信他们的合法权利受到保护。显然，任何管理合同或控制采购环节的人都必须意识到其行为的法律影响。

无论采购职能部门位于何处——业务上还是项目内部——他们（合同经理、管理员、主管、项目经理或团队成员）不仅要负责合同关系，还要负责整个项目生命周期中其他项目管理过程的融合，包括：

- 指导和管理授权工作；
- 付款前检查和核实已完成的工作；
- 确保所有变更都经过适当的评估和批准；
- 确认所有纠正工作；
- 保持准确的历史记录。

1. 合规进度索赔

上述领域中，需要更仔细审查的领域之一是批准承包商进度索赔和付款的过程。付款时往往没有对索赔的工作是否已经完成进行任何事先检查和平衡，更不用说按要求完成了。提出索赔时，往往只简要说明所做的工作和索赔的数额。遗憾的是，付款往往是立即进行的，因为他们相信索赔是合理的，并且完全相信承包商有能力正确开具发票。

不需要对（某些）承包商的索赔提出贬低性指控，这个问题可以通过透明的交易得到全面和永久的解决。考虑以下建议，了解每项索赔应包含的内容（出自国际合同控制机构，研讨会资源）：

- 事实：索赔的细节是什么（完成的工作、地点等）？
- 条款：什么样的合同条款授权进行这项工作并提出索赔？
- 证据：提供了什么证据来支持索赔（发票、签到表、顾问报告、技术文档、测试结果、工作表现数据等）？

■ 金额：索赔金额是否符合合同要求（分项、不含商品及服务税等）？

这些内容可以写在一页纸上，使采购人员能够方便快捷地授权付款。这还有另两个作用：使承包商有义务证明他们的索赔是合法的，如果他们希望迅速得到付款，就要按照合同的规定提交他们的索赔；也许对有关的项目人员来说更重要的是，节省了他们试图确定索赔是否合法的时间。换句话说，根据四个“符合”的标准评估，索赔要么符合标准，要么不符合。如果合规，则付费；如果不合规，则向承包商发送一封信函，说明在他们提交符合要求的索赔之前，不会对他们的索赔进行评估。

批判性反思 11.3

管理进度索赔（各种订单、发票和查询）很容易消耗大量宝贵的时间，如果这些索赔总是合规的，大多数时间都不必要浪费。

■ 在你的项目文档（合同、项目计划、服务水平协议、贸易条款或其他相关文档）中，明确说明迅速获得付款的“正确”过程。

■ 审查大量过去的索赔，并准确评估它们的合规性。

■ 对于不合规的索赔，调查它们得到处理的原因，并询问处理付款所花费的时间。

■ 如何改善上述不合规处理的情况？

2. 绩效报告

除了进度要求之外，控制项目采购的另一个值得关注的领域是获取准确及时的绩效报告信息。同样，人们期望在合同中找到这一点；然而，它往往没有得到有效的沟通和执行。发生冲突、纠纷和其他进程的问题是不合时宜的，这些问题会以这样或那样的方式导致进度、预算或承包商关系损失巨大。应该做的事简单明了：报告承包供应商的合同履行情况。这可能需要做到以下几点：

■ 高效处理各种额外信息请求；

■ 对照计划定期比较绩效；

■ 准确及时地报告绩效问题；

■ 迅速处理变更；

■ 关于实现的目标或交付成果的信息；

■ 及时实施所需的任何纠正措施；

■ 满足关键节点和/或截止日期的更新；

■ 记录和授权的范围变更（变动）请求；

■ 争议和冲突升级等矛盾的解决。

也请记住，报道绩效（合同或其他）充满了风险，因为真相有时会在讲述中迷失。图 11.2 显示随着时间的推移计划和实际发生之间的差异，这将导致严重的合同问题。

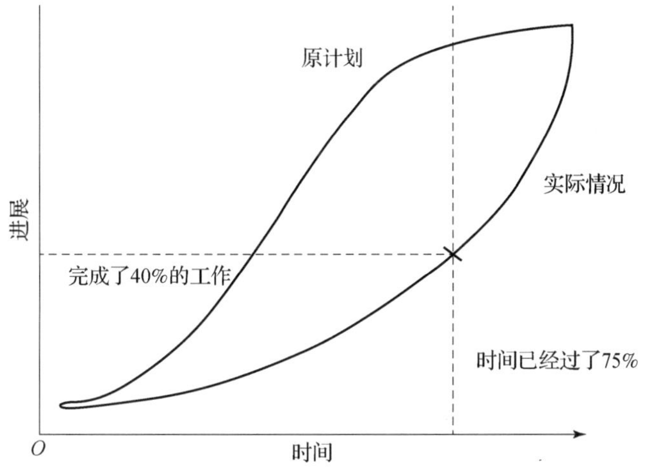

图 11.2　线下绩效

3. 结构化绩效评估

合同控制也可以通过对承包商在交付项目范围和要求的质量、成本和进度方面的表现和进度开展结构化审查来展现（项目管理知识体系，2013）。该审查过程的目标是确定绩效成功或失败、相对于商定工作的可接受进度（就时间表和预算而言），以及各种不符合合同的情况。在某些情况下，委托人和承包商的行为远远超越了合同条款，而没有采取强制（合规）行动。如果不准备执行合同，为什么还要签合同呢？先例一旦形成，以后就很难消除——如果这种行为最终出现在法庭上，这片大陆上任何一个法院都不会赞同这种行为，因为双方都可能被认定为同谋并承担责任。

4. 合同问题

在结束本节时，我们必须列举采购过程这一阶段出现的一些常见问题。认真思考下面的清单，并确定避免问题首先发生的方法。合同问题可能包括滥用权力；隐藏的议程；签约技巧不足；潜在条件（未知的物理条件，要求不在合同中的额外工作）；过度依赖口头声明（并非每份合同都必须是书面形式）；关于延期、中断和展期索赔的争议；承包团队明显缺乏独立性；以及利益相关者未能保持沟通渠道的畅通。

虽然这些问题和其他问题总是存在于合同协议中，但采取以下措施是非常必要的：

■ 先合作再签约；
■ 注意一些有问题的早期预警信号；
■ 与你的承包商保持密切和持续的联系；
■ 在确定你自己的观点之前，考虑所有的观点；
■ 搁置不必要的情绪；
■ 维护准确的沟通记录；
■ 记录所有的沟通；
■ 坚持争议解决替代办法层级：争议通知、讨论、会议、协商、调解、仲裁、诉讼。

四、完结采购活动

采购的最终阶段需要做两件事。第一是确保合同规定的履约行为已经完成，并被证实是完整和令人满意的。第二是要执行全部（大部分）收尾管理职能。此阶段应该执行的一些事务包括：

■ 审查所有采购文件；
■ 更新和归档所有适当的记录；
■ 财务对账；
■ 完成未结索赔；
■ 分析所有要求和批准的合同变更；
■ 完成商定的检验和测试程序；
■ 颁发完结证书（如果需要）；
■ 各种缺陷和/或损坏的报告和纠正；
■ 审计整个采购过程，以确保承诺的外包利益已经交付；
■ 项目（或至少供应商参与的部分）已经完成的书面确认。

为结束这一阶段制定一份清单是一个好主意，可以确保委托项目的组织和承包商完成其所有法律义务，并令对方满意。

批判性反思 11.4

如果你不准备执行约定的条款和条件，就不要签订合同或协议。

■ 回顾你当前或过去的项目，找出承包商或资源违反合同（或协议）的实例。

■ 这是怎么处理的？结果如何？
■ 按照合同执行有负面影响吗？如果有，可能是什么？
■ 谁负责了解项目合同中写了什么？

解除合同

当然，以上都是假设项目已经按照合同完成的情形。但是，如果项目的完成没有让另一方满意呢？这就需要解除合同。考虑以下选项：

■ 实际履行状况：（根据合同约定）合同已履行的程度；

■ 当事人之间的协议：合同可能包含一项条款，规定在某一特定事件发生或失败时合同自行终止；

■ 受阻：双方都没有过错的情况下，履行合同还是变得不可能，在这种情况下，应当自动和相互地解除合同；

■ 违约（实际违约或预期违约）：一方未能按照合同履行义务或暗示将不履行这些义务；

■ 法律运作：通过破产、公司清算或诉讼时效而解除合同。

五、复习题

11.1　采购管理策划给各种项目带来什么作用和好处？

11.2　评估潜在卖方建议书的客观选择标准示例有哪些？

11.3　管理项目合同面临哪些挑战？

11.4　你希望在大多数合同中包含哪些常规和/或补充合同条件？

11.5　如何终止合同？

六、案例研究

莎伦（在产假期间）第一次担任合同经理的角色，正在考虑招标文件中最具挑战性的部分是什么：法律、商务还是技术部分。虽然经常是法律术语使它变得如此烦琐，但她也意识到自己并不总是理解项目所需的商业投资，尽管技术部分毕竟是轻而易举的，因为她已经担任内部合同管理员的团队领导超过7年。

> 莎伦希望这项采购活动更多地注重建立关系、合作和增值，而不是像她的前任那样，关注于短期且范围狭隘的目标，用简单的最低成本报价系统来寻求解决运营工作的需求。

由于这份标书处于发布前的最后准备阶段，莎伦知道她有责任确保在发布前一切都是正确的。从历史上来看，一些以前的招标带有错误的附件，没有发布补遗，从其他（不相关的）合同中复制和粘贴条款以减少准备时间，而且现有的首选供应商并不总是遵守某些隐私约定。由于她的组织选择在市场上寻找外部专家来建造整个公园的道路、相关的基础设施、标志牌和景观，莎伦希望这项采购能够更多地关注建立关系、合作和增值，而不是像她的前任那样，通过一个简单的最低成本报价系统来满足业务工作要求。

传统上，公司总是向供应商提供详细的规格，准确地说明他们想要什么，他们想要怎样，以及分配的预算是多少。冷酷的现实是，这并不总能成功，因为他们的内部设计并不总是符合当地议会的许可、分区和审批程序。于是，这次她有机会只提供工作范围（连同合同草案和回应模板），而不提供规格，同时还修改了标书，允许不符合要求的回应。

莎伦现在需要确保她的评估小组调整选择标准（并改变权重），以考虑到这一重大变化，因为他们现在需要的不仅仅是建筑工人。他们需要有想法的供应商、有远见的创新者，挑战公园绿地可能是什么样的传统观念，以及能让不可能成为社区生活现实的设计师和建筑商。

虽然该公司总是为其项目采用定价合同，但莎伦决定在此次招标中保持开放。莎伦对自己的改变感到满意，于是召集了她的团队，详细讨论了发布标书的各种方案，他们将负责处理各种询问并汇总评估矩阵。他们还讨论了在发布标书后举行供应商信息会议的好处，以回答人们可能会提出的各种问题。然而，他们仍然有一件大事要解决：一旦中标，他们将如何有效地管理和控制承包商在整个项目中的表现，这次招标所附的标准格式合同是否足以为该公司提供这种程度的保护？莎伦显然想要更多，因为她向她的团队发出了高亮标记以及一份提议的合同。然后，她要求他们通读每一页上的每一个条款，并标记出以下相关内容：

- 承包商的履约情况（包括进度索赔）；
- 绩效报告；
- 承包商违约。

令所有人惊讶的是，所有发现的都是与“承包商保证”“月度报告”和“五个工作日内的进度索赔”相关的条款——所有这些条款都可以被统称为模棱两可、含糊其辞且可解释的。当所有人都离开后，莎伦决定取消招标，直到这些条款确实表明了可以通过合同强制执行的内容。

问题

（1）制订采购管理计划将会如何有助于解决莎伦面临的一些历史问题？

（2）让潜在供应商提供规范会有什么风险？

（3）本次招标评估的合适选择标准（和权重）是什么？

（4）关于如何使“正确的”合同定价模式被接受，你会给莎伦什么建议？

（5）莎伦想要用一个定制的合同来约束合同性能条款是不现实的（甚至是偏执的）吗？

第十二章

集成管理：统一协调方法

◎ 本章要点

- 制定项目建议书
- 制订项目管理计划
- 指导和管理工作
- 监测和控制绩效
- 执行集成变更控制
- 结束项目
- 项目管理过程的生命周期映射

◎ 实践应用

你是否经常将你的项目视为一系列完整的程序、过程、行为和决策？自始至终参与的每个人的最佳意图都协调好了吗？怎么做审计追踪——反映和学习项目带给你的许多经验教训的项目后检查？

我们现在知道，一些项目实际上有针对性地回应了战略指示，具有明确的目标、程序和文件，它们不仅是项目方向的基线，也是进程中的导航灯塔。然而，尽管成员都很努力，并有最佳实例和全球标准，许多项目从头到尾都充满挣扎和曲折。

实际上，项目不是浑然一体的，而是一系列相互依赖的、重叠的、迭代的过程和行为，相互竞争的项目似乎在许多方面与自己斗争。定义不明确的目标、相互对立的操作优先级、利益相关者的权力和利益、相互竞争的操作程序、有限的资源容量以及缺乏有意义的文档，所有这些都会相互冲突，从而形成一个不可持续的项目环境。

相反，随着所有项目利益相关者、过程和运行方向彼此同步工作（这实际上一点也不难实现），项目会成为推动变革的统一体、集成和集中的力量。被视为成功的项目——不会失败，不会错过目标和期限，不会在过程中“劫持人质”（或“造成屠杀”）。

共同的方向需要共同的集成方法。

◎ 本章概述

集成管理往往是许多项目管理书籍的第一章，而在本书中是最后一章——这是非常合理的（或者说务实的）。如果不首先从实质上理解专有的或现成的方法所规定的各种过程和文档，你就不能真正集成它们。单独掌握一个过程或文档不是项目管理中的选择（尽管许多人专门研究这一点）。如果忠实于项目管理知识体系，就应该精通所有 10 个过程（知识领域），以便能够实际地控制项目的构思、计划、执行和完成活动。

项目管理知识体系（2013）提出，集成过程（和产出文档）包括所有在其他过程中识别、定义、组合、统一和协调的活动。

这意味着，虽然项目管理知识体系将其过程表示为离散的（如本文所述），但它们实际上在所有项目中以各种方式重叠和相互作用。毕竟，计划的方法不是单一的，更不用说管理了。项目组织、竞争目标、利益相关者多样性和运营现实（仅举几个因素）将影响整个项目中应用的思考、决心、一致性和严谨性。

那么如何实行集成管理呢（记住它是基于过程和文档的）？如果遵循项目管理知识体系（2013）的建议，集成管理所涉及的步骤包括：撰写提案，制订项目管理计划（包含 10 个过程中每个过程的所有独立计划），指导和管理工作——确保监控绩效，处理所有变更请求，并最终在完成时结束项目（理想情况下，成功完成）。

这最后一章的目的不是复述前几章的所有内容。更确切地说，它鼓励并帮助你开发一些最佳实例、集成过程（或者系统、技术或工具），以便你增强项目的严谨性。必须有人将所有这些松散的线索连接在一起，成为项目的黏合剂，这个人可能就是你：项目经理、团队成员和其他致力于（和竞相）项目成功的利益相关者。

一、制定项目建议书

请记住这个提议（有些人可能称之为章程、范围基线或其他）。这份文件不仅确认了项目本身的存在（有别于运营优先权）；它还使（如果有任命的）项目经理能够开始对项目有一个基本的了解，并着手收集与项目相关的所有初始信息（范围、时间、成本、资源等）。在项目正式记录中，高级管理层有机会接受并致力于项目，同时还授予项目经理必要的权力来计划和执行项目（项目管理知识体系，2013）。

要牢记这样的启动过程和文件应该验证（变更）项目与组织战略方向的一致性，同时也应考虑正在进行的操作优先级。它还将（广义上）记录组织需求、假设、约束、利益相关者要求、时间和金钱的临机评估以及高级风险（等因素）。

当然，真正的挑战很可能是项目经理还没有被任命，因此在协调这些过程和文书工作中起不到核心作用。很少有项目经理在项目刚开始构思时就“前期投入”到这些活动中。高级管理层、第三方和其他内部或外部利益相关者可能会承担所有繁重的工作，而任命项目经理几乎成为次要的考虑。鉴于这一现实，无论何时进行任命，项目经理都必须回溯工作，回顾到目前为止发生的一切，以清晰地评价项目是什么、不是什么，并不断增强对项目的理解。项目经理需要阅读可行性研究，研究商业案例，查看预算预测，并与利益相关者交谈，以确认项目的合理性、目标和界限。除非所有这些都完成了，否则不要开始计划项目。

二、制订项目管理计划

从逻辑上讲，这个计划是根据建议书制订的。我们所说的“计划”指的是其他 9 个项目管理知识体系过程中描述的所有子计划。这里的目标是将所有这些计划整合到一个单一的、全面的、得到认可的项目管理计划中，该计划定义了所有项目工作的基础（项目管理知识体系，2013）。

如果你忘记了，这些计划包括：

- 范围管理计划；
- 时间管理计划；
- 成本管理计划；
- 质量管理计划；
- 人力资源管理计划；
- 沟通管理计划；
- 风险管理计划；
- 采购管理计划；
- 利益相关者管理计划。

虽然项目管理计划将定义项目的执行、监测、控制和完结方式，但内容中的具体细节将取决于许多项目特定的因素，包括项目的目标、复杂性、风险和环境，以及关键的基线信息——范围、时间和成本。在整个项目生命周期中，这些细节中的大部分将逐步得到阐述、提炼、批准和控制。

虽然项目管理计划的明显意图本质上是使项目得到良好的管理，但事实证明它会多次改变。但是，在驱动变更的请求生成并获得批准之前，该计划将保持“按计划”状态。你应该只做一个项目管理计划——最后批准的版本。

由于它是一个包罗万象的文件，项目管理计划还可以支持和/或链接到适用于整个项目的所有相关文档。这些文档可能包括：

- 工作分解结构（WBS）；
- 风险分解结构（RBS）；
- 变更日志；
- 里程碑列表；
- 采购文件；
- 资源日历；
- 风险登记册；
- 工作说明（SOW）；
- 规范；
- 质量控制措施；
- 利益相关者登记册；
- 绩效报告等。

不要忘记，这些文档不仅是项目管理计划的潜在附件或组成部分；当计划确实发生变化时，这些文档也需要更新。发现新风险不仅会影响风险记录，还会影响项目计划。不合格的质量检查和测试结果会在计划返工时触发对计划的修订。达成一致的变更会起到完全相同的作用——变更计划和所有其他相关文件。是的，所有这些文档都是组成部分，它们不是孤立存在的——一个文档的更改很可能会引发另一个文档的更改。

批判性反思 12.1

随着项目管理知识体系中的 10 个知识领域各自产生一个计划（称为子计划），项目的书面记录很快就会超载。还有别的办法吗？

回顾你的上一个项目计划（记住，不仅是回顾时间表），找到各知识领域的（明确的或不明确的）参考资料。

根据你对上文问题的回答，你从这次回顾中学到了什么？将项目中的所有 10 个计划集成为一个单一的项目计划时，可能需要做哪些更改？

三、指导和管理工作

计划就绪后，需要的是“领导和执行项目管理计划中定义的工作，并实施批准的变更以实现项目目标”（项目管理知识体系，2013）。

借鉴其他过程，这要求做到以下几点：

- 确保完成项目目标；
- 根据计划的工作实现可交付成果；

- 为项目团队提供学习和发展的机会；
- 获取和分配所需的资源；
- 建立开放的沟通渠道；
- 生成绩效报告；
- 与利益相关者合作；
- 监控风险事件和处理回应；
- 记录经验教训。

项目经理永远需要管理计划内和计划外的项目活动，因为他们致力于确定（或努力制定）影响项目技术和组织方面的适当行动方针。这些变更可能会影响项目的各方面，包括项目管理计划、组织政策、标准操作程序、时间表、预算和合同安排。与上面讨论的其他步骤一样，领导和管理项目工作是一个迭代的过程，因为项目经理要处理会议、确定纠正措施和预防措施以及纠正各种缺陷、更新正式控制的项目文档和绩效报告。

四、监测和控制绩效

正如我们所知，项目计划很少完全按照计划进行。因此显而易见的是，监测和控制未计划却执行了的事项（就工作而言）是很重要的。这就要求根据项目目标追踪、审查和报告项目进展（绩效）。不仅报告项目的过去和当前状态，还使预测能够与各种修订过的范围、时间表和成本基线保持一致。

根据项目管理知识体系（2013），在整个生命周期内对项目的持续监控将侧重于以下事务：

- （根据计划）将实际项目绩效与计划绩效进行比较；
- 评估绩效以确定可能需要的纠正或预防措施；
- 对后续行动提出合适的建议；
- 识别和应对现有的、反复出现的或新的风险；
- 保持准确的记录；
- 分发所有相关报告和信息；
- 验证所有批准的变更的实施。

重点需要放在制定真正的绩效衡量标准、及时监测和有意义的控制措施上。很多时候，事务被视为绩效（写报告是一种事务，如果它提供了所需的信息，就应按绩效的标准衡量）；监控是零散和泛化的（在会议上提供临机主观的信息，没有任何潜在的项目计划信息或比较基线）；控制是基于微观管理干预。

如果绩效不能得到观察、测量和报告（及部分监控），就无法持续改进，也就永远不能真正受控制。通常，随着客观事实被从页面上抹去，就会造成大量歪曲的信息（是的，这听起来是负面的，但也是现实的）。一个很好的经验法则是，越早在项目中陷入困境，越早认识到这一点并寻求帮助，获得积极回应的机会就越大。你越晚远离坏消息，你自己就越有可能成为坏消息。

五、执行集成变更控制

项目中的变更很容易管理。在项目的整个生命周期中，唯一不变的是变更。从复杂性和不确定性开始，到最终向客户交付能以价值衡量的东西，变更将由双方（委托人和承包商，即买方和卖方）的期望和表现驱动。

项目经理（可能与承包人员一起）负责审查所有的变更请求（这是一个很好的标准，可用于衡量你是否实际管理项目或者仅仅是承担责任）。当得知这些变更不仅仅局限于期望值、范围和交付方面时，不要感到惊讶。变更请求还会影响组织策略、程序、过程和风险管理，更不用说在选择接受或拒绝这些变更时对项目文档的修改了。

只要正式的、商定的和实践的综合变更控制过程从项目一开始就运行，项目经理就能确保只有批准的变更被纳入修订基线（项目管理知识体系，2013）。变更请求总是记录在变更登记簿或变更日志中，明示所需的变更以及对时间和成本基线的各种修订。项目经理将与项目客户、赞助人、执行管理层和/或其他变更控制人合作，确保对各种提议的变更进行审查、评估、批准、延迟、拒绝或执行，并传达这些决定。

虽然合同要求将在处理许多变更请求中发挥重要作用，但项目的复杂性、组织背景和项目的运行环境同样会对变更控制的实际效果产生影响。与许多过程一样，变更控制并不总是能得到实施，显而易见的原因包括其耗时的性质、缺乏与利益相关者的接触、批准延迟、操作优先级、糟糕的文档记录，或者缺乏范围、时间表或成本基线。

六、结束项目

所有美好的事都会结束（不那么美好的事也一样）。请记住，项目不是持续的、随着时间推移而自我延续的运营活动。它们是一系列有时间限制的活动，在预先定义和得到管控的开始和完成日期之间进行。

项目结束手续不仅正式确认项目已经结束；它们还提供了一个机会来回顾项目历程，记录（并希望制度化）所吸取的经验教训，并释放一切组织（和外部）资源来投入新的事项（项目管理知识体系，2013）。事实上，这些回顾应该成为项目时间表的一部分，以确保它们在每位成员离开前真正完成，因为至关重要的不仅是知道项目已经完成，也包括通过将项目全程与三个基线［即（修订的）范围、时间表和成本基线］进行比对，了解所有的目标是否得到满足。

尼古拉斯（Nicholas）和斯泰恩（Steyn）（2008）列出了许多可以支持项目管理集成的特定活动，包括：

- 创建和协调项目完结计划和时间表；
- 确认所有收尾工作已经完成；
- 完成所有财务交易；
- 将项目完成情况通知所有利益相关者和/或职能部门；
- 回顾所有合同协议，并在所有义务均已履行时通知客户；
- 确认满足客户指定的所有验收标准；
- 从客户那里获得有价值的反馈；
- 解决各种未决的问题；
- 审查技术、预算和进度绩效；
- 评估方法的适当性；
- 回顾所有项目团队和利益相关者的关系；
- 计划将项目团队成员转移到其他项目或他们的实质性职位；
- 确认所有剩余材料处理程序都已到位；
- 完成项目完结报告；
- 记录项目回顾和经验教训，并进行分发；
- 发布对未来项目的建议；
- 确认所有记录已经收集、整理和存档。

也许最好的选择是制定一个完结清单，以确保在项目结束时不会遗漏这些和其他活动。结束和开始一样重要：它们能给人带来一个新的开始。花时间为下一个项目建立个人或组织知识库——新项目可能近在眼前。

七、项目提前终止怎么办？

我知道很多人以为一个项目只有在成功完成后才会终止。理论和公众的误解到此为止！

事实上，一个项目可以在任何时间点终止，从初始念头一直到它预定的（和正式的）完成时点。毕竟，可以举出许多真正的原因来解释项目被终止，包括梅雷迪思（Meredith）和曼特尔（Mantel）（1995）提出的那些至今仍然有效的原因：

- 项目不再可行了；
- 对项目的支持已经消失了；
- 成功看上去希望渺茫；
- 其他选择看起来更有吸引力（在财务、实践、运营等方面）；

- 不具备所需的技术能力资源；
- 资金已经枯竭或被重新分配；
- 按时间表可能无法交付预期成果；
- 市场已经转移，该项目的潜力已经消失；
- 客户已经表示他们将不再接受这个项目；
- 商业结果需要太长时间才能盈利；
- 其他项目现在具有更高的优先级。

批判性反思 12.2

任何终止项目的决定都是艰难的。

- 你能找出项目终止的其他原因吗？
- 提前终止项目会有什么（积极和消极的）后果？

八、映射项目过程

尽管有全球标准、相互竞争的方法、最佳实例、专有知识、直觉和猜测，项目管理依然是一个多方面的学科。

受不确定性、复杂性、持续风险、运营现实和利益相关者多样性的影响，项目要么成功，要么失败。不管项目的绩效和结果如何，对许多项目人员来说，继续假装忽视、惊讶、冷漠或沉默的漠不关心不再是一种选择。项目管理中没有惊喜。而且，不管你喜欢哪种方法（试着从所有方法中挑选最好的），都要接受这样一个现实，即项目是变革的动因：源于战略，与运营现实相冲突。通过遵循一种方法、一种手段、一种技术或一系列工具，项目管理由过程定义和约束。

根据项目管理知识体系定义的知识领域、功能或过程，项目管理是由 10 个知识领域驱动并最终控制的。这些领域每 4 年更新一次，但是项目经理面临的挑战的本质和交付给客户的利益并没有改变。出于几个原因，下面为你再现这些过程。首先，再现这些过程能强化你的记忆。然而，更重要的理由是让你重新审视这些问题，看看你可以从哪些地方改进过程。当你需要分析一个过程时，你可以使用一套称为 KRAC 的工具或模组，即：

- 保持（Keep）；
- 去除（Remove）；
- 增加（Add）；
- 改变（Change）。

换句话说，在任何过程中，都可能有你可以保留的东西（它们有效），可以去除的东西（它们不再有效），可以添加的东西（它们没有被想到）和/或可以改变的东西（也许是顺序）。

再次通读10个项目管理知识体系过程（再现如下），并给他们做一些KRAC。

1. 利益相关者管理

利益相关者管理包括在整个项目中识别、计划、管理和控制利益相关者参与所需的过程。它包括：

- 识别利益相关者；
- 计划利益相关者管理；
- 管理利益相关者的期望；
- 控制利益相关者的参与。

2. 范围管理

范围管理包括确定和管理项目预期和可交付成果所需的过程，包括整个项目的规划、授权和控制。它包括：

- 规划范围管理；
- 收集要求；
- 定义范围；
- 创建工作分解结构；
- 验证范围；
- 控制范围。

3. 时间管理

时间管理包括确定和实施项目时间表所需的过程，以及在整个项目中使用适当的干预策略管理商定的时间表。它包括：

- 计划进度管理；
- 定义活动；
- 排序活动；
- 估计活动资源；
- 估计活动持续时间；
- 制定时间表；
- 控制进度。

4. 成本管理

成本管理包括识别、分析和细化项目成本，以及确保在整个项目过程中管理、控制和报告项目成本所需的过程。它包括：

- 计划成本管理；

- 估计成本；
- 决定预算；
- 控制成本。

5. 质量管理

质量管理包括在整个项目中管理质量规划、保证、控制和改进过程和政策所需的过程。它包括：

- 规划质量管理；
- 执行质量保证；
- 控制质量。

6. 人力资源管理

人力资源管理包括确定项目资源需求、任务优先级、发展需求、绩效问题和整个项目评估所需的过程。它包括：

- 规划人力资源管理；
- 收购项目团队；
- 发展项目团队；
- 管理项目团队。

7. 沟通管理

沟通管理包括通过管理整个项目的正式结构和过程，确保收集、传播和评估及时和适当信息所需的过程。它包括：

- 规划沟通管理；
- 管理沟通；
- 控制沟通。

8. 风险管理

风险管理包括在整个项目中管理项目风险的识别、监控、控制和评估所需的过程。它包括：

- 规划风险管理；
- 识别风险；
- 执行定性分析；
- 执行定量分析；
- 规划风险应对；
- 控制风险。

9. 采购管理

采购管理包括在整个项目中管理采购活动所需的过程。它包括：

- 计划采购管理；
- 开展采购；
- 控制采购；
- 结束采购。

10. 集成管理

集成管理包括在整个项目中集成和平衡项目管理知识领域（范围、时间、成本、质量、沟通、人力资源、风险、采购和利益相关者）所需的过程。它包括：

- 制定项目章程（提案）；
- 制订项目管理计划；
- 指导和管理项目工作；
- 监测和控制项目工作；
- 执行集成变更控制；
- 结束项目。

九、小结

总之，如果项目按生命周期各阶段随着时间的推移而发展，那么可以（粗略地）将这些过程映射到生命周期中的各阶段。

表 12.1 中的映射（改编自项目管理知识体系，2013）是一个这样的示例，尽管各阶段之间的分阶段界限和明显的排他性通常不会像此示例中那样明显。需要注意的是，永远不要孤立地考虑每项能力，而要把它们视为一个更大的计划的子集，这样才能按时、按预算和在范围内交付项目。

表 12.1　项目管理过程的解释矩阵

	概念	规划	执行	定案
集成	战略联盟	项目计划	项目绩效报告 项目变更控制	项目总结
范围	范围标识	范围细化	项目变更控制	项目总结
时间	临时预测	进度开发	进度控制和报告	项目总结
费用	临时预测	预算发展	成本控制和报告	项目总结

续表

	概念	规划	执行	定案
质量	质量规划	质量规划 质量保证	质量保证 质量管理 质量改进	项目总结
人力资源	能力已确定	分配的资源	绩效监控	再分配 项目总结
采购	采购计划	采购计划 征集计划	筹集 源选择 合同管理	合同终止 项目总结
风险	识别	识别 评估分析	管理	评估 项目总结
沟通	利益相关者识别	战略发展	项目绩效报告	项目总结
利益相关者	识别利益相关者	计划利益 相关者管理	管理利益 相关者参与	评估利益 相关者参与

批判性反思 12.3

本书开篇几页提到了生命周期管理，上文再次提到，试图以生命周期各阶段粗略地映射 10 个知识领域。

根据这些信息，回顾你当前或过去的项目，然后尝试交叉引用你的项目管理文档中包含的每个知识领域（小结）。

你的回答指出了你的项目管理方法的哪些实际情况？反映了在你的项目中集成所有 10 个知识领域的哪些实践（生命周期方法）？

你需要做什么样的改变，谁会参与其中，这些改变会带来什么好处？

十、复习题

12.1 术语“项目集成管理”是什么意思？

12.2 建议书和项目计划在集成项目过程中起什么作用？

12.3 管理工作与控制工作有何不同？

12.4 解释一个正式集成的变更控制过程如何使项目受益。

12.5 在项目收尾阶段可以吸取哪些经验教训？

十一、案例研究

举行会议的房间令人印象深刻：橡木桌子、高背转椅、松饼、咖啡，还能看到城市全景。谁不会印象深刻呢？

答案应该是房间里的大多数人，如果不是所有人的话，他们耐心地等待项目经理克莱尔（Claire）的到来。他们不仅最终完成了项目（尽管超出了预算并落后于计划），而且他们都被告知要参加这个完成后的复盘，从头到尾回顾项目。显然，房间里的气氛混合了疲劳、脆弱和可能的恐惧，因为该项目远未成功。

克莱尔像往常一样姗姗来迟，她终于带着各式各样的彩色文件夹到达会场，并将它们分发给围坐在桌子周围的九个人，给自己留了一份。不出所料，每个人一拿到文件夹就打开它，好奇地想看看里面有什么坏消息。令他们惊讶的是，文件夹里除了一张空白的 A3 纸什么也没有，纸的顶部有一个大字粗体的标题。出于好奇，每个人都开始看他们身边人的文件夹，发现每人都拿到一张类似的白纸——尽管标题不同。

他们此时被激起了兴趣，听着克莱尔开始会议。她做的第一件事是把参加会议的 10 个人的名字写在黑板上，然后让每个人大声说出他们在文件夹中的标题。克莱尔在黑板上把集成管理加到了她的名字上，写下了其他 9 个知识领域，并在她的项目团队成员说出各自文件夹中的内容时，把相应的领域分配给他们。几分钟后，整个团队的名字和他们分配的知识领域配对出现在黑板上。

> 这个项目从一开始就是一个挑战，没有标准过程（更不用说统一的流程了），只有粗糙的文档、孤立的自我利益、功能冲突，而且没有一致同意的框架、方法、技术或工具助力于计划和管理项目。

由于克莱尔还没有解释要做什么，成员们充满了疑问。在她等待着那些未回答的问题逐渐消散时，克莱尔怀疑自己的想法是否可行。毕竟，她的项目团队被仓促地召集到一起（说拼凑在一起也许更准确），克莱尔会第一个承认（虽然没有公开），包括她自己在内的每个人在参与这个项目之前都没有什么项目管理经验。虽然每个人都经历了这个项目的历程，但这个项目从一开始就是一个挑战，没有标准过程（更不用说统一的流程了），只有非常粗糙的文档、孤立的自我利益、功能冲突，而且没有一致同意的框架、方法、技术或工具助力于计划和管理项目。克莱尔非常诚实。

克莱尔整理了一下思绪，打开了投影仪，打开她准备好的一张幻灯片。她要求每个人通读以下几点：

- 创建项目建议书；
- 制订项目管理计划；
- 指导和管理工作；

- 监测和控制绩效；
- 执行集成变更控制；
- 结束项目。

在有人提出问题之前，克莱尔向大家说道：

你们每个人都拿到了一个与10个项目管理知识领域之一有关的文件夹和一张白纸。请将幻灯片上的所有6个过程标题写到你的A3纸上，将它们间距均匀地分布在页面上。在接下来的30分钟里，你们要安静地、独立地（不要说话）思考，你拥有的知识如何帮助我们在这个项目中比上一个项目更有效、更高效地整合起来。这项活动是关于我们作为一个团队和组织如何从我们所做的事情中吸取经验，提出新颖想法和创新方法，通过统一、一致和有凝聚力的方法来改进我们对项目的计划和管理。30分钟后，你们每个人将有15分钟（是的，这将是一个很长的会议）来分享你们的建议。这些建议不会被讨论，只是被分享，你们分享的内容将被记录下来，并在明天分发给其他人。在接下来的一周里，你们要回顾每个人的建议，修改自己的想法，并把你关于如何整合你的知识领域的完整建议带到会议上。请不要互相分享想法，因为在这个阶段我特别看重你的个人见解。我们将在后续工作中再运用集体智慧。

说完，克莱尔结束了会议，离开了会议室，令她的项目团队成员看起来困惑而迷茫。

问题

（1）你认为克莱尔给她的项目团队（和她自己）设定的任务是为了实现什么目的？

（2）你如何看待克莱尔表达现状和希望的方式？

（3）你能提出哪些建议让克莱尔改进这次会议，并得到同样的（如果不是更好的）结果？

（4）自己从10个知识领域中选择一个，然后完成和她的团队被要求做的相同的练习。看看你是否能想出一些新颖的想法，以利于将知识领域融入你的下一个项目中。

（5）如果团队中有人要求克莱尔解释为什么集成如此重要，你认为她会如何回答？

（6）一个统一的、一致的、有凝聚力的项目方法实际上是什么样的，它会给不同的利益相关者带来什么好处？

附录 1　问题矩阵（Issue Matrix）

下面列出了一些可能遇到的问题、可能造成这些问题的原因和潜在的解决方案，你可以在当事情“变得艰难”时尝试使用这些解决方案。所有的项目都会遇到各种各样的问题、麻烦和/或机会，有些是在项目内部，有些是在项目组织的影响和控制范围之外。不管它们的来源是什么，如果你想要积极地管理这些项目来取得成功，就必须充分理解并及时处理这些问题。

矩阵致力于将每个问题与项目管理知识体系（PMBOK）中的 10 个知识领域相对应。不过，我很乐意承认，因为这些问题不是单一存在的，在现实中也不能轻易地被划分开来，故任何解决方案都不能成为解决所有问题的唯一办法。

查看表 A1. 1，就像本书中的其他列表一样，随着列表的展开添加你自己的条目，并建立你的个人知识体系（PBOK）。

表 A1. 1　问题矩阵

可能遇到的问题	可能造成这些问题的原因	潜在解决方案
项目集成管理		
缺乏协调	• 误解角色和责任 • 权限未传达清楚 • 问责制要求不高	√ 制定角色陈述 √ 沟通权限和责任 √ 定期监测和报告绩效
缺乏适当的指导方针	• 糟糕的组织政策 • 缺乏承诺 • 无历史数据 • 几乎没有问责制	√ 制定适当的政策 √ 确保合规性测试 √ 定期监测和报告绩效
未知的利益相关者	• 项目存在感不足 • 利益和议程多变 • 群体地理分布广泛 • 对该项目兴趣不大	√ 提高到更高一级的授权 √ 制定利益相关者分布信息 √ 展示所有已知的利益相关者 √ 举办研讨会和论坛

续表

可能遇到的问题	可能造成这些问题的原因	潜在解决方案
	项目集成管理	
行政指导不力	• 优先级有冲突 • 活动缺乏协调 • 没有恰当的流程	√ 争取职能经理的支持 √ 提供弹性解决方案 √ 定期审查和审核流程
缺乏计划	• 缺乏规划流程 • 缺乏证明文件 • 认为无须计划 • 确认的价值不大 • 缺乏相关标准	√ 创建计划模板 √ 与利益相关者一起制订计划 √ 根据计划衡量绩效 √ 确定关键里程碑可交付成果 √ 介绍绩效报告
授权不力	• 未确定关键利益相关者 • 无正式审批流程 • 问责制要求不高 • 绩效问题的后果很少	√ 确保共同签署文件 √ 包括（咨询）建议 √ 引入问责制 √ 制定审查和决策通道
几乎没有变更控制	• 没有正式或已知的变更流程 • 对变化影响了解甚少 • 缺乏问责制	√ 制定变更控制流程，包括理由、影响分析和批准
	• 项目范围管理	
范围定义不清	• 没有足够的时间来确定项目范围 • 缺乏利益相关者的参与 • 强调项目的开始，而不是先做项目计划	√ 与所有利益相关者会面 √ 正式记录并分发范围 √ 寻求批准和签字
估算不准确	• 分配的时间不足 • 估算工具不足 • 不切实际的期望 • 时间不足 • 无基线或历史数据充足的估算工具	√ 技术人员的更多参与 √ 明确记录的要求 √ 花更多的时间进行评估

续表

可能遇到的问题	可能造成这些问题的原因	潜在解决方案
• 项目范围管理		
范围蠕变	• 最初定义不清的范围 • 范围变更文档不足 • 标准缺失 • 无技术支持文件 • 没有行业专家	√ 在概念阶段明确定义和记录范围 √ 执行范围更改协议 √ 告知相关利益相关者所需的权衡
进度安排的复杂性	• 定义不清的任务关系 • 糟糕的“分解”进度表 • 缺乏进展里程碑 • 规划不足	√ 检验一下进度表 √ 确定适当的成就里程碑 √ 留出更多的时间做计划
遗漏必要的工作	• 范围定义不清 • 规划不足 • 缺乏技术人员 • 对范围更改的跟踪不足	√ 对范围做记录和沟通 √ 增加范围变更的问责制
问题或机会定义不佳	• 时间不足 • 缺乏“正当程序” • 缺少利益相关者 • 不同的议程	√ 留出充足的计划时间 √ 增加利益相关者的涉及和参与
缺乏替代解决方案	• 时间不足 • 对问题理解不足 • 隐藏的议程	√ 头脑风暴并将方案选项排序 √ 向利益相关者提出备选方案
未能做好文档记录	• 未制作 • 重要性未得到重视 • 文档记录不足	√ 要求在批准前提交所有支持文件
未能获得所需的签准	• 缺乏问责制 • 将工作分类为可操作 • 缺乏关键利益相关者的识别	√ 无签核批准、预算和权限 √ 提高决策的问责制

续表

可能遇到的问题	可能造成这些问题的原因	潜在解决方案
• 项目时间管理		
落后于进度	• 范围的更改 • 资源重新安排和/或更换 • 员工士气低落 • 规划不力	√ 增加资源负载 √ 获得额外资金 √ 改变范围 √ 提高绩效激励
不准确的预估	• 计划时间不足 • 缺乏历史数据 • 缺少相关标准 • 缺乏技术细节	√ 更多专家参与 √ 增加评估时长 √ 获得更好的评估工具和数据
提前完成	• 规划不准确 • 报告中缺少详细信息 • 真正的时间效率有待提高 • 工作质量下降	√ 定期审查绩效 √ 奖励真正的资源绩效 √ 增加调查（和成本修订）范围
错过最后期限	• 进度管理不善 • 缺乏及时报告 • 几乎没有问责制 • 进度计划修订频繁	√ 更直观的管理 √ 定期报告 √ 增加问责制 √ 明确违反绩效的处罚
无法升级变更内容	• 缺少上报流程 • 无发起人或高级别利益相关者 • 缺乏技术理解 • 监测和控制不力	√ 制定升级流程 √ 分配变更控制“所有者” √ 花更多时间调查初始范围
工作不按顺序进行	• 糟糕的任务顺序 • 缺乏监督和控制 • 团队表现不佳 • 没有以参与的方式制定进度表	√ 重新评估项目进度表 √ 重新确认任务开始/完成日期 √ 定期监察及检讨

续表

可能遇到的问题	可能造成这些问题的原因	潜在解决方案
• 项目时间管理		
偏差超出可接受范围	• 估算不准确 • 对范围的意外更改 • 跟踪和报告不佳 • 授权变更	√ 重新协商所有预算 √ 评估偶发事件的可用性 √ 降低工作的质量和数量 √ 接受替代产品和服务
难以报告绩效	• 没有性能标准 • 没有最后期限或里程碑 • 糟糕的管理 • 工作团队和技能组合参差多样 • 度量太过精确 • 不是每件事都可以量化权衡	√ 同意绩效指标 √ 确定适当的报告时间段 √ 加强并奖励计划绩效 √ 重新评估截止日期和里程碑 √ 制定一套量化指标
返工程度高	• 对范围了解不足 • 低技能资源 • 完成工作的时间不足 • 操作工作冲突 • 质量标准差 • 控制不良	√ 重新评估质量要求 √ 确保资源得到适当的培训 √ 考虑外包所需的专业知识 √ 引入罚款条款 √ 提供技术支持
进度表缺少细节	• 范围定义不清 • 不完整的工作分解结构 • 缺乏技术资源 • 糟糕的规划工具	√ 完整而准确地定义范围 √ 增加任务分解的级别
没有对进度表进行检验	• 时间压力 • 关注结果，而不是进度表 • 项目制约因素识别不当	√ 为进度表的检验提供充足的时间 √ 增加利益相关者在场景中的参与
• 项目成本管理		
估算不准确	• 缺乏历史数据 • 无法接触到行业专家 • 时间不足	√ 增加估算时间 √ 咨询专家、获取工具和流程 √ 更详细的规范

续表

可能遇到的问题	可能造成这些问题的原因	潜在解决方案
	• 项目成本管理	
成本井喷	• 估算不准确 • 不完整的范围 • 对原始范围的更改 • 合同管理不善	√ 落实应急资金 √ 确定开支来源 √ 增加控制和报告频率
意外的变化	• 缺乏准确的监测和报告 • 范围的更改	√ 正式变更审批流程 √ 最大限额和授权 √ 合同绩效审查
财政授权不力	• 暂停审批 • 未完成的工作 • 正在完成的工作未经授权 • 承包商履约违约	√ 沟通的授权和权限 √ 商定的升级流程 √ 增加的合同 √ 加强合同管理
隐性成本	• 合同类型错误 • 合同审查不佳 • 定义较差的范围 • 质量要求不明确	√ 了解合同条款和条件 √ 详细规范审查 √ 工作质量评估
没有跟踪实际值	• 几乎没有问责制 • 没有正式的报告流程 • 未对数据进行操作 • 报告数据的实时延迟	√ 开发报告模板 √ 采用实时报告的模式 √ 计划成本与实际成本的比较 √ 分阶段预算的使用 √ 监控现金流支出
	• 项目质量管理	
设计质量差	• 缺乏质量目标、标准、定义和原则 • 无质量规划 • 缺乏利益相关者支持 • 范围定义不清	√ 所需标准落实到书面协议 √ 对所需规格进行细化 √ 落实支持性技术文档 √ 引入第三方同行评估和审计 √ 设计改进的激励措施

续表

可能遇到的问题	可能造成这些问题的原因	潜在解决方案
• 项目质量管理		
缺乏质量控制	• 对质量没有承诺 • 没有统一的标准 • 没有监控、测量和报告流程 • 高昂的检验费用 • 缺乏相关专业知识	√ 采用商定的标准和定义 √ 定期检查 √ 采取各种测量方法 √ 获取第三方专业知识
检查和测试成本高	• 依赖手动流程和系统 • 故障/故障率过高 • 依赖外部机构 • 质量标准不明确 • 难以检验质量	√ 完善自动化系统 √ 取样技术的使用 √ 细化规格 √ 更加重视质量规划 √ 更换供应商和行业专家 √ 平衡成本与产出
合规性差	• 缺乏适当的标准 • 没有法律要求 • 定义不清的规范 • 缺乏合同管理	√ 商定的标准和定义 √ 定期检查对不合规的处罚 √ 不同的测量方法 √ 获得第三方专业知识
返工活动多	• 低技能资源 • 范围的更改 • 对质量结果的预期不高 • 劣质设备和材料	√ 限制范围更改 √ 确保合适的资源 √ 留出足够的时间
持续改进很少	• 无正式流程 • 激励作用不大 • 难以评估/量化的收益 • 高反应性工作场所	√ 提供激励措施 √ 记录并发布改进 √ 定期监控、审查和修改绩效 √ 针对第三方的基准 √ 培养最佳实践思维
• 项目人力资源管理		
缺乏利益相关者的参与	• 沟通不畅 • 对成果没有主人翁意识	√ 定期与利益相关者会面 √ 确定其报告要求

续表

可能遇到的问题	可能造成这些问题的原因	潜在解决方案
	• 项目人力资源管理	
人力资源不可用	• 日程安排不佳 • 项目冲突 • 技能集不足	√ 确定替代资源 √ 检验进度表影响
缺乏合适的设备和设施	• 资金不足，无法升级 • 受限于合同要求 • 时间不足，无法获取设备 • 项目早期未确定的需求	√ 在项目早期确定这一需求 √ 获得所需的资金分配 √ 记录并传达风险
缺乏行政支持	• 项目不是主要焦点 • 对需求沟通不良 • 项目经理缺乏权限	√ 行政人员参加项目会议 √ 把项目经理的权限范围明确传达给所有人
团队士气低落	• 工作负荷过大 • 低效的项目经理 • 团队活力差	√ 讨论问题 √ 调查工作负载 √ 鼓舞团队活力
缺乏高级管理层的支持	• 对项目管理的理解很少 • 将项目视为运营活动 • 受到他人的压力，要求快速产出成果	√ 指定项目发起人 √ 传达所需的支持 √ 采用项目管理方法
缺乏对项目的投入	• 缺乏项目管理培训 • 不清楚的预期 • 组织结构不合理	√ 利益相关者的早期参与 √ 明确定义、记录和分发的范围 √ 适当的组织架构
项目经理缺乏权力和权威	• 指定了错误的经理 • 高级管理人员未授权 • 缺乏自信的沟通技巧	√ 合适的项目经理选择标准 √ 与高级管理层沟通授权
项目中团队成员的突然变化	• 士气低落 • 组织结构不当 • 对经理和其他团队成员缺乏尊重	√ 与团队合作 √ 管理和消除任何组织或项目冲突

续表

可能遇到的问题	可能造成这些问题的原因	潜在解决方案
● 项目人力资源管理		
在团队中没有成就感	● 参与项目较晚 ● 项目经理领导不力 ● 工作范围定义不清 ● 不完善的奖励制度 ● 缺乏成就里程碑	√ 设定定期的里程碑来确认成就 √ 实施个性化奖励 √ 尽可能在项目早期设计时就参与团队
团队功能失调	● 错误的组合 ● 管理不善 ● 高工作负载 ● 恶劣的条件 ● 角色模糊 ● 没有激励和（或）奖励	√ 改变团队、成员的角色或管理者 √ 自由交流 √ 为团队的行动进行更大的投入
● 项目沟通管理		
不断升级的问题	● 缺乏管理这些问题的协议 ● 利益相关者之间沟通不良 ● 效率低下的经理	√ 制定的协议 √ 定期协商一致会议 √ 具有沟通、谈判和冲突解决能力的经理
会议运转不佳	● 低效的会议主席 ● 未设置时间限制 ● 未能坚持议程 ● 会议不是必需的	√ 为会议制订计划并坚持下去 √ 减少议程 √ 指定轮值主席 √ 为参与者指定会议角色（携带物品、报告、讨论，等等）
没有“吸取教训”	● 没有时间，因为下一个项目开始了 ● 利益相关者已经解散 ● 这些教训不会改变任何事情 ● 没有审计项目的技能	√ 将此确立为“必须完成”的阶段 √ 定期与其他项目涉众会面，分享想法和反馈
项目报告不完整	● 需求定义不明确 ● 几乎没有问责制 ● 获取信息困难 ● 掩蔽计划问题	√ 提供模板 √ 将决策与报告信息联系起来 √ 增加问责措施

续表

可能遇到的问题	可能造成这些问题的原因	潜在解决方案
	• 项目沟通管理	
冲突越来越多	• 低效的项目经理 • 缺乏冲突解决策略 • 沟通渠道不畅 • 工作负荷过大 • 范围变更不受控制 • 团队活力差	√ 更改冲突解决方式 √ 鼓励公开、诚实，并在需要时进行直接沟通 √ 尝试团队组合
项目审计失败	• 缺乏适当的审计工具 • 审计被视为毫无价值 • 审计被视为不会改变什么	√ 让审计成为“必须完成的任务” √ 增加与其他项目人员会面的机会
项目很少有文档记录	• 无组织要求 • 没有问责制 • 缺乏培训	√ 根据文件制定标准、预算和权限
	• 项目风险管理	
缺乏利益相关者的参与	• 未知利益相关者群体 • 无法将风险分配给利益相关者 • 缺乏对风险影响的了解 • 几乎没有问责制	√ 升级到更高的权限 √ 将风险来源分配给关键的利益相关者 √ 把这个项目搁置起来，直到有人买进为止 √ 沟通潜在后果
风险识别失败	• 未分配时间 • 无法访问过去的风险登记簿或工具 • 没有训练有素的人员 • 未能了解项目利益相关者的风险状况	√ 制定风险模板 √ 发布先前风险登记簿 √ 归档所有项目风险登记簿 √ 扫描内部和外部环境 √ 在所有会议中包括风险讨论 √ 定期监测和审查现有风险
风险评估不佳	• 无正式流程 • 缺乏专业知识 • 无历史数据的全新项目 • 动态多变的内部和外部环境	√ 制定风险模板 √ 广泛咨询专家 √ 开发一系列量化工具 √ 在所有会议中包括风险讨论 √ 定期监测和审查现有风险

续表

可能遇到的问题	可能造成这些问题的原因	潜在解决方案
• 项目风险管理		
风险应对策略不足	• 缺乏详细的分析工具 • 缺乏风险分类 • 不稳定的环境 • 缺乏训练有素的人员 • 对现有和标准操作程序的依赖	√ 建立上报协议 √ 考虑、接受、缓解和避免策略 √ 定期监测和审查现有风险 √ 分配给适当的资源 √ 重新评估进度影响
未能更新风险登记簿	• 未能发现风险变化 • 缺乏熟练人员 • 缺乏风险管理工具	√ 分配利益相关者的风险管理策略 √ 传达风险在整个项目中流动的事实
• 项目采购和合同管理		
采购实践不佳	• 无采购计划 • 难以理解的范围 • 内部的专业知识 • 有限的复杂性和影响	√ 采购计划流程 √ 训练有素的采购专家 √ 合理的“制造或购买”标准
难以吸引供应商	• 缺乏详细的市场调查 • 缺乏市场专业知识 • 评估标准过于严格 • 浮动的市场条件 • 不适当的合同	√ 扩大市场调查 √ 延迟项目 √ 将项目分解成更小的可交付成果 √ 提升技能的内部资源 √ 审查规范细节 √ 修改合同条件
冗长的谈判	• 竞争激烈的市场 • 不公平的合同条款 • 定义不清的规范	√ 聘请第三方专家 √ 共同制定合同条款和条件 √ 推迟项目
承包商表现不佳	• 定义不清的规范 • 缺乏绩效管理和报告 • 低技能 • 缺乏进度协调	√ 详细规范 √ 记录的性能标准 √ 计划里程碑和截止日期 √ 寻找替代资源

续表

可能遇到的问题	可能造成这些问题的原因	潜在解决方案
• 项目采购和合同管理		
合同修订	• 范围更改 • 潜在条件 • 绩效违约 • 终止协议和条件	√ 重新定义范围 √ 修订规范 √ 审查合同条款
冲突和纠纷	• 不公平条款和条件 • 质量检查和测试范围修订 • 不断增加的变化和成本 • 不必要的审批协议 • 决策延迟 • 处罚条款	√ 聘请第三方专家 √ 制定升级协议 √ 暂扣支付 √ 审核审批流程 √ 修改规范
• 利益相关者管理		
接触受限	• 无接触权限 • 角色和责任未传达 • 高级管理层阻止	√ 正式沟通立场 √ 传阅利益相关者登记册 √ 授权分发列表 √ 将问题上报给发起人 √ 提前预定会议时间并分发议程和（或）问题 √ 使用社交软件和多媒体
管理利益相关者的困难	• 未建立明确的关系 • 无权限 • 冲突的优先级模糊	√ 利益相关者论坛和会议 √ 升级至更高一级管理层 √ 参考流程逐级上报 √ 与运营经理一起解决优先问题
权威不足	• 无项目相关职位描述 • 缺乏行政管理支持	√ 确定项目职位描述 √ 就项目结构进行适当的沟通 √ 安排利益相关者的会议和论坛 √ 制订利益相关者沟通计划

续表

可能遇到的问题	可能造成这些问题的原因	潜在解决方案
• 利益相关者管理		
摇摆不定的参与	• 缺乏参与 • 游离于项目之外 • 贡献被忽略	√ 分配有意义的工作 √ 标记专业知识和经验 √ 在贡献完成后发布
权力和影响力过大	• 高级管理职位 • 先前的知识和经验 • 有技术专长 • 人格魅力	√ 将他们包括在所有沟通通信中 √ 利用一切机会公开承认他们的贡献 √ 聘作教练或导师 √ 争取发起人的支持
缺乏绩效	• 无直接角色 • 有限的指导 • 竞争性需求 • 监管不力 • 技能低下	√ 加强密切监督 √ 将工作分解为更小的部分 √ 反馈至高级管理层 √ 变更为其他利益相关者 √ 提供详细指导 √ 建议自我监控
缺乏报告	• 时间要求 • 拒绝报告 • 无法衡量	√ 设置报告日期 √ 制定商定的绩效标准 √ 提供报告模板 √ 发布由报告产生的操作

附录2　理论与实践活动相结合

本书中提供的信息是根据美国项目管理知识体系（2013）、个人经验和我从客户和学生的交流中得到的思考而编写的。

虽然每一章都涵盖了内容、反思和问题（以加强和评估你对关键点的理解程度），但仅仅是阅读本书并不总能也不会自动地转化为你在工作场所和现实世界项目中最重要的最佳实践应用。

为了促进这种转换，我们构建了以下实践，让你有机会将学到的知识和技能应用于工作场所项目。每个实践都包含许多遵循项目生命周期方法的问题，因为它们涉及一个或多个所涵盖的主题。

这些实践涉及：

- 商业案例；
- 项目建议书；
- 工作分解结构（WBS）；
- 项目网络图；
- 关键路径计算；
- 甘特图；
- 超前和滞后进度；
- 资源调配；
- 最终确定预算；
- 掌握基线；
- 衡量实际绩效；
- 绩效报告；
- 项目完成情况；
- 项目评估。

一、商业案例

1. 发掘了哪些商业需求（或机会）？
2. 需求的背景是什么？

3. 已经确定了哪些替代方案来满足需求？
4. 每个备选方案的评估将使用什么客观标准？
5. 已确定哪些收益（定性或定量）？
6. 是否考虑了成本和资金安排？
7. 确定了哪些风险和相应的建议应对方案？
8. 是否制订了指示性进度计划？
9. 是否考虑了什么都不做这个选项？
10. 是否证明了首选方案的合理性？
11. 是否已将这些信息记录在一份全面的、有逻辑的、有条理的文档中？
12. 是否已收到授权项目的书面批准？

二、项目建议书

1. 参考一个现实中的项目，思考该项目创建的原因（根本原因、理由、战略一致性、目标、效益，等等）。

2. 项目的利益相关者是谁（包括发起人）？

3. 谁将担任项目经理，他们是否具备必要的权限、知名度以及是否愿遵守问责制？

4. 项目可交付成果（过程和输出）是什么？

5. 定性与进度、预算、绩效和人员相关的所有相关（指示性）信息。

6. 记录所有包含内容（将要做什么）和排除内容（不要做什么）。

7. 识别所有可能的风险、约束、假设和依赖关系。

8. 反思所有捕获的信息。对于项目是什么、如何管理以及需要交付的内容是否有共识？

9. 添加任何支持和（或）询问项目所需的额外信息（承诺水平、验收标准、现有优先级、质量定义、采购策略，等等）。

10. 获得发起人的书面签字认可。

三、工作分解结构（WBS）

1. 为工作分解结构设计适当的格式和布局。
2. 审查包含和排除范围。
3. 与团队成员和主题专家（SME）就必须执行的工作进行头脑风暴。
4. 将项目分解为适当的关键周期（阶段或“块”）和单个任务。
5. 使用唯一标识符（编号）标识每个任务。
6. 计算每个任务将要花费的时间（持续时间）。
7. 按顺序记录任务（尽可能详尽地记录任务，并且忽略同时处理任务的机会）。

8. 确定所有里程碑。

9. 确定所有任务和（或）里程碑之间的前置关系。

10. 使用资源矩阵为任务分配资源（人力和物力），重点关注任务需求、资源可用性、技能集、支出成本和其他标准。

11. 计算完成每个任务所需的资源工作量（工时）。

四、项目网络图

1. 绘制项目的网络图，并在图中反映出工作分解结构中捕获的细节。如果在绘制网络图时发现存在逻辑缺陷或错误，请忽略它们并继续，这些问题将很快得到纠正。

2. 记住，进度是从左向右流动的。网络圆圈或方框的大小与绘制的线的长度无关。如果可能的话，尽量避免关系线交叉（这样做有助于遵循网络的逻辑）。

3. 确保在图中确定每项任务，并显示任务持续时间和（或）工作量。

4. 检查网络并查看其显示的逻辑。

5. 检查进度计划是否包含任何错误？任务是否有不必要的关联？你是否无意中遗漏了网络中的重要任务？任务关系是否合理？网络中是否有“悬而未决”的任务？是否有任务在网络中“循环”设置？

6. 在（可能）发现了项目逻辑中的一些缺陷后，重新正确地绘制网络图，修复之前发现的任何进度错误。也可以通过改变关系、变更任务日程安排或并行执行任务来改进日程安排。

7. 将修订后的进度计划与早期版本进行比较。注意任何改进，并向所有利益相关者证明“新”逻辑的合理性。

五、关键路径计算

1. 跟踪所有网络图“路径”，并记录每条路径的总（端到端）持续时间。

2. 通过在网络中进行前向传播，计算网络中的最早开始时间和最早完成时间。

3. 通过在网络中进行反向传播，计算网络中的最晚开始时间和最晚完成时间。

4. 识别关键路径（最长路径），并用小平行线或其他颜色标记。

5. 确定网络中哪些任务不是关键任务并且具有浮动空间。

6. 评估关键路径和当前浮动的影响和（或）挑战。

六、甘特图

1. 使用准确的时间刻度（可能是图表纸），将项目计划绘制为“按比例”

甘特图。

2. 图表应包括所有阶段、任务和里程碑，以及所有的截止日期。

3. 图表应清楚地显示所有任务相关性。

4. 可能的话，尽量限制具体的开始和完成日期，因为这会降低日程安排所需的灵活性。

5. 用浮点标记关键路径和任务。

6. 反思已完成的任务持续时间和资源工作进度计划。

7. 日程安排是否具有一定程度的复杂性或轻松性？

8. 是否可以在不增加成本的前提下，拆分一些任务以分散时间段？

9. 项目是否会提前完工，这将如何影响成本？

七、超前和滞后进度

1. 调查是否有机会根据提前时间重新安排任务（重叠并压缩项目进度计划）。
2. 使用提前期是否存在风险？
3. 这样做还带来了哪些挑战和效率的改变？
4. 调查是否有机会重新安排有延迟时间的任务（延迟和延长项目进度计划）。
5. 使用延迟时间是否存在风险？
6. 这还带来了哪些其他挑战和（或）效率？

八、资源调配

1. 检查进度计划，找出资源分配过度的任务。
2. 确定替代资源分配和/或其他选项。
3. 预期绩效是否存在任何质量问题？
4. 评估这些（内部或外部）资源选择的成本和时间影响。
5. 与发起人讨论这些选项，以供评估和批准。

九、最终确定预算

1. 确定每个任务的所有资源可变成本（报酬率等）。
2. 确定每个任务的所有资源固定成本（间接费用等）。
3. 考虑是否存在关于成本和付款的任何合同条件。
4. 你对自己的评估有多自信，你是否对此进行过沟通？
5. 是否有应急资金可用？
6. 确定计划和成本工作的现金流要求。
7. 确定计划工作的预算。
8. 将预算反映为一个分阶段预算。

十、掌握基线

1. 尝试改变资源、任务持续时间、成本和顺序等，以模拟不同的计划场景。
2. 你考虑过内部和外部依赖关系吗？
3. 进度计划是否反映了所有差旅、会议和报告时间？
4. 确认“最终”项目计划。
5. 通知所有利益相关者以供批准。
6. 保留现有版本作为将来比较的基准参考。

十一、衡量实际绩效

1. 你目前有哪些变更控制流程？
2. 准备一份能够准确标明任何范围变化的文档。
3. 你将使用什么绩效指标来跟踪已完成的工作？
4. 在甘特图上展示完成的进度。
5. 里程碑指标对跟踪迄今为止的进展是否有用？为什么？
6. 你应该多久监测一次绩效？
7. 风险指标在跟踪实际绩效方面扮演什么角色？
8. 更新所有相关文档，反映当前状态和预测完工信息。

十二、绩效报告

1. 项目的不同利益相关者需要什么信息？
2. 制订反映利益相关者沟通需求的沟通计划。
3. 为什么要将进度、状态和完成报告存档？
4. 根据进度、状态和预测报告，你能得出哪些绩效信息？
5. 范围蠕变的可能原因是什么？如何缓解？
6. 可能需要采取什么纠正和/或补救措施才能使项目恢复预算和进度？
7. 可能需要采取哪些强化措施来保证项目按预算和进度执行？

十三、项目完成情况

1. 你与客户建立了什么验收标准？
2. 项目完成后，你现在有什么责任？
3. 如何确保项目的合规性和完工？
4. 如何编制项目收尾报告？
5. 你从整个项目中吸取了什么教训？
6. 如何沟通和采取行动？

十四、项目评估

1. 在商业案例中确定了哪些效益（产品）？
2. 如何用定量和/或定性的手段来衡量这些效益？
3. 项目是否实现了所有这些效益？
4. 是否需要额外监控和报告任何未兑现的效益？
5. 编制效益实现报告。

附录3　项目管理模板

以下文档模板代表了任何项目中使用的15个最基本和最常见的文档：

- 商业案例；
- 项目登记；
- 项目建议书；
- 通信登记簿；
- 需求矩阵；
- 会议模板；
- 项目计划；
- 风险登记；
- 变更请求；
- 付款要求；
- 绩效报告；
- 挣值报告；
- 最终审定报告；
- 经验教训日志；
- 收益实现报告。

模板工具可在此处下载：http://www.routledge.com/9781760631789.

术语汇编

Acceleration 加速

快速跟踪交付和（或）完成日期早于原定时间（也称为快速跟踪）。

Acceptance criteria 验收标准

可交付成果通过验收前必须满足的一系列条件。

Accountability 问责制

对分配给你的和你所负责的工作负责。

Accuracy 精确

定量评估的正确程度。

Activity 活动

“任务”的另一个术语，在进度计划中所列，并在项目过程中实施的工作组成部分。

Activity duration 活动持续时间

指定完成活动的时间段，也指用日历单位表示的，进度活动从开始到完成的时间长度。

Actual cost 实际成本

在给定时间段内，因执行项目活动而实际发生的成本。

Agile 敏捷

一种与软件开发相关的方法论，包括适应性规划、演化开发、协作和持续改进。

Agreement 协定

定义两人或多人之间意图的文档（或口头协议）。

Analogous 类似的

在估算中使用历史数据。

Assumptions 假设

事情被认为是真实的，但没有经过测试或证实。

Audit 审计

根据商定标准对合同绩效进行客观观察和/或评估。

Authority 职权

决定必须做什么以及由谁执行工作的正式或非正式权利。

Back - loading 反向加载

安排项目活动尽早开始。

Bar chart 条形图

计划数据的图形显示（有或没有时间线）。

Baseline 基线

项目活动的原始和商定计划。

Benchmark 基准

可接受的绩效水平。

Benefits 效益

项目最终确定后产生的可观回报。

Budget 预算

项目的核准预算。

Budget at completion 完成时的预算

所有预算项目活动的总成本。

Business case 商业案例

对一个或多个选项的正式或半正式评估，并建议采取或不采取某种行动。

Calendar 日历

项目和利益相关者的指定工作时间。

Change 变更

从一个位置移动到另一个位置的过程。

Change control 变更控制

评估和授权变更的正式（或半正式）流程。

Change request 变更请求

修改项目某些方面的正式提案。

Claim 索赔

对付款、对价或某种权利的主张。

Classification 分类

评估不同项目规模和优先级的标准。

Client 客户

受益于项目结果的一方。

Communication 沟通

发送方和接收方之间交换信息的过程。

Compliance 合规

符合约定的规则、标准、法律或期望的。

Conflict 冲突

需要解决的涉及不同观点的情况。

Constraints 约束

影响项目的任何限制或障碍。

Contingency 应急

为弥补变化和/或应对变化而持有的准备金。

Contract 合同

双方或多方之间的正式法律协议，规定必须履行的义务。

Contract administration 合同管理

管理合同双方之间的法律关系和义务。

Contract close - out 合同竣工

双方之间所有法律义务的解决和完成。

Control 控制

将实际绩效与计划绩效进行比较、分析差异、评估可能的替代方案并在需要时采取适当的纠正措施的管理过程。

Corrective action 纠正措施

为使项目的预期绩效与计划绩效一致而进行的变更。

Cost 成本

完成工作所需的金额。

Cost controlling 成本控制

控制项目预算的变更。

Cost estimation 成本估算

估算完成项目活动所需的资源成本。

Cost variance 成本差异

已完成工作的实际成本与计划价值之间的差额。

Crashing 赶工

采取措施以最低成本压缩项目工期。

Critical activity 关键活动

关键路径上的任何活动或事件，必须按时开始和完成，项目才能按时完成。

Critical path 关键路径

决定项目最早完成的一系列活动。

Critical path method 关键路径法

一种网络分析技术，用于通过分析哪个活动序列（路径）具有最少的进度灵活性（浮动量）来预测项目持续时间。

Culture 文化

指导组织行为的无形之手。

Deadline 截止日期

必须满足的预定日期。

Decomposition 分解

将范围划分为离散的工作单元。

Delegation 授权

将执行既定任务的责任转移给下属。

Deliverable 可交付成果

为完成项目或项目的一部分而必须产生的任何可衡量、有形、可验证的产品、结果或项目。这可能包括过程文档（可交付成果）。

Dependency 依赖关系

两个或多个活动之间的从属关系。

Diversity 差异

不同利益相关者。

Duration 持续时间

完成项目活动所需的时间。

Earned value 挣值

已完成工作的预算值。

Earned value management 挣值管理

项目进度和价值的定量测量。

Effort 人力投入

完成活动所需的人工单位数量，通常以小时、天和周来表示。

Elaboration 细化

随着更准确的信息变得可用，提高细节级别的渐进和迭代过程。

Elapsed time 耗时

完成工作所需的时间。

Escalation 升级

问题和麻烦的等级向更高职权的分级发展。

Estimate 估计

量化活动所需时间或成本的尝试。

Estimated cost at completion 完工时的预计成本

到目前为止的实际成本加上所有未完成工作的修订成本。

Ethics 道德准则

在文化、专业和/或组织上嵌入的一套道德价值观。

Exclusion 排除

这项工作被明确同意从项目中删除。

Fast - track 快速通道

计划压缩涉及并行执行的连续任务。

Finish date 完成日期

与活动完成相关的时间点。

Fixed - price contracts 总价合同

规定了为确定的工作范围所需支付的费用的协议，与完成工作的实际成本或人力投入无关。

Float 浮动时间

在不延迟项目完成日期的情况下，活动可能从其早期开始延迟的时间。

Forecast 预测

基于可用信息（并根据计划和现实进行衡量）对未来事件或情况的预测。

Front - loading 前部装载

安排项目活动尽快开始。

Functional manager 职能经理

负责组织内某部门特定部门的经理。

Gantt chart 甘特图

显示任务、任务持续时间、进度计划和顺序的图形显示。

Governance 治理

遵守法律要求和其他法规。

Histogram 直方图

显示整个项目资源加载的垂直条形图。

Inclusion 包容

明确同意并包含在项目范围内的工作。

In - parallel activity 并行活动

同时发生的活动。

In - series activity 串行活动

以线性顺序相互跟随的活动。

ISO

国际标准化组织。

Issue 问题

需要解决的突出问题（可能是风险）。

Integration 集成

协调执行项目的所有规划和管理流程及文档。

Lag time 滞后时间

前一项活动完成和后续活动开始之间的故意延迟。

Leadership 领导层

展示指导其他个人、团队或整个组织实现成果的能力。

Lead time 提前量

在完成（部分）前一项活动之后，有意加速后续任务的启动。

Lean 精益

一种注重在不牺牲生产力、质量和客户满意度的情况下减少浪费的方法。

Lessons learned 经验教训

在项目期间收集的有益于他人的信息。

Levelling 平衡

试图平衡（平稳）资源分配。

Life - cycle 生命周期

项目在多个预定义阶段的演变。

Kick - off 项目启动会议

正式启动项目并涵盖基本信息的会议。

Kick - out 项目结束会议

正式完成项目并涵盖基本信息的会议。围绕计划、领导、组织和控制的管理活动。

Maturity 成熟度

根据已知标准衡量的发展水平。

Methodology 方法论

一个公认和适用的程序、惯例、规则和技术体系。

Milestone 里程碑

项目中的重要事件或时间点，标志着主要交付成果的开始和/或完成。

Monitoring 监控

项目绩效的捕获、分析和报告，通常与计划进行比较。

Motivation 动机

驱动表现和行为的内在或外在因素。

Network diagram 网络图

反映活动、持续时间、前任和关系属性的序列图（也称为 PERT）。

Not - for - profit 非营利性组织

不以营利为目的而经营的非政府机构。

Objective 目标

项目的战略位置或目标终点。

Operations 操作

构成了核心业务的每日例行工作。

Outcome 成果

项目产生的可衡量效益。

Output 输出

项目的实物交付物。

Parametric 参数

基于历史数据和项目参数，使用某种算法来计算成本或持续时间。

Path 路径

项目网络图中从项目开始到完成连续的一系列相互连接的活动。

Percentage complete 完成百分比

一个活动或一组活动已完成工作量的估计，用百分比表示。

Performance management 绩效管理

一种半正式的过程，根据已知的标准评估个人绩效，以加强所需的绩效并识别绩效差距。

Performance report 绩效报告

收集和传播有关项目绩效（过去、现在和未来）的信息，以帮助确保项目成功。

Planned value 计划价值

为计划工作分配的经批准的预算。

PMBOK 项目管理知识体系

项目管理机构的 10 大知识领域，被称为事实上的全球标准。

Portfolio manager 投资组合经理

负责多个战略项目的经理。

PRINCE2（Project IN Controlled Environment）

基于过程的项目管理方法第 2 版，是一种受控环境下的项目管理。

Priority 优先级

对多个项目、风险或其他变量进行分析，以便对不同的响应级别进行排序。

Process 过程

一系列系统的输入和输出，旨在产生最终结果。

Procurement 采购

从内部或外部获取商品和服务的过程。

Program manager 项目经理

负责一系列相关项目的经理。

Progress 进度

迄今为止已完成工作的度量（根据计划衡量）。

Project 项目

一系列临时的、独特的、以目标为导向的活动，以创造商定的结果。

Project life - cycle 项目生命周期

一组通常按顺序排列的项目阶段，其名称和数量由参与项目的一个或多个组织的控制需求决定。

Project management 项目管理

将知识、技能、工具和技术应用于项目活动，以满足项目利益相关者的需求和期望。

Project management office（PMO）项目管理办公室（PMO）

协调与项目相关的所有事务的中央办公室（战略或行政）。

Project manager 项目经理

负责计划和管理项目的人。

Project organisation 项目组织机构

管理项目的母组织。

Project plan 项目计划

记录了项目将如何执行的所有详细计划的正式文档。

Project team 项目团队

与项目经理合作并支持其交付项目结果的个人。

Proposal 建议书

确认项目状态并捕捉初始预期的文档。

Quality 质量

满足要求所需的有形和/或无形特征的主观度量。

Register 注册

记录相关项目信息（如风险、问题）的文档。

Requirement 要求

约定的能力、条件或其他正式规定的规范或其他指定特性。

Resources 资源

分配给项目活动的人力和物力单位。

Resource levelling 资源平衡

任何形式的网络分析，其中进度决策（开始和完成日期）由资源管理问题（例如资源可用性有限或难以管理资源级别的变化）驱动。

Resource planning 资源规划

确定执行项目活动所需的资源（人员、设备、材料）数量。

Result 成果

项目的商定产出（或结果）。

Risk 风险

可能影响项目的潜在积极和/或消极事件。

Risk breakdown structure 风险分解结构（RBS）

分类任务的分级表示。

Risk profile 风险预测

响应风险时显示的首选项。

Rolling Wave Planning 滚动式规划

一种迭代式的规划技术，对近期要完成的工作进行详细规划，对远期工作只做粗略规划。

Schedule 进度计划

执行活动和达到里程碑的计划日期。

Schedule variance 进度偏差

已完成工作的价值与计划价值之间的差值。

Scope 范围

通过项目提供的产品和服务的总和。

Scope change 范围变更

项目范围的任何变更。范围变更几乎总是需要对项目成本和/或进度进行调整。

Scope creep 范围蔓延

项目范围基线的任何变更（授权与否）。

SMART

设定目标的首字母缩写：具体的（Specific），可衡量的（Measurable），可实现的（Achievable），现实的（Realistic），时间表（Timeframe）。

Specification 规格

参见“要求/范围”词条。

Sponsor 赞助者

为项目提供资源和支持的人，同时也为项目的成功提供可见的支持。

Stakeholder 利益相关者

参与或可能受项目活动影响的组织和个人。

Start date 开始日期

与进度活动的开始相关联的时间点。通常带下列修饰词：实际、计划、估计、预计、最早、最晚、目标、基准或当前。

Statement of work（SOW）工作说明书

对项目需交付的产品、服务或成果的叙述性说明。

Status 状态

在报告日期对项目当前状态的度量（根据计划进行度量）。

Strategy 策略

达到商定结果的计划

Subject - matter expert 主题专家（SME）

拥有项目所需（技术）专业知识的人，又称行业专家。

Strengths，Weaknesses，Opportunities and Threats（SWOT）分析

对一个组织、项目或备选方案的优势、劣势、机会和威胁的分析。

Task 任务

描述项目活动、工作或需求的常用术语。

Task relationship 任务的关系

两个或多个项目活动之间的依赖关系。逻辑关系有四种类型：

1. 完成到开始：表示一项活动在另一项活动开始前结束的逻辑关系。
2. 完成到完成：表示一项活动完成，另一项活动才可以完成的逻辑关系。
3. 开始到开始：表示一项活动开始，另一项活动才可以开始的逻辑关系。
4. 开始到完成：表示一项活动开始，另一项活动才能完成的逻辑关系。

Template 模板

一个预定义的和部分完成的文档，允许信息捕获、演示和评估。

Time 进度

项目允许的指定期间（也称为进度表）。

Time and material contract（T&M）工料合同

允许批准的工作一段一段地完成。

Time - phased budget 分时段预算

预算成本显示在指定的时间段。

Variance 偏差

计划和实际评估之间的任何差异（在时间或成本上）。

Variance at completion 完工偏差（VAC）

计算完成项目所需成本（高/低）的变化。

Work breakdown structure 工作分解结构（WBS）

对项目团队为实现项目目标、创建所需可交付成果而需要实施的全部工作范围的层级分解。每一个递减的级别代表了项目组件的一个越来越详细的定义。项目组件可以是产品或服务。

参考文献

[1] 贝克. 绩效考核的终结：评估员工绩效的新方法 [M]. 伦敦：帕尔格雷夫·麦克米伦出版公司，2013.

[2] 贝里，帕拉苏拉曼，泽塔米. 在美国提高服务质量：经验教训 [J]. 行政管理学院，1994，8 (2)：32 -52.

[3] 布莱克莫尔. 质量解决方案 [M]. 墨尔本：商业图书出版公司，1989.

[4] 布里格斯. 类型入门 [M]. 5 版. 伯克利：心理咨询出版公司，1997.

[5] 伯克. 项目管理：计划和控制技术 [M]. 伦敦：威利出版公司，1999.

[6] 伯克. 领导者失败的原因：探索阴暗面 [J]. 人力资源学报. 2006，27 (1)：91 -100.

[7] 卡罗尔，莫里斯. 简单步骤中的敏捷项目管理 [M]. 2 版. 沃里克郡：简易步骤出版有限公司，2015.

[8] 科尔. 管理：理论与实践 [M]. 4 版. 悉尼：培生教育出版公司，2010.

[9]《国际合同控制》(*Contract Control International*)，2011.

[10] 戴维森. 项目管理：10 分钟指南 [M]. 纽约：麦克米伦出版公司，2000.

[11] 德布斯，阿奇博尔德. 作为高级主管的项目经理　卷 1：《研究成果、推进模式、行动方案》[M]. 宾夕法尼亚州：美国项目管理协会，2011.

[12] 狄亚波. 回避复杂性：中小型组织的项目管理 [M]. 宾夕法尼亚州：美国项目管理协会，2011.

[13] 达克. 管理变化：平衡的艺术 [M]. 剑桥：哈佛商学院出版社，1998.

[14] 德怀尔. 商务沟通手册 [M]. 7 版. 悉尼：培生教育出版公司，2007.

[15] 芬克尔斯坦. 为什么聪明的高管会失败，我们可以从他们的错误中学到什么 [M]. 纽约：投资组合出版社，2003.

[16] 弗洛里塞尔，班尼克. 增加项目灵活性：复杂项目的响应能力 [M]. 宾夕法尼亚州：美国项目管理协会，2011.

[17] 高尚，吕素. 成功 IT 项目管理的现代技术 [M]. 赫希：商业科学参

考，2015.

［18］加德纳. 项目管理：战略规划方法［M］. 纽约：帕尔格雷夫·麦克米伦出版公司，2005.

［19］加文. 产品质量到底意味着什么？［J］. 斯隆管理评论，1984，26（1）：25－43.

［20］吉多，克莱门茨. 成功的项目管理［M］. 6版. 斯坦福德：圣智学习出版公司，2015.

［21］古德佩斯特. 敏捷方式的项目管理：使其在企业中发挥作用［M］. 劳德代尔堡：J. 罗斯出版社，2010.

［22］高斯，帕斯卡勒，阿索斯. 重塑过山车：为强大的未来而冒险［M］. 剑桥：哈佛商学院出版社，1998.

［23］格拉汉姆. 傻瓜项目管理检查表［M］. 奇切斯特：约翰威利父子出版集团，2014.

［24］格雷，拉森. 项目管理：管理流程［M］. 纽约：麦格劳·希尔出版公司，2000.

［25］哈特雷. 项目管理：原则、流程和实践［M］. 悉尼：培生教育出版公司，2009.

［26］哈持雷. 项目管理：整合战略、运营和变革［M］. 3版. 墨尔本：蒂尔德商业出版公司，2014.

［27］哈持雷. 项目管理：弥合复杂性、不确定性和变化［M］. 2版. 墨尔本：蒂尔德商业出版公司，2016.

［28］希利. 项目管理：在预算内按时完成工作［M］. 悉尼：巴特沃斯·海涅曼出版公司，1997.

［29］赫尔使. 类型和团队简介［M］. 伯克利：心理咨询出版社，1992.

［30］霍夫曼. 项目管理：实践、挑战和发展［M］. 纽约：新星出版公司，2013.

［31］詹姆斯. 澳大利亚的合同管理：形成、管理和控制［M］. 悉尼：哈珀教育出版公司，1995.

［32］朱莉. 项目成功的领导原则［M］. 博卡拉顿：CRC出版公司，2011.

［33］基林. 项目管理：国际视角［M］. 伦敦：麦克米伦商业出版公司，2000.

［34］肯德里克. 项目管理工具包：让工作做得更好的100个技巧和技巧［M］. 2版. 纽约：Amacom出版公司，2010.

［35］科兹纳. 项目管理：计划、进度和控制项目的系统方法［M］. 纽约：范·诺斯特兰德·瑞因霍德出版公司，1995.

[36] 科兹纳. 项目管理：计划、进度和控制项目的系统方法［M］. 纽约：范·诺斯特兰德·瑞因霍德出版公司，2001.

[37] 克列姆. 管理精益项目［M］. 博卡拉顿：CRC 出版公司，2016.

[38] 克洛彭博格. 当代项目管理：组织、计划和执行［M］. 3 版. 斯坦福市：圣智学习出版公司，2015.

[39] 科特. 引领变革：为什么转型努力失败［M］. 剑桥：哈佛商学院出版社，1998.

[40] 库伯勒－罗丝. 论死亡与垂死［M］. 纽约：试金石出版公司，1969.

[41] 兰福德. 商业工具时间：选择和实施质量改进工具［M］. 莫特：朗福德国际出版公司，2001.

[42] 拉尔森，霍尼格，格雷，等. 项目管理：管理过程［M］. 悉尼：麦格劳希尔出版公司，2016.

[43] 刘易斯. 项目管理基础［M］. 纽约：Amacom 出版公司，1997.

[44] 林顿·T. 项目管理要点［M］. 墨尔本：圣智学习出版公司，2014.

[45] 洛克耶，戈登. 项目管理和项目管理技术［M］. 6 版. 伦敦：皮特曼出版公司，1996.

[46] 隆巴多，鲁德尔曼，麦考利. 高层管理职位的成功和失误解释［J］. 商业与心理学，1988（2）：199－216.

[47] 鲁奇曼. 项目执行：工商项目管理的实用方法［M］. 博卡拉顿：CRC 出版公司，2011.

[48] 马丁，泰特. 项目管理入门［M］. 伦多：约翰威利父子出版集团，2001.

[49] 梅雷迪思，曼特尔. 项目管理：管理方法［M］. 7 版. 纽约：威利出版公司，1995.

[50] 米洛舍维奇，帕塔纳库尔，斯利瓦纳伯恩. 项目、程序和组织项目管理案例研究［M］. 霍博肯：约翰威利父子出版集团，2010.

[51] 莫里森. 项目融资原则［M］. 伯灵顿：高尔出版公司，2012.

[52] 纽曼，洛根，赫加蒂. 战略：多层次、综合方法［M］. 芝加哥：西南出版公司，1989.

[53] 尼古拉斯，斯泰恩. 商业、工程和技术项目管理：原则与实践［M］. 3 版. 伯灵顿：巴特沃斯·海涅曼出版公司，2008.

[54] 政府商务办公室. 使用基于过程的项目管理方法第 2 版一起管理成功的项目［M］. 伦敦：TSO 出版公司，2005.

[55] 皮尔斯，罗宾逊. 战略管理：制定、实施和控制［M］. 5 版. 悉尼：欧文出版公司，1994.

[56] 佩里，吉普森，杜杜罗维奇. 战略管理流程［M］. 悉尼：朗曼柴郡出

版公司，1992.
[57] 珀蒂，霍布斯. 动态环境中的项目组合：组织不确定性［M］. 宾夕法尼亚州：项目管理学院，2012.
[58] 平托. 项目管理：实现竞争优势［M］. 2版. 皮尔森教育出版公司，2010.
[59] 项目管理研究所. 项目管理研究体系指南及标准（第五版）［EB/OL］. https://www.pmi.org/pmbok-guide-standards.
[60] 项目管理研究所. 项目管理知识体系指南［M］. 宾夕法尼亚州：项目管理学院，2013.
[61] 罗宾斯，芬利. 为什么团队协作没有效果［M］. 伦敦：猎户座出版公司，1999.
[62] 罗宾斯，慕柯基. 管理组织：新挑战与展望［M］. 悉尼：普伦蒂斯豪出版公司，1990.
[63] 施瓦彼. 信息技术项目管理［M］. 悉尼：汤姆森学习出版公司，2000.
[64] 圣吉. 第五条戒律［M］. 纽约：双日货币出版公司，1990.
[65] 夏普. 我们与你一起踏上数字化之旅［EB/OL］. http://www.uxcconsulting.com.au.
[66] 斯托纳，柯林斯，耶顿. 在澳大利亚做管理［M］. 悉尼：普伦蒂斯豪出版公司，1985.
[67] 塔克曼. 小团体的发展顺序［J］. 心理通讯，1965，63（6）：384-399.
[68] 塔克曼，詹森. 重新审视小团体发展的阶段［J］. 团体与组织研究，1996，2（4）：419-427.
[69] 特纳. 项目管理手册：改进实现战略目标的过程［M］. 伦敦：麦格劳希尔出版公司，1997.
[70] 威尔逊. 管理项目：一种新方法［M］. 布里斯班：约翰威利父子出版集团，1991.
[71] 怀索基. 有效的项目管理：传统、敏捷、极致［M］. 7版. 纽约：约翰威利父子出版集团，2014.
[72] 怀索基，贝克，克雷恩. 有效的项目管理：如何在预算内按时计划、管理和交付项目［M］. 纽约：约翰威利父子出版集团，1995.
[73] 特雷弗. 项目管理手册：有效政策和程序实用指南［M］. 伦敦：科乾图书出版有限公司，1996.